上海期货交易所
SHANGHAI FUTURES EXCHANGE
期货与金融衍生品系列丛书

U0817422

大宗商品
场外期权与企业风险管理

[法] 塞默 · M. 达菲尔（SIMO M. DAFIR）
[印] 维什努 · N. 加杰拉（VISHNU N. GAJJALA） 著
戎志平 译

FUEL HEDGING and RISK MANAGEMENT

Strategies for Airlines, Shippers and Other Consumers

中国财经出版传媒集团
中国财政经济出版社
WILEY

图书在版编目（CIP）数据

大宗商品场外期权与企业风险管理／（法）塞默·M. 达菲尔，（印）维什努·N. 加杰拉著；戎志平译. --北京：中国财政经济出版社，2022.7
（上海期货交易所期货与金融衍生品系列丛书）
书名原文：Fuel Hedging and Risk Management: Strategies for Airlines, Shippers and Other Consumers
ISBN 978-7-5223-1187-6

Ⅰ.①大… Ⅱ.①塞… ②维… ③戎… Ⅲ.①金融衍生市场-研究 Ⅳ.①F830.95

中国版本图书馆 CIP 数据核字（2022）第 029217 号

北京市版权局著作权合同登记号 图字：01-2022-0662

责任编辑：贾延平 胡雪滢　　责任校对：胡永立
封面设计：田 晗　　责任印制：刘春年

大宗商品场外期权与企业风险管理
DAZONGSHANGPIN CHANGWAIQIQUAN YU QIYE FENGXIAN GUANLI

中国财政经济出版社 出版
URL: http://www.cfeph.cn
E-mail: cfeph@cfeph.cn
（版权所有 翻印必究）
社址：北京市海淀区阜成路甲 28 号 邮政编码：100142
营销中心电话：010-88191522
天猫网店：中国财政经济出版社旗舰店
网址：https://zgczjjcbs.tmall.com
北京时捷印刷有限公司印刷 各地新华书店经销
成品尺寸：170mm×240mm 16 开 21 印张 306 000 字
2022 年 7 月第 1 版 2022 年 7 月北京第 1 次印刷
定价：76.00 元
ISBN 978-7-5223-1187-6
（图书出现印装问题，本社负责调换，电话：010-88190548）
本社质量投诉电话：010-88190744
打击盗版举报热线：010-88191661 QQ：2242791300

献给我亲爱的父母，林毅（Lin Yi），我的侄女玛拉克（Malak）、奥马玛（Omayma）、米里亚姆（Myriam）和阿斯玛公主（Asma）以及扎卡里·亚辛（Zachary Yacin）船长和达菲尔全家。

——塞默·M. 达菲尔

献给我的父母，塞罗帕（Sairoopa）和普拉萨德（Prasad）。

——维什努·N. 加杰拉

译者序

2008年金融危机之前，复杂的结构性衍生品交易一度在亚洲市场十分流行。在金融危机期间，一些企业因此遭受重创。此后，全球加强了对金融衍生品市场的监管，银行、企业进行复杂结构性衍生品交易的数量大幅减少，但结构性衍生品并未因此销声匿迹，反而表现出了强大的韧性。这主要是由于结构性衍生品可以满足投资者和风险管理者多样化的风险管理需求，具有简单香草型产品不可替代的作用。

我国场外期权市场起步不久，处于发展的初期阶段。一些比较复杂的结构性衍生产品，如“雪球”已经以投资品的形式出现，进入了公众的视野。一些金融机构也开始为企业客户提供结构性衍生品交易服务，用于企业风险管理。

结构性衍生品的制造和使用是一项非常专业的工作。金融机构提供给企业的这些结构性衍生产品是如何“制造”出来的？这些产品是如何定价和对冲的？金融机构是如何管理产品制造过程中的风险的？企业如何使用结构性衍生品管理风险？又如何避免落入陷阱？塞默·M. 达菲尔和维什努·N. 加杰拉先生的这部著作，原名为《航空、航运和其他消费者燃料对冲和风险管理策略》（Fuel Hedging and Risk Management – Strategies for Airlines, Shippers, and Other Consumers），主要从石油消费者——航空公司、航运公司燃料风险管理的角度，对结构性衍生品的原理及其在企业风险管理中的应用进行了深入浅出的讲解。书中介绍的理论和分析框架，不仅适用于石油和能源衍生品，也适用于其他大宗商品，乃至金融衍生品。希望这部著作的翻译出版，能够对中国场外期权市场的设计者、交易者、使用者、研究者、监管者理解场外期权市场的运作有所帮助，对中国场外期权市场的健康发展起到积极的推动作用。

在本书的翻译出版过程中，得到了业界专家和朋友们的大力支持与帮助，在此表示衷心的感谢。感谢上海期货交易所张宏民先生、中国金融期货交易所王琦先生、申万宏源证券公司汤俊先生、国家开发银行顾仲辉先生，他们在百忙之中审阅书稿，提出了宝贵的修改意见。感谢上海期货交易所杨建明博士、林帆女士，以及约翰威利商务服务（北京）有限公司的杨洋女士和 Elena 女士在翻译出版过程中给予的积极协助。

戎志平

2021 年 7 月 30 日于上海

前言

"河马离开游泳池的那一天……"

如果在15年前你问我想写一本什么书，我的回答应该是哲学、政治或者诗歌。我从来没想过有一天会写一本关于燃料的书。燃料总是让我联想起童年的记忆——身上沾满油污的海鸟，或者让我瞬间联想到汽油味，唤起我的晕车症。

但是，如果你接着问我，为什么要写一本关于燃料对冲的书，我首先想到的理由是因为我熟悉这个领域。经验告诉我，很多人可以从阅读本书中获益，而那些未阅读本书的人将处于不利地位，他们将受到残酷而精明的燃料衍生品从业者的摆布。再三考虑这个问题后，我意识到我不应该保护任何一方。毕竟，在这个世界上，过去、现在和未来永远都会有肥猫和饿狗。其次，通过写这本书，我可能在不知不觉中捍卫了燃料风险管理实践有益的真相，阐述其背后的科学依据，揭示过去的不幸乃是由于缺乏必要的警觉、粗心大意，以及夸夸其谈者的无能造成的，而不应该因此贬低燃料风险管理技术。

2013年，当我第一次与威利出版社联系时，我本打算写一本有关商品衍生品的书。但是，在与维什努进行了长时间的讨论后，我们发现一本专注于燃料对冲的书会特别有用。维什努·N. 加杰拉不仅是我的合著者。我和维什努在结构化商品衍生品行当一起工作过7年，我知道维什努拥有独特的专业知识，也有足够的耐心和毅力来写一本出色的书。我们都希望这本书能继续鼓励、提醒人们，并在必要时帮助燃料对冲从业者摆脱困境。我们一起走到了终点，我无法想象还能和其他人一起完成这本书的写作。

在撰写本书的过程中，发生了许多市场和地缘政治事件，影响了能源市场格局。然而，重要的不是追逐事件，而是帮助读者预测和参与动态的能源市场。这项工作对我来说同样是充实的，特别是由于我与身边的人进行了热烈的讨论，因而使他们有兴趣进一步了解这本书及其背后的原理。

我的朋友拉布·阿鲁斯（Rab Arous）曾经问我，为什么选择从事这个行业。我坦率地回答，石油美元的味道不像汽油那么差。通过将贸易路线保护和安全补偿与贸易量最大的商品挂钩，石油美元体系可以平稳地投射权力，润滑生锈的人际关系。在过去30年里，石油在地缘政治中一直扮演着核心角色，它不仅成为许多领土争端的根本原因，也是胁迫和施压的手段。

我与拉布·阿鲁斯先生的讨论始于一个简单的问题，但很快就引出了一段有趣的对话，值得一提。

拉布·阿鲁斯："既然供给侧的影响因素听起来更加令人兴奋和激动，那么贸易路线和海上安全与地缘政治结合时，你为什么又关注石油消费者呢?"

塞默·M. 达菲尔："说到底，是消费者在为商品买单，为生产商提供生产的基本动力。此外，消费者可以借助监管或者立法来巩固市场力量，例如旨在保护最终消费者议价能力的《消费者保护法》，就是对消费者力量的认可。因为对燃料风险管理图书感兴趣的消费者比生产商多，所以我选择了从消费者角度来写这本书。我们经常听到朋友、出租车司机甚至餐馆老板们抱怨油价或者抱怨他们服务的成本过高。然而，当油价暴跌时，我们很少听到这些人的任何反馈，除非他们采取了燃料对冲措施，并且对相关的财务损失都直言不讳。"

拉布·阿鲁斯："难道对冲机制不起作用吗?"

塞默·M. 达菲尔："是的，当一个风险经理为他/她已经实施的对冲的正收益收获信誉时，他/她也应该为将来的负收益承担责任。有太多的风险经理们称赞自己对冲择时的能力，并寻求高级管理人员的认可。把好运归结为个人能力，把不利结果归结为运气不佳，是一种非常普遍的人类行为。在金融市场中，人们经常将损失归咎于波动性，而将价格上涨带来的高利润归结为好的择时。"

例如，2008年油价暴跌时，许多亚洲的航空公司报告在燃料对冲衍生品上蒙受了巨大损失，引起了高级管理层的强烈反应，银行对对冲衍生品违约风险也高度关切，公众对结构性对冲衍生品也产生了海啸般的负面反应。那时，对于任何外行人来说，大声指责结构化和奇异衍生品过于复杂，要求避免甚至禁止使用结构化衍生品都非常容易，好像复杂度就是罪魁祸首。对许多利益相关方而言，这其实是一个简单的托词。然而，石油价格的急剧下跌（2014—2015 年）等于是过往事件的重演，这说明 2008—2009 年对结构化衍生品的指控忽略了不幸背后隐藏的罪魁祸首。换句话说，在过去五年里，航空公司对冲政策的变化旨在避免复杂的奇异和结构化衍生品，却无法避免 2015 年的巨额亏损。不幸的是，媒体和许多所谓的专家仍在重复过去的说辞，好像市场遭受了失忆症。

拉布·阿鲁斯："当发生损失时，人们需要一个'可以接受的'解释和替罪羊。这有什么不同吗？"

塞默·M. 达菲尔："是的。这与巫师寻找自然灾害或新生儿畸形替罪羊的做法没有什么不同。为了使某些宗教领袖能够调和无所不能和慈爱的神，他们发明了'魔咒'来解释邪恶的存在。"

油价下跌对航空业来说是个好消息，尽管许多航空公司 2015 年在燃料对冲上发生了巨大的实际/预期损失，包括西南航空（超过 10 亿美元）、国泰航空（超过 30 亿港元）、新加坡航空和达美航空。问题是，如果没有对冲，你可以责怪市场，但是如果由于对冲而蒙受损失，那就是你的错。正如我之前所解释的，只有当风险经理以获得对冲收益为目标，而不考虑公司整体业务的绩效时，这才是公平的。实际上，那些进行燃料对冲的航空公司认为，对冲损失削弱了对冲带来的好处。在我看来，通常认为是邪恶的东西，只不过是善良的缺失，就好比盲目是视觉的缺失，耳聋是听力的缺失一样。那些将风险管理工具描述为"赌博式对冲"的人的表现是对金融市场和价格发现机制深深的误解。他们无法接受在没有创造价值的情况下，一个人的收益就是另一个人的损失。当燃料价格持续上涨时，那些赚钱的人，包括生产商、投资者、投机者甚至某些对冲者在内，从其他人那里获得巨大的收益。当这些收益没有以消费的形式被重新注入经济时，财富就会转移。经济平衡式中的一方将经历不可持续的金融失血。当这种现状受到挑战时，就会发生极端和严峻的事件！

拉布·阿鲁斯："你是指均值回归吗？"

塞默·M. 达菲尔："从某种意义上说是的。均值回归可能反映了有限价值分布的再平衡。我给你讲一个故事：我父亲来看过我一次，他沉醉于照料屋顶露台上的盆栽植物。他种的植物中有南瓜，撒下种子后很快长出南瓜蔓，甚至结出了小果实。我父亲非常激动和热情，他对我讲，我们很快就不需要从超市买南瓜了。直到我提醒他，他预期能长出一打儿南瓜的南瓜蔓只是长在一个小盆里，甚至没有一个成熟的南瓜大！"

拉布·阿鲁斯："但你可以添加更多的土壤和水分来维持它生长。"

塞默·M. 达菲尔："的确如此！这正是石油价格上涨中正在发生的事情。不断增加的债务使人们负担得起能源产品，并使经济继续增长。没有债务，石油价格将暴跌。与盆栽南瓜类似，通过运作良好的金融系统，回收石油美元有助于为经济注入部分流动性。但是，如果存量债务下降，增长将受到影响，石油价格将暴跌。量化宽松不过是对这一现象的回应。"

拉布·阿鲁斯："那么波动率呢?"

塞默·M. 达菲尔："我认为，波动率的剧烈上升类似于革命，由去相关、政权更迭或更公平地分配现有财富的需求所推动。例如，石油价格的急剧下跌会刺激消费者增加开支。不幸的是，就像革命一样，对于拥有实力、信息和资源的人来说，波动率剧烈上升通常更有利可图。例如，在商品市场，价格下跌通常伴随着'正向'（陡峭向上的远期曲线）期货市场，这为套利者提供了购买现货商品、储存商品并在将来高价卖出的机会。但是，实力薄弱的参与者没有资金和仓储设施来执行这种操作。更糟糕的是，他们可能无力满足现有对冲或衍生品的保证金要求。由于资金短缺，许多燃料对冲者不得不在不利的价格水平下提前终止对冲交易。本书有一章专门讨论燃料对冲带来的有害风险，以帮助对冲者学习如何评估风险，谈判 ISDA 和 CSA，制定稳健的策略以便利用波动性。"

拉布·阿鲁斯："你先前解释了宏观经济和地缘政治因素对石油价格的影响。燃料对冲者不能聚焦这些宏观因素来预测和应对波动吗?"

塞默·M. 达菲尔："这还不够。宏观和微观是交织在一起的。我们对宏观了解得越多，对微观细节理解得也就越深；反之亦然。以衍生品定价模型为例。它是基于我们对价格动态变化的理解，其中包括均值回归、机制变化、相关性以及对宏观经济的假设。同时，对衍生品定价、风险管理和抵押品的理解有助于我们理解市场对价格变动的反应、流动性流失和信贷紧缩的触发因素，以及衍生品复制对价格决定过程的影响。”

在信贷危机高峰和雷曼兄弟倒闭前的 5 年里，商品市场见证了商品金融产品的飞速发展，催生了创新的解决方案。其中，一些产品是从其他资产类别中借鉴来的。不幸的是，在信贷危机后的几年里，许多积累的经验和专业知识似乎消失了，一些参与者利用这一点对结构性衍生品进行了污名化。在同一时期，许多经验丰富的商品衍生品从业者转行去了其他行业。希望这本书可以记录一些专业知识和经验教训，以助大家学习使用。

拉布・阿鲁斯：“我知道，从过去商品衍生品和一般衍生品的经验中可以学习和收获很多。但是，最大的风险可能不是历史重演。您最担心的市场不确定性是什么？”

塞默・M. 达菲尔：“马哈迪・埃尔曼杰拉[①]曾经说过：‘今天的文盲是那些不懂得忘却既有知识，以便重新学习新知识的人’。”

* * * *

这里我讲一个关于河马的小故事。曾经有个叫贝恩宝的人住在一个大别墅里。他是一位动物爱好者，他将河马放在游泳池里，很高兴地看着鸭子等其他小动物与河马共享一个水池。

一天早晨，贝恩宝惊讶地发现河马从游泳池里消失了。结果，水位显著下降。由于担心动物裸露出来后危及它们的生存，贝恩宝拿起水管子，不停地向池子里灌水，直到水位正常。得益于贝恩宝的营救行动，游泳池中剩余的大多数动物得以幸存……

但是，如果河马回来了怎么办？

塞默・M. 达菲尔

① ［摩洛哥］马哈迪・埃尔曼杰拉（Mahdi Elmandjra，1933—2014），人类和社会学家。——译者注

致 谢

我要衷心感谢 Volguard Private Limited、Timothy Sung、Melissa Chia、Kevin Fazaeli、Ouchnid、Junia Sulaiman 以及我在新加坡的所有朋友们在过去 12 个月中给我的意见、建议和支持。

我要感谢索邦－阿萨斯大学（SORBONNE－ASSAS）的 Rania Soppelsa 和我所有学生们的浓厚兴趣和激烈的辩论。

我要特别感谢林铎（Lin Duo）叔叔和卢兰亭（Lu Lanting）姨妈来海南时照顾我，同时要感谢齐国（Qi Guo）、游英玉（You Yingyu）和我在中国的所有朋友。

我还要感谢莫斯塔法（Mostafa）一直将我带到我的家乡——贝尼－梅拉尔（Beni－Mellal）等地。

塞默·M. 达菲尔（Simo M. Dafir）

我们要感谢 Samantha Hartley 和 Thomas Hyrkiel 在整个出版过程中提供的宝贵支持。

我们尤其要感谢国际能源署、国际航空运输协会和英国石油公司（BP）提供的历史数据。

我还要感谢我的同事 Sashi Anumula 和 Abhinav Jain，他们关于商品现货和成品油市场进行的几次发人深省的讨论丰富了本书的内容。感谢我的家人、朋友、同事和好心人在项目的每个阶段给予我的鼓励和支持。

维什努·N. 加杰拉（Vishnu N. Gajjala）

致 谢

[illegible]感谢 Volunteered Private Limited、Timothy Sung、Melissa Chia、Kevin [illegible]、Oncland、Jamie Saltzman 以及[illegible]的所有朋友们的支持，12 个月[illegible]，[illegible]支持。

[illegible] SHILOAN[illegible] ASS[illegible] Rajat[illegible] Singh[illegible]和[illegible]的帮助。

[illegible] Goo[illegible]

[illegible]的支持。

[illegible] Mostafa [illegible]，[illegible]

[illegible]（Gideon [illegible]）[illegible]。

[illegible]——Sam M. [illegible]

我们感谢 Samantha Hanley 和 Thomas [illegible] [illegible]。

[illegible]

[illegible]

[illegible]——[illegible]（Arthur [illegible]）

作者介绍

塞默·M. 达菲尔（Simo M. Dafir）是伏尔加德（Volguard）私人有限公司的常务董事，伏尔加德是一家专门从事资本市场交易、财富管理和衍生品交易的金融咨询公司。塞默·M. 达菲尔拥有超过14年的工作经验，曾在中国香港和新加坡多家大型国际银行担任高级职位；曾任渣打银行大宗商品结构区域主管、美林亚洲大宗商品奇异及混合结构主管、瑞士信贷信用衍生品交易员、索邦阿萨斯国际法学院全球金融市场教授、金融市场诉讼专家证人。

塞默·M. 达菲尔先生的职业生涯始于欧洲航天局和阿尔卡特公司的航空航天与电信部门。

他拥有欧洲工商管理学院（INSEAD）MBA学位、图卢兹国家职业技术学院研究生学位、恩塞赫特（ENSEEIHT）自动化硕士学位和数学学士学位。

维什努·N. 加杰拉（Vishnu N. Gajjala）是商品衍生品专业人士，目前是伏尔加德（Volguard）私人有限公司的顾问，负责金融市场分析业务。他在商品衍生产品和结构产品方面拥有丰富的经验。

维什努·N. 加杰拉先生的职业生涯始于中国香港美林证券，从事商品结构性票据、奇异和混合结构的开发。他开发了许多针对商品投资者和对冲者的创新结构，用户包括航空公司、矿业公司、私人银行和主权财富基金。

在新加坡渣打银行，维什努·N. 加杰拉先生担任商品销售和结构设计职位，他拥有印度理工学院马德拉斯（IIT Madras）工程学学士学位和印度管理学院班加罗尔（IIM Bangalore）MBA学位，曾为亚洲的大企业客户提供商品对冲和融资解决方案。

目录

第 1 章　能源商品及价格形成机制 …… 1
1.1　作为战略资源的能源 …… 2
1.2　作为贸易品的能源 …… 4
1.3　能源商品 …… 6
1.3.1　原油 …… 7
1.3.2　石油产品 …… 9
1.3.3　天然气 …… 12
1.3.4　煤 …… 13
1.4　能源价格的决定因素 …… 13
1.4.1　地缘政治风险 …… 14
1.4.2　地缘政治角逐——石油美元体系与中国的崛起 …… 14
1.4.3　长期供给和需求 …… 15
1.4.4　短期供给和需求：供应链和基础设施 …… 18
1.4.5　商品金融化 …… 20
1.4.6　影响个别商品价格的因素 …… 20
1.5　本章小结 …… 22

第 2 章　主要能源消费者及燃料对冲的基本原理 …… 23
2.1　能源市场参与者 …… 24
2.1.1　能源生产商 …… 25
2.1.2　中介机构 …… 25
2.1.3　银行 …… 26
2.1.4　消费者 …… 26
2.2　燃料消费者的风险——以航空业为例 …… 27
2.2.1　航空业的运营指标和风险 …… 28
2.2.2　航空业的金融风险 …… 31
2.3　其他主要燃料消费者的风险 …… 36

2.3.1 航运公司 …… 36
2.3.2 道路运输 …… 38
2.3.3 炼油、石化和发电 …… 39
2.3.4 能源商品工业用户 …… 40
2.4 对冲的理由 …… 40
2.5 商品衍生品市场 …… 43
2.5.1 商品市场简史 …… 43
2.5.2 商品现货市场和标准化的必要性 …… 45
2.5.3 远期合约 …… 46
2.5.4 期货合约 …… 48
2.5.5 期权合约 …… 54
2.6 本章小结 …… 56
附录 A …… 57

第 3 章 制定燃料对冲策略 …… 59
3.1 商品对冲的基本理论 …… 59
3.2 制订燃料对冲计划 …… 61
3.3 风险识别和评估 …… 62
3.3.1 风险类型 …… 62
3.3.2 风险识别 …… 63
3.3.3 价格预测和模拟 …… 64
3.4 明确公司的风险偏好 …… 64
3.5 设定燃料对冲目标和范围 …… 65
3.5.1 明确组织的风险经理 …… 66
3.5.2 确定对冲计划的范围 …… 66
3.6 对冲计划实施 …… 67
3.6.1 选择燃料成本管理方法 …… 67
3.6.2 基差风险识别 …… 68
3.6.3 对冲数量和期限 …… 71
3.6.4 对冲工具选择 …… 72
3.6.5 市场风险 …… 73
3.7 管理对冲带来的额外风险 …… 74
3.7.1 信用风险 …… 74
3.7.2 流动性风险 …… 75

3.7.3　运营风险 …… 75
3.7.4　法律和声誉风险 …… 76
3.8　对冲计划监控和校准 …… 76
3.9　风险管理政策模板 …… 76
3.10　航空业燃料风险管理趋势 …… 78
3.10.1　燃料价格风险计量 …… 78
3.10.2　标的商品和对冲工具 …… 79
3.10.3　对冲数量和期限 …… 80
3.10.4　最新进展 …… 81
3.11　本章小结 …… 81

第4章　航运和航空公司燃料对冲基础 …… 83
4.1　即期-远期平价关系 …… 83
4.1.1　关于远期曲线形状的理论 …… 84
4.1.2　投资资产的即期-远期平价关系 …… 85
4.1.3　商品的即期-远期平价关系 …… 87
4.1.4　现货和期货波动率 …… 88
4.2　期权 …… 90
4.2.1　看涨和看跌期权 …… 90
4.2.2　看涨-看跌期权平价 …… 91
4.2.3　某航运公司基于期权的对冲 …… 93
4.3　隐含波动率和 Black-Scholes 模型 …… 95
4.3.1　Black-Scholes-Merton 模型 …… 95
4.3.2　期货期权定价的 Black 模型 …… 96
4.4　希腊字母 …… 97
4.4.1　Delta …… 97
4.4.2　Gamma …… 100
4.4.3　Theta …… 101
4.4.4　Vega …… 102
4.4.5　Rho …… 102
4.4.6　高阶希腊字母 …… 103
4.4.7　Black 模型的希腊字母 …… 104
4.5　亚式互换和期权 …… 105
4.6　期权结构 …… 107

4.6.1 看涨期权价差和看跌期权价差 …… 107
4.6.2 领式、“三腿”和日历价差结构 …… 108
4.6.3 跨式、宽跨式、蝶式结构 …… 109
4.6.4 带封顶的远期结构 …… 111
4.6.5 航运公司使用的带封顶的互换结构 …… 112
4.7 衍生品定价 …… 113
4.7.1 资产价格的随机过程 …… 113
4.7.2 布朗运动和维纳过程 …… 114
4.7.3 伊藤引理 …… 115
4.7.4 Black - Scholes - Merton 期权定价公式 …… 117
4.7.5 亚式期权定价 …… 120
4.8 本章小结 …… 123

第5章 高级对冲策略和远期曲线动态变化 …… 124
5.1 互换和基于香草型期权的结构 …… 124
5.1.1 零成本结构和期权的应用 …… 125
5.1.2 杠杆互换 …… 126
5.1.3 带封顶的互换 …… 127
5.1.4 带保底的互换 …… 128
5.2 波动率曲面 …… 129
5.3 “多腿”结构 …… 131
5.3.1 零成本领式结构 …… 131
5.3.2 “三腿”结构 …… 132
5.3.3 风险逆转及其对冲 …… 133
5.4 提前到期期权和瞬时波动率期限结构 …… 134
5.4.1 萨缪尔森效应与库存理论 …… 134
5.4.2 能源期货合约的隐含波动率 …… 135
5.4.3 瞬时波动率期限结构的构建 …… 136
5.5 商品互换期权和可展期互换 …… 139
5.5.1 商品互换期权的应用及流行的原因 …… 139
5.5.2 互换期权与一篮子期权比较 …… 141
5.6 理解商品期货的期限结构 …… 145
5.6.1 常态反向市场或凯恩斯理论 …… 145
5.6.2 库存理论 …… 146

5.7　期限结构模型 …… 148
5.7.1　施瓦茨单因子模型 …… 148
5.7.2　施瓦茨双因子模型 …… 149
5.7.3　加比隆模型 …… 150
5.7.4　期货的加比隆随机方程 …… 151
5.7.5　加比隆模型的瞬时波动率期限结构 …… 152
5.7.6　瞬时波动率期限结构对奇异产品的重要性 …… 152
5.8　本章小结 …… 153

第6章　奇异结构对冲和波动率动态变化 …… 154
6.1　可展期期权结构 …… 155
6.1.1　可展期领式结构 …… 155
6.1.2　可展期“三腿”结构 …… 156
6.1.3　可取消-可展期的平价关系 …… 158
6.1.4　可展期期权结构定价 …… 159
6.2　波动率模型 …… 163
6.3　基于障碍期权的结构 …… 165
6.3.1　敲出和敲入期权 …… 166
6.3.2　敲入和敲出期权的关系 …… 168
6.3.3　敲出互换 …… 168
6.3.4　安全气囊结构 …… 169
6.3.5　双重障碍结构和敲入与敲出组合 …… 169
6.3.6　累计结构 …… 170
6.3.7　欧式或亚式障碍期权 …… 171
6.3.8　障碍损益和非线性——二元期权和复制 …… 171
6.4　反射原理 …… 175
6.4.1　Black-Scholes 框架下的障碍期权 …… 176
6.4.2　看跌-看涨期权对称关系 …… 178
6.4.3　Black-Scholes 框架下障碍期权盯市分析 …… 179
6.4.4　现实约束下的障碍期权定价和风险管理 …… 181
6.4.5　期货首行合约的障碍期权 …… 183
6.5　局部波动率模型 …… 184
6.6　百慕大可展期结构 …… 186
6.6.1　百慕大可展期结构估值 …… 190

6.6.2 Longstaff - Schwartz 方法和行权边界 …… 190
6.6.3 可展期与自动赎回结构 …… 193
6.6.4 百慕大可展期结构和远期偏度 …… 194
6.6.5 商品市场的逆杠杆效应 …… 195
6.7 目标赎回结构 …… 197
6.7.1 目标赎回结构与2008年崩盘 …… 198
6.7.2 定义杠杆 …… 200
6.7.3 目标赎回结构的定价和风险管理 …… 201
6.7.4 均值回归陷阱 …… 202
6.7.5 目标赎回结构和交易风险 …… 203
6.8 盯住行权价和盯住 Delta …… 205
6.8.1 盯住行权价 …… 205
6.8.2 盯住 Delta 或在值程度 …… 205
6.8.3 Gamma/Theta 比 …… 206
6.9 本章小结 …… 208

第7章 交易对手风险 …… 209
7.1 估值和交易监测的重要性 …… 209
7.2 市场风险管理 …… 210
7.2.1 燃料对冲者：“彩票”和“大扫除” …… 212
7.2.2 在险价值 …… 213
7.3 流动性风险 …… 213
7.4 交易对手风险 …… 214
7.4.1 信用风险与交易对手风险 …… 215
7.4.2 预期敞口 …… 216
7.4.3 潜在未来风险敞口 …… 217
7.5 组合交易对手风险计量 …… 218
7.5.1 峰值 PFE …… 218
7.5.2 对 PFE 的常见误解 …… 219
7.6 信用敞口优化技术 …… 221
7.6.1 双边净额协议 …… 221
7.6.2 信用支持附件 …… 222
7.6.3 CSA 谈判要点 …… 222
7.7 融资估值调整 …… 225

7.7.1 燃料对冲者和 FVA …… 226
7.7.2 FVA 争议 …… 228
7.8 交易对手信用风险定价 …… 229
7.8.1 信用衍生品与信用违约互换 …… 230
7.8.2 信用估值调整 …… 232
7.8.3 CVA 使用中的常见错误 …… 233
7.8.4 缺口期权和抵押协议 …… 234
7.9 债务估值调整 …… 234
7.9.1 燃料对冲者和债务估值调整 …… 235
7.9.2 双边 CVA 的情况 …… 236
7.10 错向风险 …… 236
7.11 交易对手信用风险对冲 …… 237
7.11.1 或有 CDS …… 237
7.11.2 敞口封顶衍生品 …… 238
7.12 本章小结 …… 238

第 8 章 情景分析 …… 239
8.1 香草型产品情景分析 …… 240
8.2 路径依赖产品情景分析 …… 245
8.3 盯市价值情景分析和潜在未来风险敞口 …… 251
8.4 抵押和融资需求情景分析 …… 252
8.5 套期有效性 …… 253
8.6 本章小结 …… 255

第 9 章 融资和风险管理：捆绑解决方案 …… 256
9.1 结构化航空融资概述 …… 256
9.2 航空公司债务和飞机租赁融资 …… 260
9.2.1 定期贷款 …… 261
9.2.2 出口信贷 …… 262
9.2.3 租赁 …… 263
9.3 对冲与融资相结合的逻辑 …… 266
9.4 与油价挂钩的融资结构 …… 269
9.4.1 避险租赁 …… 269
9.4.2 可撤销避险贷款 …… 274

9.5 本章小结 …… 275

第10章 燃料对冲案例 …… 276
10.1 案例1：YM货运公司 …… 276
10.1.1 业务风险 …… 277
10.1.2 风险因素 …… 277
10.1.3 降低风险的运营措施 …… 277
10.1.4 风险偏好 …… 278
10.1.5 对冲目标和范围 …… 278
10.1.6 对冲计划执行 …… 279
10.1.7 组合监控 …… 285
10.2 案例2：环球航空公司 …… 286
10.2.1 WWA对冲策略演变 …… 286
10.2.2 WWA执行的对冲交易 …… 289
10.2.3 对冲交易组合分析 …… 293
10.2.4 信用额度和抵押品问题 …… 295
10.2.5 重组WWA的组合 …… 296
10.2.6 对BMC交易对手风险和融资的考虑 …… 298
10.3 本章小结 …… 302

参考文献 …… 304

附录 …… 308
中英对照表 …… 308
英文缩写对照表 …… 310

第1章

能源商品及价格形成机制

如果一种商品毫无用处……它就没有交换价值，无论它是多么稀缺，或者需要耗费多少劳动来生产。

——大卫·李嘉图①

纵观历史，拥有能源以及生产、运输和有效利用能源的手段，是文明发展的必要条件。在过去一个世纪里，化石燃料成为全球的主要能源，众多公司通过勘探新资源、开发新技术来获得能源储备。但是，如果没有消费者的话，会有化石燃料吗？如果没有以化石燃料为能源的运输机械，如汽车、飞机和轮船的发展和普及，使化石燃料成为人类生活的必需品，化石燃料还只不过是地质学家小圈子里讨论的一个话题。有人认为，化石燃料的使用是导致过去一个世纪里世界人口翻番的一个重要因素。在过去几十年里，能源短缺或者丰裕很大程度上是由消费者需求变化所引起的，譬如开发新的燃料用途、提升燃料使用效率或者使用替代能源。

本章首先重点讨论能源商品的战略属性，介绍能源市场的基本知识，包括市场交易的主要燃料，以及这些燃料的用途、产地和进入市场的途径。之后，探讨影响燃料价格的因素，包括地缘政治风险和短期供需平衡，以及造成能源价格波动的长期因素。

---

① ［英］大卫·李嘉图（1772—1823），英国古典经济学家。——译者注

1.1 作为战略资源的能源

能源对当今社会的重要性不可小觑。在现代社会，能源无处不在。每个可以想象到的产品和服务，无一不是在利用能源进行生产和交付。因此，能源价格的波动影响着上下游所有实体，从家庭、小企业到大公司和政府，价格波动的影响显而易见。能源价格上涨影响居民消费篮子，导致从运输到日用品的所有商品更加昂贵，降低居民的购买力。燃料价格上涨也意味着企业的成本更高，需要提高产品价格以保持盈利能力，或以其他方式控制成本上升。最后，政府需要在给予能源消费者补贴、贸易和预算指标恶化（如财政和贸易赤字），以及潜在社会动乱之间寻求平衡。即使是能源丰富国家的政府，在能源价格高企时也要认真考虑对消费者支持的规模，为将来可能出现的多年能源价格低迷的情况保留缓冲空间。

在过去 30 年里，人们逐渐意识到了能源的中心地位。这主要是由于金融市场的发展和成熟，以及互联网和电子交易技术使人们能够更“民主”地进入商品交易市场。如今，投资者、对冲者和投机者坐在椅子上就能控制成千上万桶的石油。通常，交易这些商品的人对现货商品没有任何个人体验。任何人都可以在交易平台上买卖商品，甚至不需要知道钯的颜色、天然气管道的位置或大型原油运输船（VLCC）使用的航道。对某些商品来说，将现货商品及其供应链细节高度抽象化或许是可以接受的，但对于能源这种“战略”资源，这是不可取的。生产和供应安全问题对能源商品特别重要，这赋予了能源商品战略意义。即使是经验丰富的专业人士（如能源经济学家）可以根据供给和需求很好地解释能源价格，如果忽视保障供应和贸易渠道安全的成本，也会犯错误。

为了更好地理解细节在能源市场的重要性，我们可以拿计算机或平板电脑来做类比。现货商品平台可以看作电脑的硬件，金融体系是安装在电脑里的软件。奢华的触摸屏和用户友好的图形交互界面，使所有人都可以方便地使用电子技术，以至于不记得有电子线路的存在。非常容易理解，越来越多的用户发现这与硬件无关，只要他们能使用这些应用程序。然而，假设计算机要和其他装置一起用于控制心跳或身体其他重要器官，你就必须先搞懂硬件的安全机制，阅读电脑制造商的说明书，甚至重新协商他或她的保险计划。同样道理，如果没有对商品现货平台的充分了解，就无法讨论能源安全问题。在一个主要能源瓶颈不稳定或易于发生动荡的世界里，能源消费国必须直接或间接地承受能源供应安全的成本。

为了进一步说明能源的战略属性，我们看一下中国的例子。中国已成为能源市场的主要参与者之一，全球石油需求增长的很大一部分由其贡献。中国是全球主要的石油消费国，是全球市场参与者关注的焦点。中国经济增长放缓的任何信号都会导致油价下跌。这种简化分析有时会把油价波动归因于中国的货币政策调整或工业产能过剩等。然而，如果从石油美元体系的角度看，情况就完全不同了。

自 20 世纪 70 年代石油美元体系建立以来，亚洲多数依靠进口石油的经济体，包括中国在内，都要通过向美国出口货物来获得美元，以便从沙特阿拉伯和其他石油输出国组织（欧佩克）成员国购买石油。中国成功地利用其庞大的劳动力群体建设了制造业基础设施，能够满足（或超过）美国市场对制成品的需求。这使中国建立起了工业体系，使欧佩克国家获得了前所未有的购买力，使美国用其可以控制甚至“印刷”的货币对外支付商品和服务。建成工业体系的后果是，在没有其他可信贸易伙伴的情况下，像中国这样的经济体很容易受到美国进口收缩的影响，而美国保留了将制造业转移到孟加拉国或越南等其他国家的选择权。由于中国国内市场无法以国际价格吸收其工业产品以弥补以美元计价商品的成本，美国进口的任何收缩都可能对中国产生较大的社会影响（如失业），并对周边经济体产生类似影响。中国有非常多的人渴望参与经济增长，因此需要维持一个最低的国内生产总值（GDP）增长水平，这只有在出口利润率显著时才能购买增量商品。否则，增长将以未来的坏账为代价。中国和其他出口国所面临的这些复杂挑战与能源市场密切相关，但仅从交易屏幕上并不容易看出来。因此，市场参与者必须警惕地缘政治因素对能源价格的冲击，以及海上航线安全和能源瓶颈的重要性。

1.2 作为贸易品的能源

布雷顿森林体系解体后，能源商品化加速发展，最终导致芝加哥期货交易所（CBOT）和纽约商品交易所（NYMEX）于1983年开始推出原油期货交易。20世纪70年代，浮动汇率制取代布雷顿森林体系的固定汇率制后，加剧了金融市场的波动，管理汇率波动的需求导致外汇市场的发展。与此同时，产油国由于非常担心美元贬值而开始调整油价，以适应黄金价格的变化。换言之，石油市场无法脱离与黄金挂钩的布雷顿森林体系。如果用旧的“黄金美元”衡量，这种做法保持了油价的稳定，但导致布雷顿森林体系美元表示的油价波动性飙升。因此，石油市场从有价格管制的市场向自由市场转变，需要发展类似于农产品市场的石油价格风险管理工具。这个市场的发展在很大程度上依赖能源商品化的成功。

商品可以定义为任何有需求的货物或服务，且同类货物没有区别。也就是说，某一特定货物没有其他同类货物所不具备的特殊功能或附加效用。例如，中国生产的原油可以替代世界其他地方生产的原油，并可用于类似目的。因此，同一类型的所有货物都被视为相同。商品的这个特点有助于市场的形成，因为商品化的货物可以相互替代。实际上，市场上交易的商品必须遵守最低标准或等级才能广泛交易。

在本书中，“商品”是指实物商品，一般是自然资源，包括自然生长、开采或挖掘出来的用于贸易的实物。一般认为，商品的价格由市场决定，而不是由个别生产商或消费者决定。这种观点是建立在商品来源、质量或规格无差异假设基础上的。然而，在现实生活中，市场上交易的商品需要遵守质量和数量的最低标准，这些最低标准使商品的大量交易成为可能，因为买方不必为每笔交易承担分析基础商品来源的费用。市场也会给质量差异赋予价值，进而给商品的来源赋予价值。例如，低硫原油和高端产品（如汽油和煤油）产出的原油，称为轻质低硫原油，通常比含硫量高的原油定价更高。

与股票或债券等其他资产类别（代表对公司或实体的债权）不同，商品很难定义为一个资产类别。商品包括黄金和白银等贵金属、玉米和小麦等农产品，以及原油和天然气等能源产品。商品可以在现货市场交易，参与者交换现货商品，也可以在金融市场交易，参与者交换对现货商品的所有权（类似于股票和债券）。通过观察商品在现货市场和金融市场的交易，可以更好地理解商品。

商品的来源多种多样，因此按来源进行分类不切实际。例如，澳大利亚开采的黄金与世界其他地方开采的黄金基本相同。根据其共同的特征，如物理状态、生产方法和主要用途等对商品进行分类比较容易。商品大致可分为如下四大类：

（1）贵金属。金、银、铂、钯、铑等金属可归为贵金属。这种分类是因为它们曾被作为货币使用，相对于其他金属具有稀缺性。

（2）贱金属/工业金属。铜、铝、锌、镍、铅和锡等金属是全球市场上交易的主要贱金属。“贱金属”这个名字相对于贵金属而言，它们更容易被氧化或腐蚀。在采矿业中，“贱金属”一词一般指有色金属，不包括贵金属，而“工业金属”一词扩大了其定义，将钢铁等其他常用金属也包括在内了。

（3）能源商品。用于生产能源的商品属于能源商品，包括原油及衍生物，如石脑油、汽油、取暖油和燃料油，此外还有天然气、煤炭、电力、生物柴油和其他商品。与能源市场密切相关的石化产品、排放权和运费也可以视为能源商品。

（4）农产品。农产品包括多种农业生产的商品。根据它们的用途、可用性和市场的相似性，可进一步划分为若干子类：

a. 粮食。主要用于人类消费的商品，如大米、小麦、玉米等。

b. 食用油和油籽。适合人类食用的油脂，包括大豆油、棕榈油、大豆、豆粕、菜籽油、葵花籽油等。

c. 牲畜。活的动物，主要是活牛、肉牛和瘦肉猪。

d. 软商品。其他农产品，如棉花、咖啡、可可、糖、橙汁、橡胶等。

各类商品之间的联系正在变得越来越紧密，如能源和农产品。糖或棕榈油等商品作为一种能源不仅可以用作食品，还可以加工成生物柴油。然而，我们还是使用上述分类方法，因为它是基于商品的主要用途和对商品的主要需求来分类。

1.3 能源商品

能源商品有不同的物理状态：固体如煤和木材，液体如石油，气体如天然气、丙烷和丁烷［加工为液化石油气（LPG）］。除核能和水电外，大多数能源商品都是碳氢化合物。

一次能源主要包括石油、天然气、煤炭、核能、水电和可再生能源。许多一次能源用来生产二次能源——电力。国际能源署（IEA）提供石油和其他能源商品供应和消费的详细情况。图 1.1 为世界一次能源供应总量（TPES）的详细情况。石油和煤炭是最主要的能源，天然气紧随其后。这些能源中，石油、煤炭、天然气和生物燃料在地区和全球市场交易的情况见图 1.1。

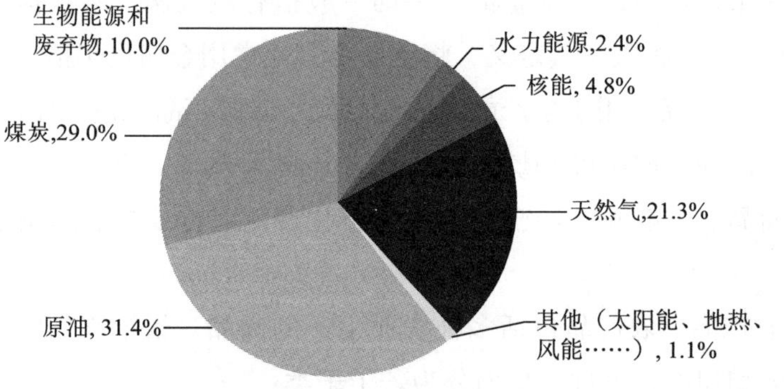

图 1.1　2012 年一次能源供给总量，总计 13371 百万吨当量原油

资料来源：国际能源署（IEA），2014 年。

能源最终总消费量反映了一次能源的最终使用情况（不包括石化行业的回收）。通过比较一次能源供应可以推断，相当一部分一次能源，特别是煤炭和天然气被转化为电能供最终使用。根据国际能源署的数据，63.7% 的石油用于运输，而工业用煤占年消费量的 80%（见图 1.2）。

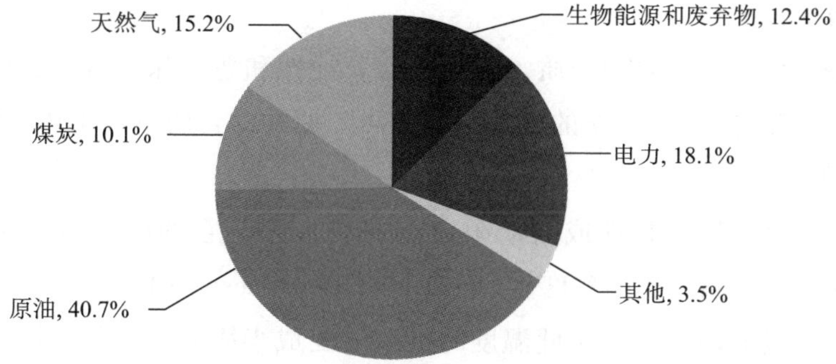

图 1.2　2012 年最终消费总量，总计 8 979 百万吨当量原油

资料来源：国际能源署（IEA），2014 年。

下面我们从原油开始对各种能源商品做简要介绍。

1.3.1　原油

原油或石油（petroleum）一词源于拉丁语“petra（岩石）+ oleum（油）”，是一种黏稠、深色的液体，在世界各地自然形成，通常通过钻井取得。石油是一种化石燃料，它是大量死生物埋藏在沉积岩下，经过数百万年高温高压作用形成的。原油是烃类燃料中最重要的一种，主要是由碳和氢按不同比例组成的化合物。

原油本身用途不大，一般加工后使用，因此原油的价值源在于加工后产品的价值。加工某种原油得到的产品取决于原油的化学特性。因为从不同油井获得的原油品质略有差异，所以，研究决定原油等级价值的物理性质和特征对研究原油价格具有指导意义。

大多数合同和规范中引用的原油主要性质是密度、含硫量、黏度、倾点、挥发性、含水量、沉积物和其他杂质。其他适用于原油产品的特性包括闪点、浊点、稳定性、色度等。

密度用美国石油学会（API）的重力刻度来测量，这是一种测量石油液体比重的方法。读数超过 10 表示液体比水轻，漂浮在上面。API 比重值高的原油称为轻质原油，在精炼时会产生较高比例的轻质或密度较低的产品，如汽油和煤油。API 比重值较低的原油称为重质原油，较难提炼，产生的高价值轻质产品数量较少。

硫是一种不受欢迎的杂质，因为它有腐蚀性和恶臭味，需要在精炼过程中除去。含硫量低于0.5%的原油称为“甜”原油，含硫量高于0.5%的原油称为“酸”原油。

黏度是测量流体黏性或流动阻力的一种方法。它的度量指标是以厘斯（centistokes）或赛氏通用黏度①（Saybolt universal seconds）。倾点是原油保持流动特性的最低温度，低于此温度时，原油变成半固态。这些指标对于确定液体的储存和运输方式至关重要。

原油及其制品的挥发性通过里氏蒸汽压试验（Reid Vapor Pressure Test）测量。挥发性指标对于原油加工和处理非常重要。蒸汽压对汽油来说尤其重要，因为它影响汽油在使用过程中的起动、预热和蒸汽锁定倾向。含水量和沉积物含量指标反映了清除这些杂质的难易程度。

西得克萨斯轻质原油（WTI）和布伦特原油（北海原油）是两个主要的基准原油。这两种原油都是轻质低硫原油，API大于31.1°。迪拜原油是亚洲地区主要的基准原油，属于中质原油（API介于22.3°和31.1°之间）。

表1.1为一些主要原油及其性质。

表1.1　　主要原油及其性质

序号	原油	生产国	API重度	含硫量（%）
1	西得克萨斯中质原油（West Texas Intermediate）	美国	38.7	0.45
2	布伦特混合原油 Brent Blend	英国	38.5	0.41
3	阿拉伯轻质原油 Arab Light	沙特阿拉伯	32.7	1.8
4	乌拉尔 Urals	俄罗斯	31.8	1.35
5	Bonny Light	尼日利亚	33.6	0.14
6	玛雅 Maya	墨西哥	21.8	3.33
7	塔皮斯 Tapis	马来西亚	45.2	0.03
8	科威特 Kuwait	科威特	30.5	2.55
9	巴士拉混合 Basrah Blend	伊拉克	34.4	2.1

① 赛氏通用黏度，美国多习惯用这种黏度单位，其定义是在某规定温度下从赛氏黏度计流出60ml液体所需时间，单位为秒。美国标准方法为ASTM D88。——译者注

续表

序号	原油	生产国	API 重度	含硫量（%）
10	伊朗轻质 Iran Light	伊朗	33.4	1.36
11	迪拜 Dubai	阿联酋	30.4	2.13
12	Bow River	加拿大	19.6	2.92
13	穆乐班 Murban	阿联酋	39.6	0.79

1.3.2 石油产品

原油的挥发性太强，不能单独使用，因此需要将原油蒸馏成不同挥发性的馏分。石油产品按挥发性由高到低排序依次为：石油气和液化石油气；汽油/石脑油；航空煤油；取暖油/柴油；燃料油；润滑油、石蜡、沥青、焦油和其他残留物。

甲烷和乙烷是与石油伴生的气体。甲烷也称为“天然气”，主要用于发电，而乙烷则是作为石化生产的原料，被制成塑料。LPG 指丙烷、丁烷或二者的混合物。它们主要用于烹饪行业，工业上的用途也非常广泛。汽油主要用于汽车运输。汽油或石脑油也用作石化工业和炼油厂的原料。

航空煤油是航空涡轮发动机的燃料，也常被用作照明和烹饪。取暖油主要用于家庭取暖或柴油机燃料，也可用作石化原料。燃料油用于海上运输（也称为船用燃料油），或用作炼油厂或发电厂的燃料来源。

炼油工艺包括按状态和分子大小对碳氢化合物进行分离，产品加工处理以去除杂质，或将较重的碳氢化合物转化或裂解为较轻的化合物（见图1.3）。炼油工艺的第一阶段是分馏，通常将原油加热到大约350℃的高温，然后泵入蒸馏塔，塔顶和塔底之间保持温度梯度。原油中较轻的组分在较低的温度下沸腾，在塔的高区凝结，而较重的化合物在塔的低区沉淀。塔体不同高度的出料管抽出不同化合物的馏分，塔顶为气体和液化石油气，塔底为燃料油和渣油。常压蒸馏后的渣油可进一步减压蒸馏，以去除渣油中易挥发的成分，从而留下沥青和其他重渣油。

蒸馏后，石油产品要经过加氢处理或硫醇氧化（Merox）处理，从而除去产品中的硫。加氢处理包括将氢气与石油产品（通常是石脑油或汽油）混合，在高温高压和催化剂作用下，上述产品就会生成硫化氢气体，然后将硫除去。

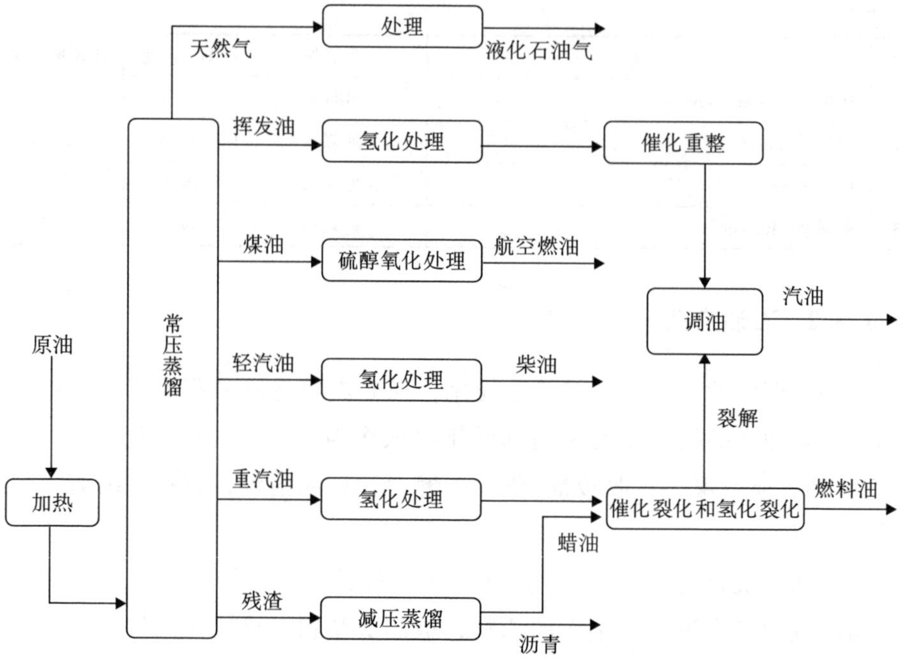

图 1.3　简化的炼油工艺过程

炼油过程的下一个主要步骤是将馏分转化为需要的较轻的化合物。石脑油要经过催化重整，使用像铂这样的催化剂来提高辛烷值。辛烷值是衡量车用燃料性能的一个指标。重质渣油要经过热裂化（加热到超过 400℃ 的温度）或催化裂化，在这种情况下，将精细分离的催化剂与原料混合并加热，以生产催化裂化汽油和其他轻质产品。加氢裂化，是另一种使用氢气的催化裂化工艺。

加工的最后一步是调油，将炼油厂生产的不同产品按一定比例混合，形成符合一定标准的成品。例如，将含氧化合物与车用汽油混合，以降低燃料的铅含量并提高辛烷值。

在炼油之前，要进行原油分析，以了解产物收率（即从特定等级的原油中获得的每种产品的百分比）。对于来源地相似的原油，API 值较高的原油可生产较多的高端产品。化验是获得可靠产物收率估计的最佳方法。表 1.2 和表 1.3 分别为布伦特原油和迪拜原油初级蒸馏产品的产物收率。

表 1.2　布伦特原油分馏产物收率（重量百分比）

产品（沸点范围）	产物收率（重量百分比）
石油气和 LPG（C1 至 C4）	2.4
石脑油（C5 至 149℃）	19.1
航空煤油（149℃至 232℃）	14.2
汽油（232℃至 342℃）	20.9
残留物（342℃ +）	43.4

表 1.3　迪拜原油分馏产物收率（重量百分比）

产品（沸点范围）	产物收率（重量百分比）
石油气和 LPG（C1 至 C4）	1.5
石脑油（C5 至 180℃）	18.6
航空煤油（180℃至 240℃）	10.4
汽油（240℃至 380℃）	28.1
真空汽油（380℃至 550℃）	21.3
残留物（550℃ +）	20.1

对炼油厂原料中碳氢化合物成分进行分析，以确定使用适当的原料，这称为 PONA（石蜡、烯烃、环烷和芳烃）分析。富含烷烃的原料容易裂解，最好用作石化原料。烯烃并非天然存在于原油中，而是通过炼制过程产生的，存在于石脑油、汽油等其他原料中。环烷和芳烃的辛烷值较高，更适合做炼油厂的原料。

产物收率用于计算炼油的毛利润率。计算方法是将产物收率乘以产品现货价格，再减去所用原油的成本。表 1.4 列出了一些流行的地区基准产品。计算炼油利润率对维持炼油业务的盈利能力至关重要，因为炼油厂在选择最佳原油等级、调整工艺来生产不同的产品、调油和仓储方面都有灵活性。

表 1.4 区域性基准产品

区域	亚太和中东	欧洲	美国
原油	迪拜原油	布伦特原油	WTI 原油
石脑油	MOPJ（普氏日本平均）石脑油 新加坡石脑油	西北欧 CIF NWE 石脑油、地中海（意大利）或鹿特丹石脑油	石脑油，FOB USGC
航空煤油	新加坡航空煤油	西北欧航空煤油	USGC54 号航空煤油、LS 纽约港
汽油	FOB 新加坡汽油 92 RON	10ppm 汽油，FOB 地中海；欧洲汽油，FOB ARA（阿姆斯特丹、鹿特丹、安特卫普）	美国墨西哥湾沿岸汽油
柴油	新加坡柴油	ICE 柴油	2 号取暖油
燃料油	新加坡高硫燃料油 HSFO180CST 和 HSFO380CST	燃料油 3.5%、鹿特丹	FO RMG380

1.3.3 天然气

天然气也是一种化石燃料。天然气与原油或煤炭伴生，形成过程相似（即通过地质作用于动植物遗骸，经过数百万年的高压和高温形成）。天然气的主要成分是甲烷（CH_4）。天然气与原油一起生产时，称为伴生气。如果天然气伴生少量原油，则称其为凝析油。天然气也可以从煤层（称为煤层气）中提取，填埋气和沼气中也含有大量甲烷。天然气通常含有杂质，如水蒸气、二氧化碳、汞、氮和硫化氢，同时还有乙烷、丙烷、丁烷和重烃等气体，这些气体液化后称为天然气凝析液（NGLs）。天然气中的杂质要在输送之前除掉。

天然气通过管道或液化天然气（LNG）船运输。如果用液化天然气船运输，需要在接收液化天然气的码头设置再气化设施。用天然气取暖是季节性的，因此需要为冬季储存天然气。天然气被“注入”地下设施，如枯竭的天然气田、盐穴和含水层，或储存在管道内，或形成液化天然气。

天然气作为最清洁的可燃碳氢化合物，正越来越多地用于发电。天然气也用于取暖、烹饪、化工原料。压缩天然气或液化天然气还可用作车辆燃料。天然气还可以通过液化工艺转化为其他燃料。乙烷用于制造塑料，丙烷和丁烷用作液化石油气。较重的天然气液体由汽油、石脑油和煤油组成，可与原油调和。

与其他能源市场相比，天然气市场更加本地化，全球各地采用的定价方法也不同。因而，只有少数的基准价格能够形成足够的流动性。普遍接受的基准包括美国亨利中心天然气、英国国家平衡点（NBP）以及欧洲大陆的 Zeebrugge 和 TTF（所有权转让设施）。

1.3.4　煤

煤是一种黑色或深棕色的可燃沉积岩，由植被碳化形成，主要由碳、氢、氮、硫和氧组成。煤一般生成于岩层中，称为煤床或煤层。煤在形成过程中，高温高压作用的时间会影响煤的化学性质，据此可以将煤分为不同的等级。低阶煤，如泥炭、褐煤和次烟煤，其碳含量较低（按重量计），且更易挥发。高阶煤包括无烟煤和烟煤，它们具有较高的碳含量，因而具有较高的热含量。

无烟煤主要用于取暖。烟煤可分为热煤（动力煤）和冶金煤（焦煤）。动力煤主要用于发电和水泥生产，而焦煤则用于生产焦炭。焦炭在生铁和钢铁生产中起还原剂的作用。褐煤和次烟煤主要用于发电。煤炭可以液化，用作运输、烹饪、发电和化工行业的替代燃料。煤也可以合成为一氧化碳和氢气的混合物，然后用于发电或其他运输用燃料。

全球煤炭市场可以分为两大区域：太平洋盆地和大西洋盆地。热煤的主要基准是在煤炭出口或进口的港口交货，包括纽卡斯尔煤炭（澳大利亚）、API4 煤炭（南非理查兹湾）和 API2 煤炭（阿姆斯特丹—鹿特丹—安特卫普，简称 ARA）。此外，像美国这样的区域煤炭市场也有自己的基准。

1.4　能源价格的决定因素

现货市场的价格受各种因素影响。与大多数市场一样，供求关系在价格决定中起着重要作用。商品价格通常与经济表现相关，经济增长使人们消费更多的商品，进而价格被抬高。商品价格也受生产商和炼油商、分销商和消费者产品供应链事件的影响。

一些能源商品被视为战略资产，生产集中在少数几个国家，这些国家又是容易引发不稳定的新兴经济体，因此价格决定也受地缘政治方面的因素影响。随着商品日益金融化，银行和对冲基金等主要金融机构在市场进行交易，商品价格也与其他资产价格相关。

我们以石油市场为例，简要分析影响能源价格的因素。

1.4.1 地缘政治风险

油价特别容易受到战争、内乱或恐怖袭击等事件的影响，尤其是在中东地区。例如，2003 年海湾战争和伊拉克战争之后，北非和一些中东国家在“阿拉伯之春”革命期间，油价都出现了飙升。在这种环境下，石油交易价格高于供需平衡所隐含的价格，这被称为“恐惧溢价”。与此相反，资源民族主义表现为更高的使用费或直接导致资产国有化。当然，近年来这些现象有所消退。由于缺乏开发新储量所需的资本和技术，许多国家石油公司重新开始与国际石油公司合作。

1.4.2 地缘政治角逐——石油美元体系与中国的崛起

在本章开始，我们讨论了能源资源的战略作用，并讨论了这种商品的定价如何影响大国的命运。全球 60% 以上的石油通过海路运输，这使海军力量成为确保石油供应不可或缺的一部分，从而塑造了世界地缘政治的棋盘。美国利用军事力量强迫各国屈服于石油美元体系。中国致力于维护中东地区的和平稳定，是维护国际海上航线安全稳定的重要力量。然而，最近这些国家开始将能源海运路线视为脆弱性的根源，并采取措施减少对石油美元体系的依赖。

霍尔木兹海峡、马六甲海峡、苏伊士运河、巴布曼德布海峡、丹麦海峡、博斯普鲁斯海峡和影响较小的巴拿马海峡是主要的石油瓶颈，是过去 40 年形成的最具战略意义的地缘政治点。最具战略意义和麻烦的瓶颈仍然是霍尔木兹海峡，伊朗一直把霍尔木兹海峡作为与西方谈判的筹码，并对周边产油国施加压力。

作为世界第二大石油消费国，中国面对的情况要复杂得多，因为中国的石油进口需要通过两个主要的瓶颈和中国南海。

中国70%以上的原油从中东进口，传统的海运路线是通过印度洋、马六甲海峡和中国南海。中国关注其海上航道的安全，特别是通过马六甲海峡和中国南海的航道，据估计，中国80%的石油进口是经过这些航道运输的，这些航道一旦出现问题会对中国石油的进口产生相当大的影响。

为了防范石油供应中断的风险，中国在发展与中亚邻国的贸易关系方面以及在南亚邻国建设基础设施以便进入印度洋方面做了大量工作。中国与巴基斯坦共同开发了一个名为“中巴经济走廊”的大型项目，该项目由公路、铁路和油气管道组成，从瓜达尔港一直延伸到中国喀什，全长3000多公里。中国可以通过“中巴经济走廊”进入距离霍尔木兹海峡不远的阿拉伯海，也可以通过中缅管道进入孟加拉湾，中缅管道将石油和天然气从皎漂港输送到昆明。这两条路径除了大大缩短了中东和非洲原油的船运时间外还保障了中国航道运输。此外，如前文所述，中国还与东部和北部的邻国密切合作，签署了一些大型项目，允许俄罗斯利用贸易补偿机制，以人民币或卢布交易石油和天然气，从而尽量减少对美元的依赖以及美元融资成本的不可预测性。

1.4.3　长期供给和需求

为了理解商品市场的长期需求和供应，我们首先看一下相关指标。

1.4.3.1　产量和储量

原油供给量可以通过原油产量（以百万桶/天为单位）、原油储量（特别是探明储量）（见图1.4）和储量与产量的比率（见图1.5）来衡量，后者给出了预计储量可供使用年限的估计值。与预期一致，当原油产量较高时，价格普遍较低。总的来说，供给增长往往滞后于需求增长，这导致了过去20年平均价格逐步上升。

长期价格受储量的影响。证实储量（也称为“1P”）是指，在当前经济和技术条件下，未来可以以合理的确定性（通常90%置信度）从已知油藏中采收的储量。概算储量对应于50%置信水平可采收的储量（称为“2P”，或证实储量加概算储量）。可能储量是采收可能性更低（至少10%的可能性）

的储量，称为“3P”（证实储量 + 概算储量 + 可能储量）。披露的储量数据受当地会计准则的影响，也与披露数据的公司是否是公众公司有关。由于一些国家的石油公司不是公众公司，所以它们披露的储量数据和公众公司披露的数据并不具有可比性。

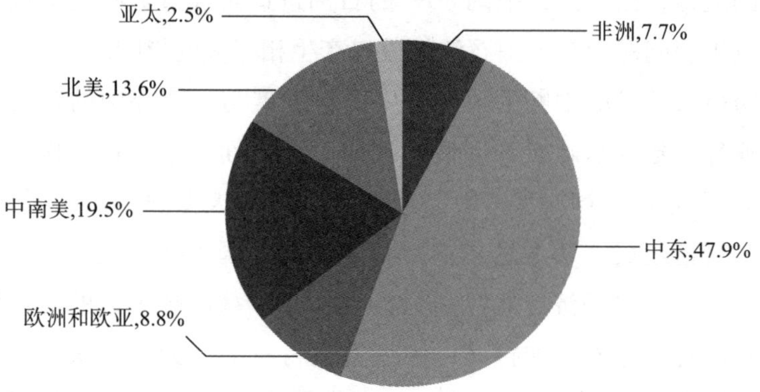

图 1.4　2013 年底世界各地石油储量分布（总探明储量 16879 亿桶）

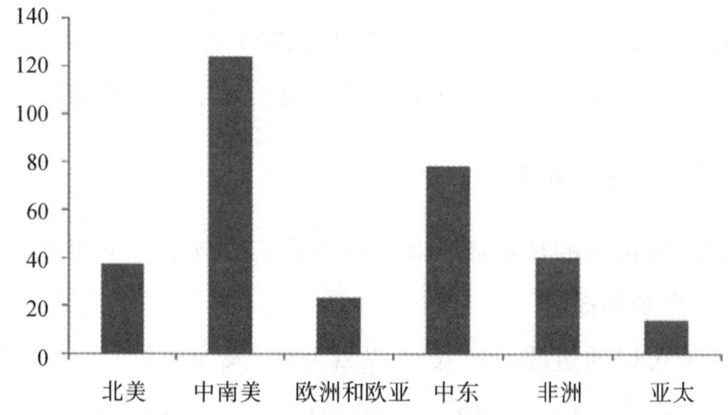

图 1.5　2013 年世界各地区的储量－产量比（R/P）

资料来源：《BP 能源统计年鉴》2014 版。

储量增长预测也受技术发展的影响。例如，在页岩油水力压裂开采技术大规模商业化以及过去 10 年的其他技术创新之前，人们普遍认为石油将会越来越昂贵。这是因为美国的石油产量在 20 世纪 70 年代初达峰（称为“Hubbert 石油峰值”，以美国地质学家 M. King Hubbert 命名），世界石油产量曾被预计在 1995 年达峰。然而，随着技术进步，以及过去难以开采的储量（如油砂）被开采，再加上原油价格上涨，使得石油产量得以持续增长。

此外，近年来一直在讨论重新评估石油储量。如果要实现控制全球变暖的目标，一些储量就不能被开采，称为“不可燃烧的储量”。同样，在开发所有已披露的碳氢化合物储量之前，还需要开发碳捕获和储存（CCS）技术。不过，目前尚不清楚这种担忧对油价或能源公司股价是否会有明显的影响。

1.4.3.2 炼油和消费

炼油产能是反映最大石油产品供应量的指标。需求可以用原油消费量和成品油消费量来衡量。另一个衡量成品需求的指标是成品产量或产能利用率。进出口数据，如图1.6所示，也可以提供有关需求和供应的地理分布以及关于个别国家或地区能源安全的线索。

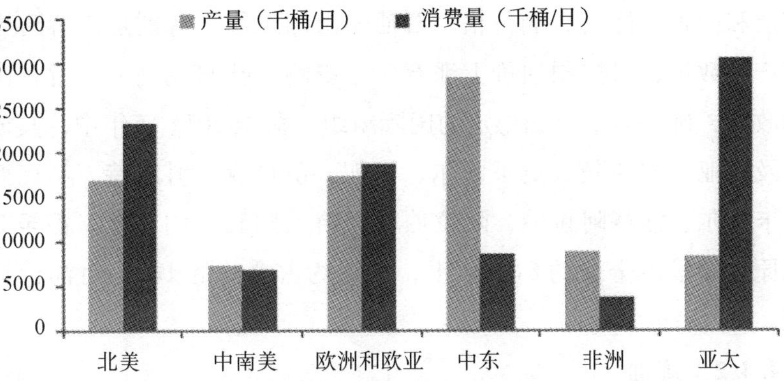

图1.6 石油生产和消费（按地区）

资料来源：《BP能源统计年鉴》2014版。

1.4.3.3 经济活动的趋势

经济活动是很好的商品消费晴雨表。GDP加速增长导致原油和其他商品消费增加，经济扩张周期价格上涨。相反，经济产出的收缩可能导致商品价格大幅下跌，如2008—2009年，油价从140多美元/桶的高点跌至40美元/桶以下的低点。

1.4.3.4 技术进步

技术进步影响对长期供求的预期。例如，不断上涨的石油价格使开发更多的生产资产成为可能，进而增加未来的储量和产量。然而，不断上涨的油价也会刺激替代能源投资，重塑未来的能源需求。例如，利用水电、太阳能、风能和其他能源发电，促进运输用生物燃料和压缩天然气（CNG）增长，提高公众对电动汽车和混合动力汽车的关注和需求，这些都是油价上涨的后果。石油对环境的影响，还导致国际组织等制定更严格的排放标准，发展降低能源强度的新技术，以及增加对替代能源的投资。

1.4.4 短期供给和需求：供应链和基础设施

短期供需受商品供应链中断的影响。例如，卡特里娜飓风和丽塔飓风导致墨西哥湾原油日产量下降超过 100 万桶，成品油产出大幅下降（一度下降到全国产能的 1/3）。石油钻塔和其他设备的维修也可能导致短期价格混乱。

1.4.4.1 上游

产能和闲置产能会影响价格。石油输出国组织，特别是沙特阿拉伯保持的闲置产能数量，对抑制油价上涨有一定影响。欧佩克是一个旨在协调成员国石油政策，确保石油市场稳定的国际组织。截至 2015 年年中，其成员国包括阿尔及利亚、安哥拉、厄瓜多尔、伊朗、伊拉克、科威特、利比亚、尼日利亚、卡塔尔、沙特阿拉伯、阿拉伯联合酋长国和委内瑞拉。截至 2012 年，欧佩克原油储量占全球的 81% 以上，产量约占全球的 1/3，对油价具有重大话语权。

1.4.4.2 炼油

原油价格受炼油厂可用性和产能的影响。炼油厂是需要长时间建造的大型设施，炼油能力有限且缺乏弹性，通常是针对处理特定类型的原油而设计的。因此，原油的价格受炼油能力的影响。例如，如果在综合炼油厂提炼重质原油（与轻质原油相比）更有利可图，那么综合炼油厂将满负荷运转，从而降低轻质原油的溢价。亚洲综合炼油厂的发展有助于提高迪拜和沙特阿拉伯原油等高硫原油的价值。

原油和成品油之间的价差称为裂解价差或炼油毛利。原油的短期价格波动受炼油商特定原油加工利润的影响。原油质量和产物收率的差异可以在一定程度上解释不同原油之间的价格差异。

1.4.4.3 储存和运输

储存能力有助于平滑供应和稳定价格。美国拥有战略石油储备（SPR），可用于应对供应中断导致的短期价格冲击。储备量也可以解释一些短期价格波动。例如，如果储备量充足，价格会下跌，产油国不得不减产。相反，储备成本下降，生产商和贸易商可以选择储备石油，以便将来以更高的价格出售。

交通基础设施和运能有助于连接全球价格，并影响不同原油的相对价格。品质相近的原油之间的价差在一定程度上可以用运费来解释。例如，布伦特原油和迪拜原油之间的价差反映了欧洲与亚太地区的相对供需平衡以及两个交货地点之间的运输成本。价差扩大可能导致贸易商配置船只，将原油运送到利润更高的地方，从而缩小套利空间（扣除成本后可产生的无风险利润）。然而，在某些情况下，监管可能会导致这种关系被破坏。

1.4.4.4　监管

税收和监管在决定原油价格方面也起着重要作用。例如，目前，根据法律原油还不能从美国出口，但原油可以从其他国家自由出口。随着美国国内页岩油产量的增加，过去几年本地基准 WTI 原油与全球原油价格脱节（见图1.7）。传统上，WTI 的交易价格略高于布伦特（Brent）原油等全球基准，但页岩油和加拿大油砂供应的增加，再加上无法出口原油，使近年来 WTI 原油价格大幅低于国际原油价格。

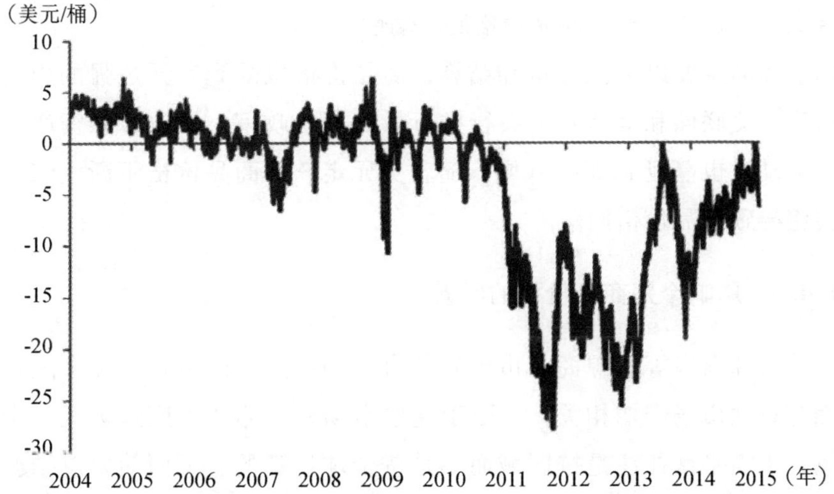

图1.7　WTI原油相对于Brent原油的溢价

资料来源：纽约商品交易所、洲际交易所、彭博。

成品油税收也影响其运输方式和需求。如果有退税政策，客户会选择柴油和电力等更便宜的能源。环境法规还要求各行业遵守规范并付出成本，这需要汽车制造商和炼油厂持续投资。

1.4.5 商品金融化

在过去的20年里，随着商品期货市场的再次活跃，银行和其他金融机构也一直在参与商品市场。由于商品期货比现货商品库存更容易管理，希望从商品价格变化中获利的投机者被吸引到了期货市场。许多商品的基准价格来自衍生品市场，而不是现货市场。

1959年至2004年，商品与股票和债券等其他资产类别呈零或负相关关系。它们还与通胀表现出显著的相关性，这表明商品能比股票或债券更好地对冲通胀。商品这种不同的收益特性，导致从21世纪初开始配置到商品的资金大幅增加，特别是通过商品指数和交易所交易基金（ETF）途径。然而，在过去10年中，商品与其他资产类别的相关性有所增加。此外，在商品中，非能源商品与油价的关联度也越来越高。2004年至2008年，主要商品与原油收益率之间的相关性从0上升至0.5。波动性也从石油和其他资产类别蔓延到非能源商品，加剧了整个商品价格的波动性。

由于商品主要以美元计价和结算，商品价格也受到美元走强的影响。金融危机后，美联储和全球其他央行推行量化宽松政策，导致金融资产流动性提高，流动性也蔓延到商品领域，随着美元走软，商品价格不断上涨。政策的逆转将导致商品价格回落。

1.4.6 影响个别商品价格的因素

天然气和煤炭等能源商品市场有其自身的特点，虽然它们在金融化和监管方面与石油市场密切相关，但由于这些市场的一体化程度远远低于全球石油市场，供需平衡往往是按区域而不是按全球计算的。下面简要总结影响天然气和煤炭市场价格的因素。

1.4.6.1 天然气

由于在没有管道的情况下无法以低廉的成本运输天然气，天然气市场具有本地化和分散化的特点。世界许多地区缺少液化天然气站基础设施，这导致天然气市场存在多种定价机制和区域基准。传统上，天然气合同具有长期性，价格通过公式与石油现货价格挂钩，这种做法称为石油指数化或油价调整。因此，天然气定价不仅取决于长期供需，还取决于原油或电力等市场的发展。天然气价格和电力价格密切相关，许多国家对这两者价格进行管制。然而，随着管道基础设施的增长，天然气贸易越来越多地以基准价格为基础，并根据地理位置进行调整。主要的天然气基准价格包括美国亨利中心（Henry Hub）天然气、英国国家平衡点（NBP）和欧洲大陆的Zeebrugge及TTF（所有权转让设施）。亨利中心是管道系统的物理枢纽，而NBP和许多其他欧洲枢纽是虚拟的贸易枢纽。利用在供应和需求中心通过交易形成的价格来确定合同价格，这称为气对气竞争，是目前最常见的天然气定价机制。石油指数化或油价调整仍然是一种重要的定价方法，特别是在没有建立起天然气基准价格的亚太地区。

1.4.6.2 煤炭

煤炭价格主要由电力需求、劳动力成本和煤炭从煤矿到电厂的运输成本决定。由于天然气是发电的替代燃料，天然气价格也会影响煤炭的定价。此外，由于开采成本仅为最终客户支付的煤炭总价的一小部分，物流成本占了很大一部分，货运市场也影响煤炭价格，从事物流的贸易商在煤炭市场举足轻重。物流供应商将煤炭从矿井运到港口，用散装船运到目的港，并将货物交付给电厂和工业消费者等最终客户，因此在确定交付的现货溢价方面发挥着重要作用。贸易商有助于降低生产商和消费者之间长期现货合同所固有的信用风险，并为运输提供融资。

由于具有流动性的煤炭基准价格的形成，贸易公司能够在煤炭市场上发挥主要作用。动力煤交易量最主要的基准包括运抵西北欧的API 2煤炭——阿姆斯特丹—鹿特丹—安特卫普（ARA）、原产于南非理查兹湾的API 4煤炭和澳大利亚的纽卡斯尔煤炭。随着中国对动力煤需求的增加，运往中国的煤炭价格也越来越成为重要的基准。这些价格指数由Argus、McCloskey和GlobalCal等价格供应商计算，用于场外（OTC）金融衍生品和现货合同价格参考。

1.5 本章小结

由于美元计价的能源商品贸易体系和能源安全在现代世界的重要性，使能源储备成为特别重要的战略资产。在过去几十年里，能源供应链的脆弱性已经暴露出来，新兴大国一直在努力寻求新的供应和贸易方式来降低风险。能源价格波动加剧，加上商品和服务成本中能源占比又高，给消费者带来了很大的财务压力，燃料价格风险管理势在必行。

在本章中我们简要介绍了各种商品、主要能源商品、商品的来源和用途，以及影响商品市场的因素。我们专注于原油和各种不同用途的石油产品。成品油价格受成品油供需平衡、上游价格等供应链相关因素以及宏观经济状况等因素影响。

在下一章中，我们将深入研究燃料价格变动对主要能源消费者（包括航空公司、航运公司、炼油厂、电力生产商和工业消费者）财务健康的影响。原油和下游成品油价格驱动因素的共性，使原油和成品油价格之间具有高度相关性，这意味着在风险管理中存在使用传统对冲机制和代理对冲技术的机会。下面我们还将介绍对冲的基本原理、基本市场结构以及燃料市场常用的风险管理工具。

第 2 章

主要能源消费者及燃料对冲的基本原理

我们不沉迷于石油，但我们的汽车却沉迷于石油。

——詹姆斯·伍尔西①

WTI 和布伦特原油是世界上交易量最大的商品。然而，没有一个石油交易商驾驶的汽车以原油作为燃料。从原油中提取的化学物质的混合物用于各种用途，从汽油或柴油发动机燃料到飞机燃料。燃料消费者以不同的方式使用能源，他们的需求推动了对原油的需求。在本章，我们先讨论航空、航运、炼油和发电等主要燃料消费行业，然后讨论这些行业的财务风险。我们以航空业的运营指标，并结合财务报表着重说明燃料价格风险对航空公司的重要性。我们根据现代投资组合理论（MPT）的基本原理，讨论对冲的概念以及航空业进行对冲的潜在收益。

在讨论了对冲基本原理的基础上，我们讨论发展衍生品市场的动机，以及它对现货商品贸易的补充作用。然后我们介绍期货、期权等商品衍生品，这些工具构成了后面章节讨论对冲策略的基础。在深入了解燃料消费者之前，我们先来看看商品市场参与者和他们的商品价格风险敞口。

① 詹姆斯·伍尔西，美国律师、外交官，前中情局局长。——译者注

2.1 能源市场参与者

我们根据商品价格风险敞口来对商品市场参与者进行分类。市场参与者大体可以分为生产商、消费者、加工商和中介机构（见表2.1）。商品生产商是开采、钻探或生产商品的公司，其收入直接取决于商品的市场售价。商品生产商包括石油和天然气生产商、金属和矿业公司，以及农业公司（包括农民）等。

表2.1 商品市场参与者

生产商	加工商	中介商	消费者
1. 油气生产商	4. 炼油商	8. 贸易公司	11. 运输企业
2. 金属和矿业公司	5. 石化公司	9. 银行	12. 航空公司
3. 农业公司	6. 冶炼商	10. 交易所	13. 工业公司
	7. 大豆压榨/食用油生产商		14. 消费品公司

商品消费者包括这样一些行业或公司，他们将商品加工成供最终用户使用的产品，或使用商品为客户提供服务。商品消费者包括航空公司、消费品公司、汽车制造商等。几乎所有的行业都使用商品，特别是能源商品，如电力和石油燃料。

加工商既是商品的生产商又是消费者，它们用一种商品生产另一种商品。加工商包括炼油商、电力生产商、食用油生产商等。商品市场的中介机构除了从套利和价格变动中获利外，还有其他一些重要职能，包括运输、调油、分装、融资和商品风险管理。贸易和金融公司是主要的市场中介机构。商品投机者和投资者为商品市场提供流动性，也是商品市场的一部分。

我们可以根据市场参与者的动机将其分为三大类：对冲者、投机者和套利者。对冲者的交易目的是管理其业务中的商品价格风险敞口。投机者为对冲者提供流动性并根据对市场价格的看法进行交易。套利者的交易目的是赚取无风险利润，他们从资产市场价格紊乱或错误定价中获利，有助于提高市场效率，也有助于向市场贡献流动性。

能源市场的主要参与者包括生产商、贸易商、炼油商、消费者和金融机构。下面我们介绍这些参与者及其交易动机。

2.1.1　能源生产商

全球交易的主要能源商品包括原油、成品油、煤炭、天然气和电力。我们看最大的能源市场——石油市场。在生产商方面，最大的实体是国家石油公司（NOCs），其石油产量占全球的 75% 以上，石油储量占世界的 90%。这些生产商根据长期合同以官方销售价格（OSPs）出售石油，而官方销售价通常与市场基准价挂钩。最大的国家石油和天然气公司包括沙特阿美（沙特阿拉伯）、中石化（中国）、中国石油天然气集团公司（中国）、俄罗斯天然气工业股份公司（俄罗斯）、巴西石油公司（巴西）、委内瑞拉石油公司（委内瑞拉）、阿拉伯国家石油公司（阿联酋）和伊朗国家石油公司（伊朗）。国际石油巨头和勘探与生产（E&P）公司是能源市场上另一类大型生产商。石油巨头是跨国公司，一体化经营供应链上所有业务，包括上游的勘探及生产、炼油、营销和分销等业务。它们是现货市场最大的贸易商，利用其拥有的生产、精炼和仓储资产在石油市场进行有利可图的交易。通常被视为石油巨头的公司有埃克森美孚（Exxon Mobil）、荷兰皇家壳牌（Royal Dutch Shell）、英国石油（BP）、雪佛龙（Chevron）、道达尔（Total）和康菲石油（Conoco Phillips）。

2.1.2　中介机构

能源行业的中介机构主要由贸易公司和金融机构组成。贸易公司在商品市场进行贸易，连接生产商和最终消费者。以往贸易公司通常不持有可交易的现货资产，但是最近独立贸易商也通过购买仓储和上游资产进行扩张。由于银行和其他金融机构出于监管和资本考虑纷纷撤出了商品纸货市场，贸易商也在纸货市场上建立了庞大的业务。比如，一些最大的贸易公司——维多集团、嘉能可斯特拉塔股份有限公司、托克、摩科瑞能源集团，以及贡沃集团。

2.1.3 银行

传统上，银行一直是对冲市场的主要参与者，为生产商和消费者提供订制的场外衍生品，提供并购、贸易和营运资本融资。在过去10年里，银行还通过拥有仓储公司、管道和炼油厂，冒险进入现货市场。然而，随着美国监管机构加大对银行现货市场活动的监管，以及今后更严格的资本要求，许多银行正在关闭商品交易业务，特别是现货业务。银行仍然是与商品挂钩的投资产品的主要提供者，例如结构性票据和指数等。最近一段时间，交易所交易产品，如ETFs和交易所交易票据（ETNs），由于能够使投资者进入商品市场而受到市场欢迎。

2.1.4 消费者

在消费者方面，国际能源署（IEA）提供了按产品分类的能源使用数据。工业用户占煤炭使用量的80%，而天然气的使用分布在工业、交通和其他用途上（包括农业、商业和公共服务以及住户用途）。2012年，交通运输占全球石油消费的63.7%，工业占石油消费的8.5%。居民和商业部门是其他主要的能源用户。按部门分类的石油使用情况如图2.1所示。

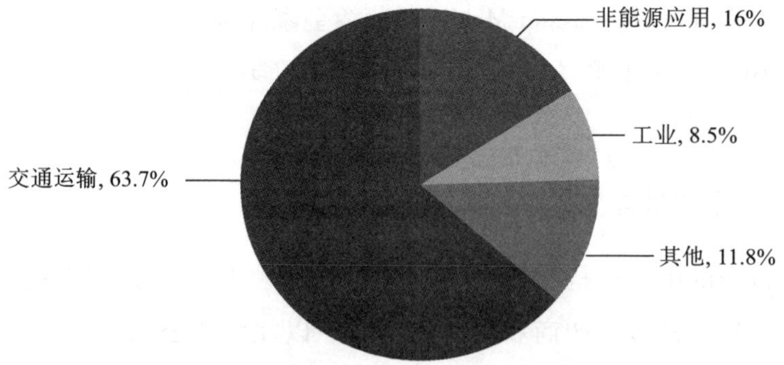

图2.1 2012年世界石油消费（按部门）

资料来源：International Energy Agency，© OECD/IEA 2014，Key World Energy Statistics，IEA Publishing; modified by John Wiley and Sons Ltd. License：www. iea. org/t&c/termsandconditions.

交通用途包括私人汽车和商用车，这是主要的用途。其次是航空运输和公共交通运输，如公共汽车和火车。航运业也是重要的能源消费者。用于运输的燃料包括公路运输用的汽油和柴油、飞机用的航空煤油，以及海运使用的船用燃料油。根据 IEA，未来几年石油需求的净增长将全部来自新兴经济体的运输部门。

居民和商业用途涉及供暖和制冷（空调）、照明以及家电用电，而工业用途则集中在炼油、化工、钢铁、金属制造和采矿等行业。石化工业使用石脑油和液化石油气等产品作为原料。其他能源，如煤炭和天然气则广泛用于发电。在所有这些行业中，只有那些规模和价格风险敞口大的公司或行业参与商品纸货市场。其中，最重要的是航空和航运公司，以及炼油厂、电力生产商和其他一些工业用户。

能源市场的主要参与者有不同的动机，如表 2.2 所示。

表 2.2　商品市场参与者的动机

序号	商品市场参与者	现货头寸	动机
1	生产商	多	战略或战术对冲，融资、资产优化
2	炼油商	多/空	锁定炼油毛利
3	贸易公司	多/空/无	投机交易、套利、现货对冲
4	航空/运输/企业	空	燃料成本对冲
5	石化/化学制品	多/空	原料价格对冲，在可能的情况下对产品价格进行对冲
6	银行	多/空/无	对客交易对冲，自营交易（最近大大减少），对冲指数投资
7	对冲基金和其他投资者	多/空/无	对冲现货头寸，投机交易

2.2　燃料消费者的风险——以航空业为例

活跃在不同行业和部门的企业都面临类似的风险。这些风险中最主要的是：

- 行业风险（企业商业模式风险，由外部因素如竞争或供需平衡变化，或内部因素变化引起）。
- 操作风险（由于流程或系统故障，或者人为失误而产生的风险）。

- 市场风险（外购原材料市场价格变化的风险）。
- 信用风险（客户或交易对手未支付或交付合同货物或服务的风险）。
- 流动性风险（无法以参考价格外购原材料，或无法获得营运资金）。
- 法律风险（由于规则或法律程序的不确定性而产生的风险）。
- 声誉风险（影响公司声誉的事件风险）。

这些风险大致可分为两类：与公司经营的特定产品市场相关的风险（运营或企业风险）和与金融市场相关的风险（金融风险）。就航空公司而言，上述风险是相关的，因为航空公司既面临财务风险，也面临运营风险，包括劳动力和资本成本上升引起的风险，以及与航空运输需求有关的风险。此外，与其他行业相比，航空业杠杆率高，利润率和股本收益率相对较低。

2.2.1 航空业的运营指标和风险

简单来说，航空公司的业绩受航空旅行需求和航空运输成本的影响。航空业有许多绩效指标可以帮助其识别商业风险。我们简要介绍业界使用的一些最流行的指标。

由于航空公司有许多航线和飞机，其客座配置和上座率各不相同，除了乘客支付机票价格的变化外，航空业的运营指标也从这种复杂性中抽象出来，侧重于航空运输最常见的属性——乘客/座位和飞行距离。基于这些属性的运营指标定义如下。

- 客运量以客运人公里（RPK）计量，定义为将一名乘客运送一公里的数量。例如，将 180 名乘客运送 1,000 公里的客运人公里为 180,000RPK：

$$RPK = \Sigma \text{乘客数} \times \text{公里数}$$

- 收益率是每客运人公里产生的收入。计算方法是将一个航班或一组航班的总收入除以客运人公里总数：

$$\text{收益率} = \frac{\Sigma \text{客运收入}}{\Sigma RPK}$$

例如，如果一个航班在 1,000 公里的距离内运送 180 名乘客，产生20,000美元的收入，则收益率为 0.111 美元。

- 航空公司的运力以可用座位公里（ASK）计量。可用座位公里定义为一个可用座位飞行一公里。例如，如果一个航班有 200 个座位，飞行 1,000 公里，则以可用座位公里计量的运力为 200,000：

$$\text{ASK} = \Sigma\ \text{可用座位数} \times \text{公里数}$$

- 单位运力的成本可以帮助比较不同航空公司的单位成本。航空公司的单位运力成本是每单位运力的平均运营费用，也称为 CASK（每可用座位公里成本）：

$$\text{单位成本或 CASK} = \frac{\Sigma\ \text{运营成本}}{\Sigma \text{ASK}}$$

- 航空业中使用的另一个重要指标是负荷系数。这是衡量航空公司运力利用率的指标。它是产生收入的客运量与总运力的比率。即：

$$\text{负荷系数} = \frac{\Sigma \text{RPK}}{\Sigma \text{ASK}}$$

- 航空业 RPK、ASK 和负荷系数的趋势如图 2.2 所示。航空公司的利润取决于以下方程式中的四个指标：

$$\text{营业利润} = \text{RPK} \times \text{收益率} - \text{ASK} \times \text{单位成本}$$

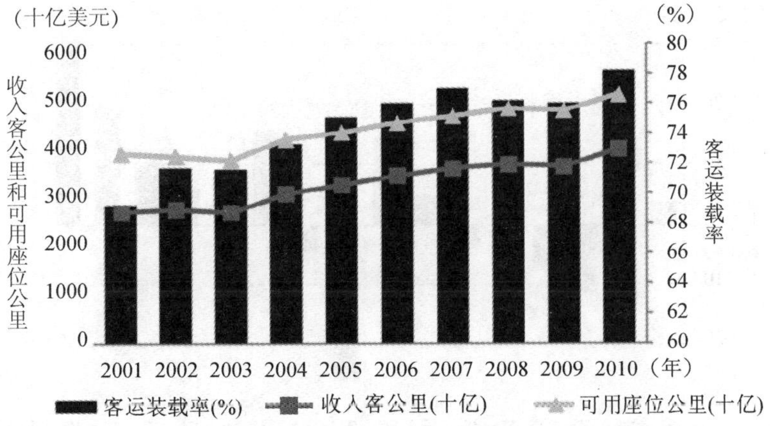

图 2.2　航空业 RPK、ASK 和负载系数的趋势

资料来源：国际航空运输协会，世界航空运输统计，55 版，2011。

为了增加利润，航空公司需要关注影响收入和运营成本的风险。航空公司可以通过提高 RPK 来增加收入，或者吸引更多的乘客，或者增加更多的航班。增加航班会增加单位成本，而吸引更多乘客可以通过降低票价来实现，然而，这会降低收益率，并影响到收入。

航空公司可以通过降低 ASK 或单位成本来达到降低成本、增加利润的目的。通过减少飞行航班数量来降低 ASK，会对 RPK 产生负面影响。同样，由于航空公司的市场份额下降，通过降低服务质量来降低成本会对收入产生负面影响。所有这些因素相互作用，不能孤立看待。

市场状况对于确定哪些措施可用于提高盈利能力至关重要。在需求缺乏弹性的情况下，航空公司可以提高票价，提高收益率。服务不足的市场可以让航空公司通过增加航班频率来提高 RPK。相反，需求弹性大或饱和市场则限制航空公司通过增加收入来提高盈利。在没有低成本替代品的行业，或管理成本更具灵活性的企业，可以通过转换到低成本模式或更好地管理成本来获利。这可以通过降低劳动力成本或其他运营费用，特别是燃料成本来实现。航空公司也可以采用避免长期资本支出来降低单位成本的商业模式。例如，通过租赁而不是购买飞机可以使航空公司更灵活地根据市场需求调整运力。

过去几年航空业的利润趋势如图 2. 3 所示。请注意，虽然航空业的 RPK 和 ASK 在过去 10 年中稳步增长，但利润一直不稳定，主要是由于单位成本始

图 2. 3　航空业的净利润

资料来源：国际航空运输协会，2014 年鉴。

终变动。正如我们将在下一节中看到的那样，金融风险是波动性的重要原因。

2.2.2　航空业的金融风险

航空业是一个非常不稳定的行业，承受着各种各样的风险与挑战，从运营和财务风险到监管和经济格局变化的风险，以及天气、恐怖主义和自然灾害（如火山爆发）等重大事件风险。航空公司可以通过各种方法管理运营和财务方面的风险。成熟的航空公司有一套系统的风险管理战略，并有相应的组织架构来实施和监控战略。常见的操作风险管理方法包括提高飞机油耗效率、调整机队结构、网络优化和收益管理。企业还受到利率、汇率、商品价格等金融市场变量的影响，主要金融风险有：股权风险、债务风险、汇率风险、商品风险。

2.2.2.1　股权风险

股权风险是指公司无法通过股权市场筹集资金用于公司扩张、收购、重组或其他活动的风险。投资者购买公司股权的意愿取决于公司当前的财务表现及对未来的预期。行业和公司相对于市场的业绩会影响对新发股票的需求。从历史上看，相对于航空公司股票价格的高波动性（见图 2.4、图 2.5），航

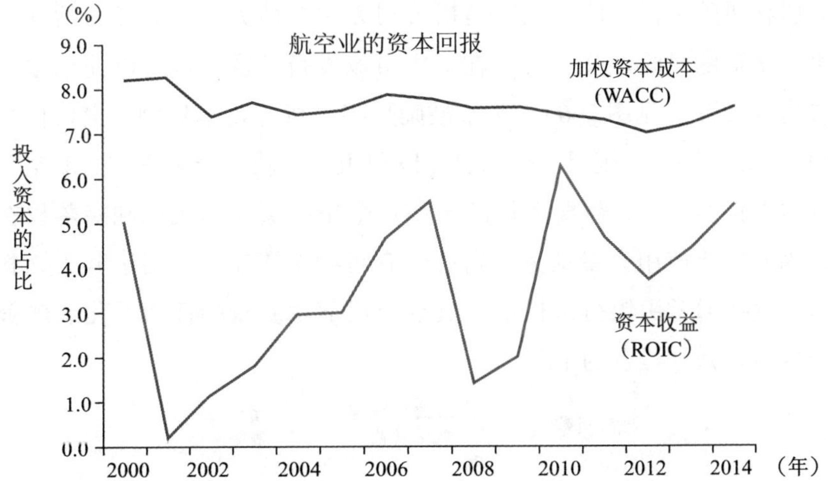

图 2.4　航空业投资资本收益率和加权平均资本成本

资料来源：国际航空运输协会，2015 年鉴。

空业股票的资本收益率较低。股权风险包括公司特有的风险和市场风险，这些风险取决于行业未来的预期表现和更广泛的经济因素，如 GDP 增长、流动性、监管等。

图 2.5　航空业股票指数相对于 S&P500 指数的表现

资料来源：彭博。

2.2.2.2　债务风险

和股权风险类似，债务风险是指公司无法在债务市场为经营活动或长期投资进行融资的风险。公司可以在资本市场发行债券，也可以使用银团贷款或传统贷款融资（见图 2.6）。为了鼓励购买飞机等资本货物，出口信贷机构（ECA）为此提供融资担保。公司也可以利用租赁获得资本货物。航空公司尤其是资本密集型公司，需要大量的长期资金来购买包括飞机和降落权在内的资产，因此需要使用大量债务。它们也有短期融资需求，用于购买燃料和维持运营，这些通常由银行来提供。航空公司信用质量的任何恶化或融资暂停都可能导致运营和投资的中断。

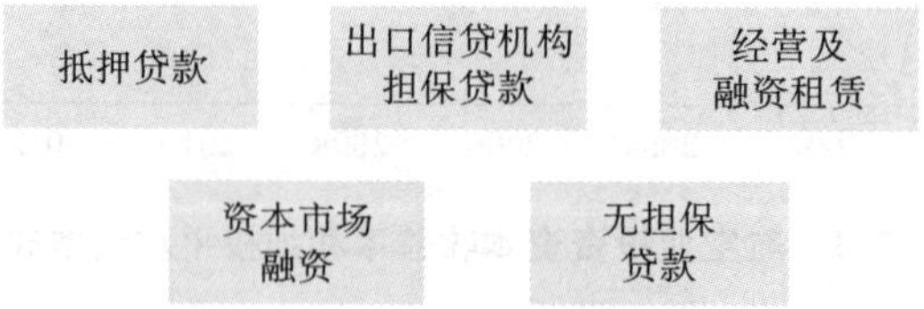

图 2.6　航空公司融资的类型

除了举债，债务的价格对公司也很重要。当以浮动利率举债时，支付的利息与伦敦银行同业拆借利率（LIBOR）等基准利率挂钩，企业面临利率风险（即利率可能上升的风险）。尤其是在长期借款的情况下，因为借款年限通常为 5—10 年，通常会跨越一个经济周期，利率风险非常高。整体信贷质量也很重要，因为企业的贷款利率高于伦敦银行同业拆借利率。例如，一家航空公司可以获得贷款，为其购买飞机提供资金，并在 10 年内以伦敦银行同业拆借利率 +300 基点（3%）偿还贷款。这 300 基点的利差反映了债务的信用风险，当公司或整个行业盈利能力低、波动性高时，利差会显著提高。

从航空公司资产负债表来看，飞行设备是大多数航空公司的主要资产，特别是对于拥有大部分机队的老航空公司而言。在负债方面，航空公司使用大量的长期债务为购买设备融资。在许多情况下，长期债务金额可以与航空公司的股本相当。通常情况下，增长前景较好的航空公司需要购买更多的飞机，并需要为此进行融资。

对于依赖轻资产模式扩张的新航空公司来说，飞机租赁可能是一项主要成本。飞机可以由航空公司直接向制造商购买，也可以从拥有大量飞机组合的专业租赁公司租赁。航空公司也可以购买飞机后出售给租赁公司，并在一段时间内租回——这称为“售后回租”，是一种常见的融资手段。租赁可分为融资租赁和经营租赁。在融资租赁中，飞机租赁付款可以资本化，飞机在租赁期结束时由航空公司购买或转让给航空公司；在经营租赁中，航空公司支付飞机租金，并在租赁期结束时将飞机返还给出租人。公司也可以通过贷款或发行债券筹集资金。无论如何，航空公司都需要为购买飞机融资，这涉及多种风险，包括流动性风险、信用风险、利率风险和潜在的汇率风险（如果借款以不同的货币）。

2.2.2.3　汇率风险

汇率风险是指公司因货币汇率变动而产生的风险。汇率风险对现金收入和支出以不同货币计价的行业尤其重要。航空业在不同货币的国家间运营，因此需要对汇率风险进行良好的管理。即使一家航空公司不跨国经营，但仍然需要购买资本货物（如飞机），通常以美元或欧元等货币计价（因为主要飞机制造商集中在欧美几个国家）。燃料成本通常也以美元支付，因为全球交易的大宗商品主要以美元计价。企业可以将国外业务流入和流出的各种货币进行匹配，利用外汇衍生品对现金流错配进行对冲，管理汇率风险。

汇率风险在一定程度上也可以通过将同一货币的收入和成本相匹配的方法进行管理，但对冲为汇率风险管理提供了一种有效途径。

2.2.2.4 燃料价格风险

商品价格风险是指商品价格变动影响公司盈利能力的风险。像航空公司这样的燃料消费者，燃料成本占其运营费用的很大一部分，受商品市场价格波动的影响很大（见图2.7）。随着过去10年石油价格水平的上升，燃料成本占整个航空企业运营成本中最大或第二大份额。燃料价格风险可以通过与现货供应商签订合同或对冲来管理。提高运营效率可以降低商品价格风险，但并不能完全消除风险。

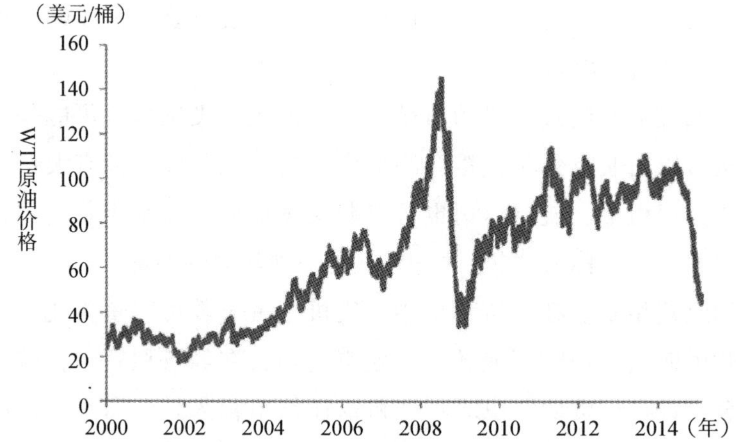

图 2.7　WTI 原油期货首行合约价格

资料来源：纽约商品交易所，彭博。

大多数航空公司的收入主要来自客运，而不是货运，这使运力利用和航线管理对收入非常重要。然而，面对旅客出行市场的激烈竞争，航空公司调整票价或征收燃料附加费的空间有限。

在运营成本方面，燃料费和人力成本是大多数航空公司的两大支出。从本章末尾附录 A 的损益表样本中可以看到，廉价航空公司和全服务航空公司都是如此。降低员工成本是廉价航空公司商业模式的主要组成部分。相比之下，燃料费用是不可预估的，对航空公司来说是最不可控的项目。航空公司可以通过优化运营流程来提升燃料效率，但对燃料价格影响不大。因此，燃料价格波动直接影响航空公司的收入变化。我们在图 2.8 中列出了航空公司的成本明细。

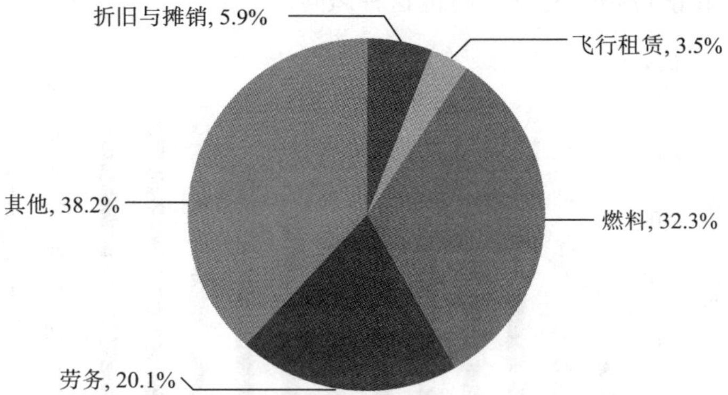

图 2.8　2008 年主要航空公司运营成本构成

资料来源：International Air Transport Association, 2015. IATA Econornics Brfiefing - Airline Fuel and Labour Cost Share. February 2010. All Rights Reserved. Available on IATA Econornics page.

在过去的 10 年中，燃料成本的重要性不断上升，原油价格在 2004 年至 2008 年间稳步上涨，最终在 2008 年达到 140 美元/桶以上的高位，如图 2.9 所示。航空公司不得不调整其商业模式，以适应能源价格的上涨。根据国际航空运输协会（IATA）的数据，2001 年全球 45 家主要航空公司中燃料成本占运营成本的 13.6%，2008 年上升到 32.3%。最近对全球 30 家最大航空公司运营数据进行的一项研究显示，燃料成本占运营费用的 1/3（约 35%）以上。亚洲和美国航空公司的燃料成本占总费用的百分比较高，这可能是因为亚洲航空公司对航空燃料征税很高。与欧洲航空公司相比，亚洲和美国员工成本较低。美国的航空公司由于法院强制要求申请破产的公司削减成本，降低了员工成本。

石油市场参与者也经历了极端波动，油价从 2008 年的高点跌至 2008 年底的 40 美元/桶左右，但到 2011 年初反弹至 100 美元/桶。2014 年末，油价再次从 110 美元/桶以上暴跌至 50 美元/桶。

燃料费用可以通过多种方式管理。对大多数公司来说，通过与现货供应商签订固定价格供货合同，是比较容易的管理方式。对于具有足够资本和组织能力来制订风险管理计划的成熟公司来说，纸货市场燃料对冲在管理燃料价格风险方面有很大用处。此外，还需要对来自合同或对冲协议的信用风险进行监控。航空公司在贸易应收款方面也有一定的信用风险敞口，尽管短期的付款条件和银行担保有助于防范这种风险。

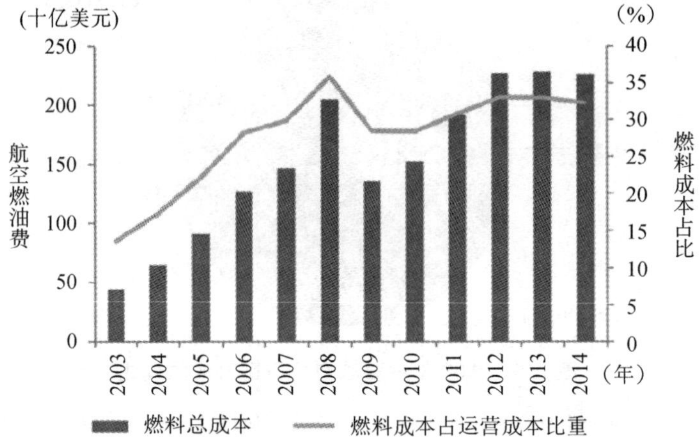

图 2.9 燃料成本演进

资料来源：国际航空运输协会，2015。

2.3 其他主要燃料消费者的风险

在本节中，我们将简要介绍其他主要能源消费者，包括航运公司、炼油厂和发电商。

2.3.1 航运公司

航运公司面临的风险与航空公司基本相似，利率风险、汇率风险、信用风险、流动性风险和燃料价格风险是这类公司的重大财务风险。此外，航运收入取决于货运能力、生产率和运费。某些航线的运价在场外交易市场上像商品一样交易，这增加了航运公司收入的不确定性。

航运业没有标准的成本分类方法。这里采用如表 2. 3 的分类方法。

表 2. 3　　航运业成本分类方法

运营成本	维修成本	航程成本	资本成本	装卸成本
• 海员成本 • 仓储成本 • 维护成本	• 大修成本 - 资本化并摊销	• 变动成本，包括： ◇燃料 ◇港口费 ◇运河费	• 成本取决于融资方式： ◇股权 ◇债务	• 装载费 • 卸货费

资本成本主要发生在船舶开始使用后，航程成本和运营成本是总成本的两大组成部分。燃料成本占航程成本的很大一部分。总成本和单位成本依船舶的大小和船龄而变化。船舶单位成本随着船舶尺寸的增加而降低。资本成本随着船舶的老化而下降，导致总成本下降，但总体运营、航行和维护成本高于新船。为了强调燃料成本的重要性，航运公司详细的成本构成列示如下：燃料成本；码头成本；维护成本；船舶成本。

港务成本包括码头搬运和储存成本（货物装卸成本），而船舶成本主要包括运营成本、定期租船、折旧和租赁费用（运营成本、资本成本和航程成本，不含燃料）。许多航运公司将燃料成本与运营费用分列，并采用与上述方法类似的分类（见图 2. 10）。

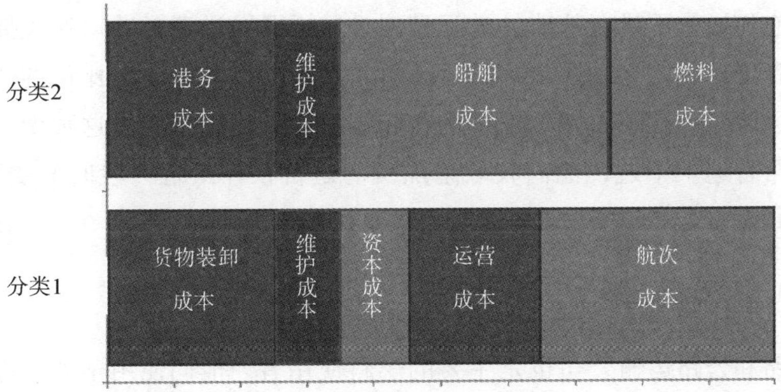

图 2. 10　航运公司两种不同的成本分类方法

一项对航运公司损益的调查显示，2013 年，主要航运公司的燃料成本约占运营业支出的21%。世界上最大的航运公司 AP Maersk 的成本明细如图2.11所示。

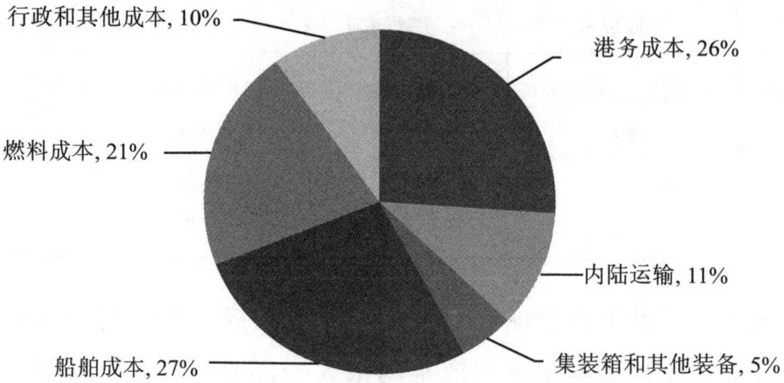

图2.11 AP Mørsk公司EBIT（息税前利润）分解

数据来源：AP Møller Mærsk A/S，年度报告，2013。

与航空公司一样，航运公司也受到燃料价格的显著影响。然而，除了受到燃料价格波动的影响外，航运公司对收入的控制手段也不多。运费和燃料分别构成了航运公司的收入和成本。运费与燃料之间的相关性一般为正，2008年前后其相关性达到峰值。当时各资产之间的相关性很高，但最近相关性较低。这种低相关性意味着燃料价格的上涨并不伴随运费上涨，因此有必要对这两种商品进行对冲。大多数大型航运公司确实对冲了部分燃料价格风险，但它们通常不进行战略性的运费对冲。因此，运费对冲市场主要由贸易商和运费使用者主导。通常，航运公司通过附加费转嫁一定比例的燃料成本和其他风险，包括燃料费、汇率调整和排放控制区附加费。这种做法在航空业也非常普遍。不过，他们收取附加费的定价权在最近一段时间受到限制，这也是行业整合和结盟增多的原因之一。

2.3.2 道路运输

铁路和公路运输公司也是主要的燃料使用者。他们使用柴油、煤油或汽油等燃料。这些公司在石油价格方面面临的风险与航空和航运公司面临的风险相似。此外，这些公司通常在固定费率的票价环境下运营，不能灵活调整收入，这意味着燃料价格对冲对于保证利润率更为重要。像邮政机构或快递公司这样的商业服务提供商已经能够根据燃料价格收取附加费，但客运公司通常不行。

2.3.3　炼油、石化和发电

炼油企业对产品价格的控制力有限，却面临不稳定的投入成本。石化行业也面临类似的风险。炼油企业受到全球原油价格的影响，而它们的收入则取决于当地或地区的产品价格。图 2.12 展示了炼油厂的商业模式，以及所有"加工"或"转换"的商业模式。

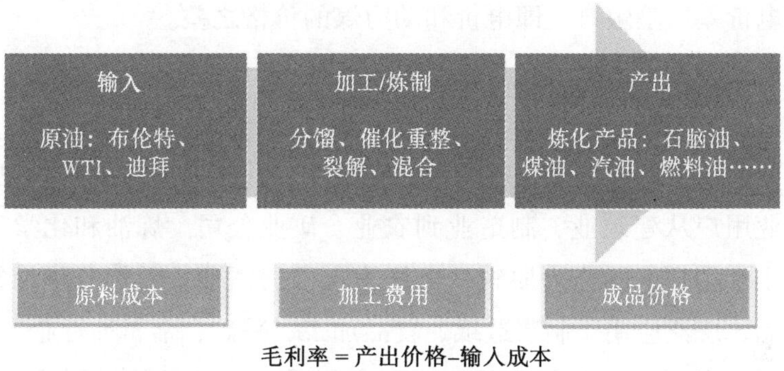

图 2.12　炼油厂的商业模式

炼油是一个资本高度密集的行业，建设工期长、造价高。炼油厂的固定成本包括：员工成本；维护费用和保险；资本成本。

变动成本包括：原材料成本；化学品、添加剂和催化剂成本；能源成本。

炼油商的目标是实现炼油毛利最大化，尽可能从相同数量的原油中生产出更有价值的产品。炼油商可以通过选择适当的原油混合物，使用更复杂的工艺从相同数量的原油中提取更多的产品，优化产品组合，来实现利润最大化。

在炼油过程中，炼油商面临特定的风险，包括原油价格变动的风险、产品价格变动的风险、由于原油和产品定价日期不同产生的时间错配风险、产品规格与市场交易产品规格不同的风险。它们还面临以美元计价采购原油和以当地货币销售成品油所固有的汇率风险。

炼油商可以使用裂差互换（Crack – Spread Swap）来锁定利润率，以应对原油和成品价格变化的风险。这些互换结构还可以兼顾原油与成品定价的时间差。为防止由于原油或成品价格变动导致库存价值变动，也可以对超出企业业务基本库存水平的库存价值进行保护。还必须解决与贵金属催化剂（如钯、铂或其他金属）库存有关的价格风险。

独立发电商（IPPs）与炼油商类似，尽管在许多市场它们的收入变化可能小得多。发电商的收入由其产出的销售价格决定，可以是固定的，也可以由市场决定。然而，电力生产商的煤炭和天然气投入受价格波动的影响，会影响公司的利润率。与炼油厂的裂差类似，发电商也受点火价差的影响。点火价差就是电力与用于发电用的天然气之间的价差。同样，用煤发电的发电商也有煤电价差风险敞口，即电价和动力煤的价格之差。

2.3.4 能源商品工业用户

能源商品以不同的形式在各个行业中使用。几乎所有行业都用电来照明。能源的工业用户从建筑业、制造业到农业、矿业公司。炼油和化学工业是能源商品的主要用户，既作为原料，也作为自己的消费。天然气是最常用的工业能源商品，广泛应用于制浆造纸、食品加工、采矿、金属等行业。

根据对澳大利亚能源行业的调查，由于采矿作业的能源强度不断增加，矿业公司的能源成本约占总成本的15%，是成本中快速增长的部分。根据对澳大利亚经济能源强度的研究，截至2010年，矿业是增长最快的能源用户，年均增长率为6%。与农业部门一道，它是过去20年来唯一一个能源强度有所增加的部门。钢铁制造商的能源成本占总生产成本的20%到40%。因此，由于燃料价格变化，工业用户的利润率也面临与运输公司相似的波动。

2.4 对冲的理由

在前面几节中，我们讨论了能源消费者的风险。在很多情况下，不利的商品价格波动是公司面临的主要财务风险。管理这些风险对维持公司财务健康至关重要。企业进行对冲是将风险最小化的主要途径之一。

对冲可以定义为借助风险管理策略来减少投资或头寸的损失。在对冲中，使用金融工具或技术来保护投资或头寸免遭商品价格、汇率、证券价格等市场变量波动的影响。对冲可以通过营运或金融操作实现。就目的而言，我们将讨论适用面更广的金融对冲。

对冲会对航空公司股价波动率产生影响。关于企业对冲的必要性和收益已经有许多实证研究，在后面章节中会看到一些证据。在这一节中，我们考虑对冲对航空公司业绩的影响和财务可行性。我们以美国航空业为例来说明油价对公司价值的影响。我们使用 WTI 原油价格作为燃料价格的基准。航空公司使用的航油是从原油加工而来的，但 WTI 原油交易远比航油活跃，而且两者相关性很高。我们首先来看股票价格收益率与 WTI 原油收益率之间的相关性。图 2. 13 为 1991—2007 年 WTI 原油价格收益率和航空公司股票价格收益率的相关系数，图中的相关系数按年滚动计算。我们选择这一时期是因为在此期间企业对冲的力度低于近年的水平。

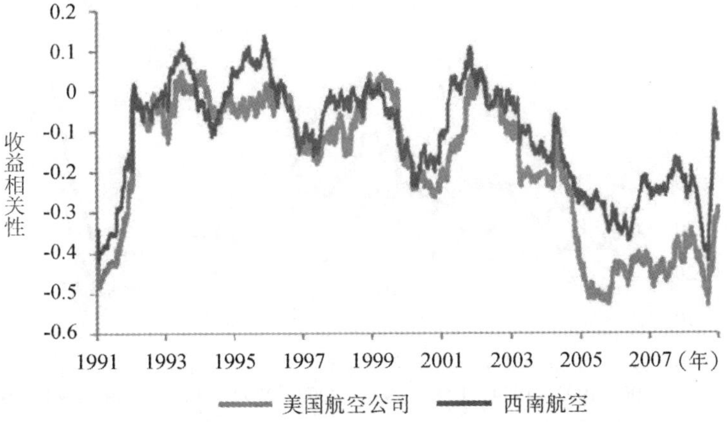

图 2. 13　航空公司股票价格收益率与 WTI 原油价格收益率的相关系数（以年度窗口滚动计算）

数据来源：纽约商品交易所、纽约证券交易所、彭博。

由图 2. 13 可见，股价收益率与 WTI 价格收益率基本呈负相关关系。在观察期间的后几年油价升至高位，这种相关性变得更为显著。从这种负相关关系中我们可以推断，投资组合经理或者是航空公司可以通过在投资组合中增加原油头寸来降低持有美国航空公司股票的敞口风险。

为了检验我们的推断，我们构建一个石油和航空公司股票的组合来检验。

投资组合由一只股票和相当于股票价值40%的原油组成（见图2.14）。也就是说，假设期间投资者保持0.4的对冲比率不变。这在实践中很难实现，因为对冲通常是静态的，名义数量是固定的。请注意，该对冲比率不同于航空公司的对冲比率，航空公司的对冲比率是指被对冲的航油占航油用量的百分比。在分析中，也不考虑航空公司对冲对股价的影响。从技术上讲，我们还应该用一个可交易的指数，比如原油超额收益率指数或总收益率指数，将期货合约移仓的影响考虑进来。这是燃料对冲的一个重要特征，即商品期货合约（具有到期日）用于对现货风险敞口对冲时，需要使用不同到期日（跨远期曲线）的合约来管理不同时间的风险敞口。然而，为了分析的简洁性，我们忽略远期曲线形状的影响。我们将该投资组合的年化波动率（一年期内每日收益率的标准差，年化）与该股票的历史年化波动率（见图2.15）进行对比。

图2.14　对冲前后西南航空公司（Southwest Airlines）股票价格的历史波动率

从图2.14和图2.15这两张图可见，进行对冲后资产价格的波动性明显降低了。根据现代投资组合理论（MPT），波动性的降低有助于降低航空公司的融资成本。现代投资组合理论认为，投资者在风险和收益之间进行权衡，理性的投资者追求在给定风险水平下（以资产价格波动率衡量）收益最大化。因此，除了稳定航空公司的现金流外，对冲还可以降低融资成本，提高举债能力，这是基于投资者在现代投资组合理论框架下优化投资组合时经常使用的收益——方差准则（即投资者对波动率高的资产要求更高的收益率）。

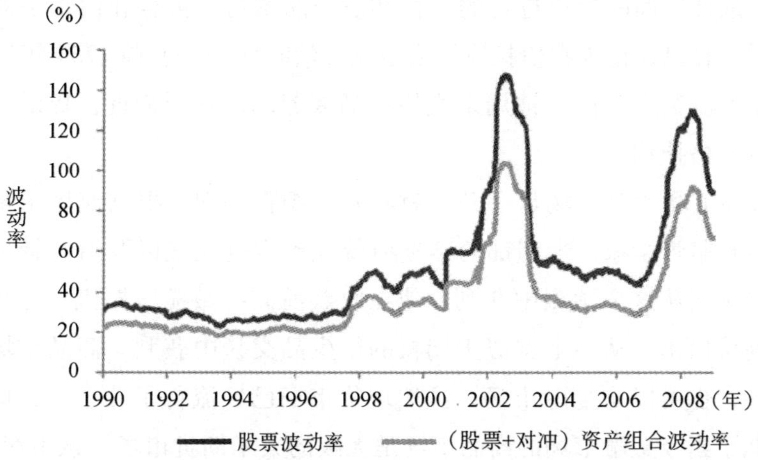

图 2.15　对冲前后美国航空公司（American Airlines）股票价格的历史波动率

此外，对股票价格水平和股票与石油价格收益率相关系数的回归分析表明，大约 30% 到 40% 的相关系数变化可以用股票价格水平来解释。也就是说，股价下跌时，石油和股票收益率之间的负相关性更为明显，这表明在航空公司股票陷入困境的情况下，燃料成本上升对股价的负面影响更加显著。

2.5　商品衍生品市场

在上一章中，我们研究了商品现货市场价格的驱动因素，然而，现货市场越来越与商品的金融（或纸货）市场联系在一起。在许多情况下，由于纸货市场流动性较高，现货交易的基准价格由纸货市场决定。在本节中，我们将讨论纸货市场的功能和交易工具，解释现货市场与纸货市场的关系，以及纸货市场的市场惯例。首先，我们介绍商品市场从纯粹的现货市场到远期和衍生品交易场所的演变历史。

2.5.1　商品市场简史

商品市场是买卖双方聚集在一起进行商品交易的场所。商品市场根据某些规则和惯例运作，这些规则和惯例使商品能够有组织地交易。商品市场起源于易货或使用商品货币进行的牲畜和农产品贸易。黄金和白银是最主要的商品货币，自巴比伦人在伊拉克汉谟拉比统治时期（公元前 1754 年）起被用于银行交易。黄金和白银被用来交换商品或劳动，直到最近，货币还与黄金和白银的价格挂钩。

商品及其衍生品市场从一开始就相互交织在一起。根据亚里士多德的说法，早期希腊哲学家，米利都的泰勒斯曾经预言过天气以及由此带来的橄榄丰收。泰勒斯从这个预测中获利，他在收获前储备橄榄压榨机，并在预测实现后以高价出租，从一个类似于期权的衍生品交易中获利。商品市场可以是现货市场，也可以是金融市场。虽然现货市场已经流行了几千年，但最早出现的类似于当今金融市场的商品市场是大阪的大米期货市场，该市场于 17 世纪晚期正式在堂岛（大阪附近）建立。大阪是日本的大米之都，许多仓储和商人已经在处理大米支持的仓储收据（拍卖票据）以及未来大米收成支持的仓储贷款（预付票据）。这一时期，大米和白银作为货币交替使用，期货市场合法化是为了维持幕府的主要资产——大米的价格稳定。堂岛期货市场形成于 1716 年，交易的合约是在未来特定到期日规定数量的标准等级大米。

在欧洲，荷兰人走在市场创新发展的前沿，展销会被用于乳制品交易和活牛贸易，当地的称重站有助于降低交易成本。阿姆斯特丹是荷兰东印度公司（Dutch East India Company）的上市地，这是第一家股份制公司，成立于 1602 年，目的是从香料贸易中获利。商品期货交易时断时续，17 世纪郁金香热就是明证。商人签订购买郁金香球茎的远期合同，但不允许卖空。郁金香的狂热交易在 1636 年达到顶峰。1636—1637 年冬天郁金香交易突然崩溃，导致市场普遍违约。

在美国，远期交易在 19 世纪 40 年代正式开始，并建立了用于谷物交易的芝加哥期货交易所（CBOT）。作为期货基础的远期合约的标准化始于 1859 年。其他交易所随后成立，包括堪萨斯城贸易委员会、纽约棉花交易所和纽约黄油奶酪交易所（后来更名为纽约商品交易所）。随着轮船、电报和跨大西洋电缆的引入，商品交易成为一个全球市场，在价格形成过程中加入了非本地的供求因素。

第二次世界大战后，各地政府以农业政策、价格支持、中央计划和全面禁止期货合约交易等形式进行干预，导致全球商品交易所出现倒退。然而，布雷顿森林体系崩溃后，20 世纪 70 年代建立了许多金融市场，商品市场复苏，石油和能源商品的新市场建立了起来。

在过去的 20 年里，商品市场出现了许多创新，与衍生品市场的增长同步。我们将在本章和后续章节讨论其中的一些内容。

2.5.2　商品现货市场和标准化的必要性

在研究衍生品市场之前，我们先来看看大宗商品现货市场以及衍生品市场的需求是如何产生的。在上一章中，我们描述了主要的大宗商品类别、能源大宗商品和现货价格的驱动因素，但我们没有考虑现货交易的机制和现货市场参与者。

商品现货市场通常由生产商和消费者组成，他们聚集在一个特定的地点完成交易。此外，在消费者方面，消费者通常需要量身定制交货地点、品质和时间，这为贸易商提供了解决供给和消费错配的天然机会。

典型的现货交易如图 2. 16。商品生产商将一定数量的商品卖给消费者或者中间人（中间人卖给最终消费者）并安排交货。生产商和消费者/中间人之间就现货合同进行协商。生产商将现货商品运送到指定的仓库或码头，贸易商可以从那里提货。贸易商通常用银行提供的信用证安排付款，并以仓单或“提单”的形式收到商品的所有权。“提单”是承诺交付标的货物的航运公司的凭据，是可转让单证。对生产商的付款通常以离岸价（船上交货）为基础，这意味着贸易商承担与货物运输有关的风险和费用。通常，消费者/中间人安排货物从生产商的交货地点运输到消费者处。这包括所需的所有储存、运输、装卸、保险、出口清关和关税、税收等费用。终端消费者的定价通常以成本、保险和运费（CIF）为基础，以支付贸易商承担的费用。离岸价和到岸价是两种常见的定价术语，为了转移一种或多种风险，商业合同可以有多种结构。现货合同可以涵盖一批商品，也可以是涉及多次交货的长期交易。

现货交易涉及的风险主要有三种：价格风险（特别是长期交易）、对手风险、操作风险。

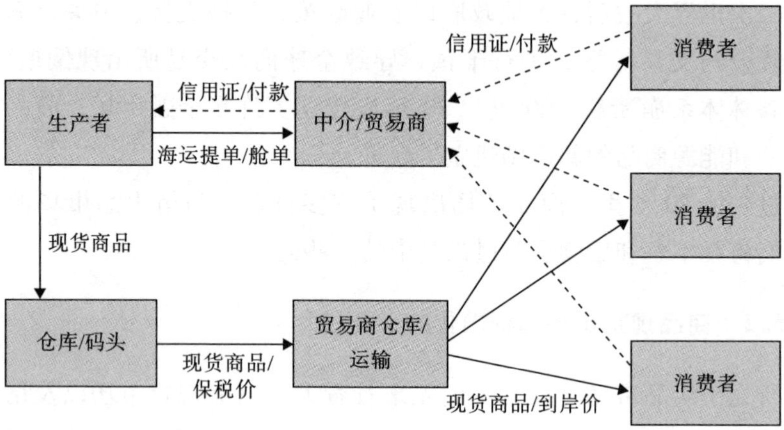

图 2.16 现货商品交易过程

由于未来现货的价格是变化的，价格风险存在于长期现货贸易中。交易对手风险是指交易对手不履行其义务的风险，即生产商不交付所需等级的商品或消费者不付款的风险。操作风险包括交易过程中的风险——主要是运输风险，无论是运输成本还是运输过程中的事故，以及收到货物后的付款。此外，现货贸易还必须考虑合同文件中的法律风险。

随着商品市场规模的扩大，有必要对交易商品的规格进行标准化，以降低核实所涉商品质量和数量的成本。生产商还需要融资来种植或开采商品，并确保产品价格有吸引力和盈利。同样，消费者希望购买商品的价格具有确定性。因此，有必要建立长期商品市场，这造就了远期合约的发展。

2.5.3 远期合约

为了降低未来现货贸易中的价格风险，生产商和消费者可以签订远期合约。远期合约是一种场外交易（OTC）工具，用于确定未来某一天的商品购销价格。场外交易是指在交易所等集中交易场所之外、由两个交易对手之间直接达成交易。场外远期合约是指双方在约定的未来日期以预先约定的价格买卖一定数量标的商品的协议。在未来某一日期，购买商品的一方称为远期合约的买方，出售商品的一方称为远期合约的卖方。远期合约可以按预先商定的远期价格交付标的商品，或以现金结算现货市场价格和预先商定远期价格之间的差额。

在现货保留结算的情况下，远期的买方支付价格 K，并根据合约接收商品。在现金结算的情况下，远期合约的到期损益如下。远期合约的买方在合约到期日 T 以固定价格 K 买入远期合约，如果合约到期时的现货价格为 S_T，则支付给买方的款项为 S_T-K。相反，远期合约的卖方获得 $K-S_T$ 的收益。到期损益随 S_T 而变化，如图 2.17 中的到期损益图。

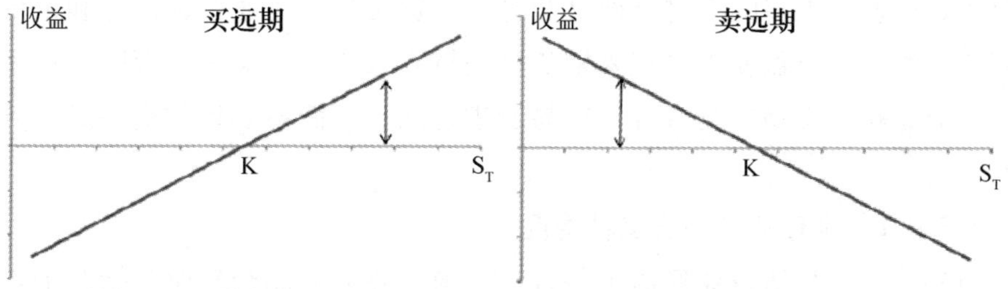

图 2.17 远期合约买方和卖方的到期损益

对于远期交易的买方，购买商品的净成本如下：

现货市场购买成本 $=S_T$

远期合约的现金损益 $=S_T-K$

采购净成本 $=S_T-(S_T-K)=K$

同样，对于远期合约的卖方，卖出商品的收入如下：

现货市场销售实现收入 $=S_T$

远期合约的现金损益 $=K-S_T$

净销售收入额 $=S_T+(K-S_T)=K$

我们可以看到，远期合约的买方因商品价格高于预先商定的价格 K 而得到补偿，而远期的卖方因商品价格低于 K 而得到补偿。

远期交易的商品规格和数量可以根据交易双方的要求定制。然而，为了使这些工具更具流动性，需要对其规格进行标准化。远期合约还涉及交易对手风险，因为交易对手可能违约，所以交易之前彼此要进行尽职调查。

为了在规范交易条款的同时尽量降低远期合约的交易对手风险，期货合约应运而生。

2.5.4 期货合约

期货合约看起来像远期合约，但事实上它在期货交易所交易，并通过中央对手方（CCP）清算。期货合约是指双方在未来某一天以一定价格买卖标的资产的协议。商品期货合约标的资产在质量、数量、交割地点等方面进行了规范，以便与更多的人进行商品交易。期货交易所还通过保证金和市价结算机制，每天将收益或损失记入期货合约持有人账户，实际上消除了信用风险。因此，每个交易参与者都与交易所进行交易，而不必评估交易对手方的信誉。

2.5.4.1 全球商品期货交易情况

近年来，交易所行业经历了整合。美国主要的商品交易所包括芝加哥交易所（CME）、芝加哥期货交易所（CBOT）、纽约商品交易所（NYMEX）和纽约金属交易所（COMEX），这些交易所现在都是CME集团的成员。洲际交易所（ICE）是一个由美国和国际交易所组成的网络，包括纽约期货交易所（NYBOT）、伦敦国际金融期货交易所（LIFFE）、国际石油交易所（IPE）（现为ICE欧洲期货交易所）和新加坡期货交易所（现为ICE新加坡期货交易所）。其他主要国际交易所包括伦敦金属交易所（LME）、东京商品交易所（TOCOM）、新加坡商品交易所（SICOM）、上海期货交易所（SHFE）、迪拜商品交易所（DME）等。表2.4介绍了交易所及交易的主要商品情况。每个期货合约都有标的资产规格，商品等级、合约规模、交割安排、交割期限、报价单位、每日价格变动范围等条款。在例2.1中，我们讨论基准期货合约（WTI原油合约）的主要条款。

表2.4 交易所及交易的主要商品

交易所	交易的主要商品
纽约商品交易所（NYMEX）	WTI原油、Henry Hub天然气、RBOB汽油、纽约港超低硫柴油、乙醇、丙烷和丁烷、铂金、铂金
芝加哥期货交易所（CBOT）	玉米、小麦、大豆、豆油、豆粕、糖、咖啡、可可、活牛、瘦猪肉
纽约金属交易所（COMEX）	黄金、白银、铜
洲际交易所（ICE）	布伦特原油、煤油、碳排放、糖、咖啡、可可、棉花

续表

交易所	交易的主要商品
伦敦金属交易所（LME）	铝、铜、铅、镍、锡、锌、钢
东京商品交易所（TOCOM）	金、银、铂金、橡胶
新加坡商品交易所（SICOM）	橡胶
马来西亚交易所	棕榈油
通过交易所清算的 OTC 市场	石油产品——区域基准煤油、燃料油、汽油、航空煤油、乙醇、动力煤、焦煤、铁矿石、运费

WTI 原油指轻质低硫原油。期货合约可交付的原油可以是 WTI 或其他类似原油，如北得克萨斯低硫原油或俄克拉荷马低硫原油，也可以是国际原油，如布伦特混合原油（英国）或邦尼轻原油（尼日利亚），其溢价或折价根据期货合约的规定确定。交付的原油需要符合质量标准，如美国原油含硫量不低于 0.42%，API 不低于 37°。有关质量要求的详细信息请参见交易所网站。

例 2.1——NYMEX WTI 原油期货合约规格（见表 2.5）

表 2.5　　NYMEX WTI 原油期货合约规格

标的商品：	WTI 原油
标的数量：	1,000 桶
报价：	美元/桶，单位到美分
最小价格变动：	0.01 美元/桶
交割：	FOB，俄克拉荷马州库欣的管道或储油设施
交割期：	交割月第一个自然日到最后一个自然日

2.5.4.2　期货合约行情快照

样本期货合约行情快照如表 2.6 所示，其中展示了合约前一日结算价、成交量和持仓量等详细信息。结算价格是由交易所确定的价格，通常在每日交易结束时用于期货头寸的盯市结算。持仓量是指某一特定时间在交易所未平仓合约的数量。使用这些数据可以绘制商品价格的远期曲线，如图 2.18 所示。

表 2.6 WTI 原油期货行情快照

履约月份	最新价	变化	结算价	估算成交量	持仓量
7.15	58.86	-0.27	59.13	496, 254	355, 370
8.15	59.28	-0.28	59.56	160, 613	178, 535
9.15	59.56	-0.33	59.89	100, 690	181, 815
10.15	59.80	-0.33	60.13	39, 556	89, 955
11.15	60.15	-0.33	60.48	31, 493	60, 867
12.15	60.47	-0.39	60.86	74, 114	218, 171
1.16	60.67	-0.52	61.19	11, 122	66, 164
2.16	61.05	-0.41	61.46	5, 517	31, 741
3.16	61.15	-0.54	61.69	8, 750	54, 782
4.16	61.46	-0.45	61.91	1, 421	17, 863
5.16	61.64	-0.49	62.13	1, 169	16, 102
6.16	61.86	-0.48	62.34	15, 229	70, 527

资料来源：彭博、芝加哥商品交易所（CME）集团。

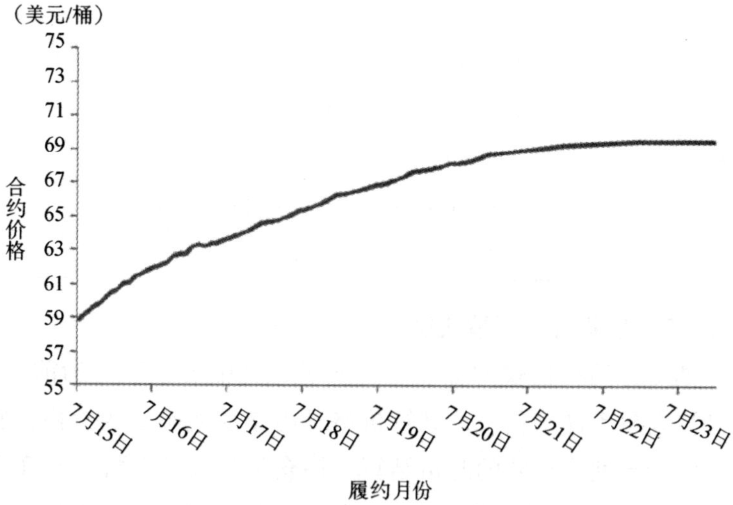

图 2.18 WTI 远期曲线

2.5.4.3　远期曲线的形状

当期货价格高于现货价格时，远期曲线代表的市场称为期货升水或正向市场（contango）。当期货价格低于现货价格时，远期曲线代表的市场称为期货贴水或反向市场（backwardation）。远期曲线还具有季节性和其他特征，这些特征来自供求关系和对未来供需平衡的预期。图 2.19 至图 2.21 展示了一些样本远期曲线。我们将在后面的章节详细讨论远期曲线。

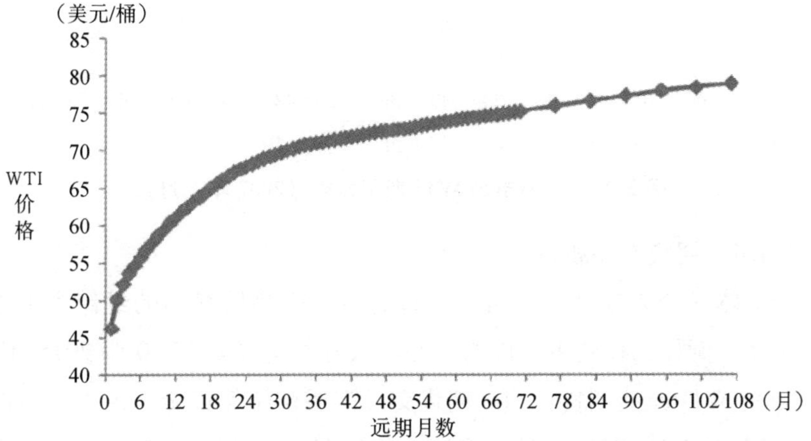

图 2.19　正向市场 WTI 期货曲线（2009 年 1 月）

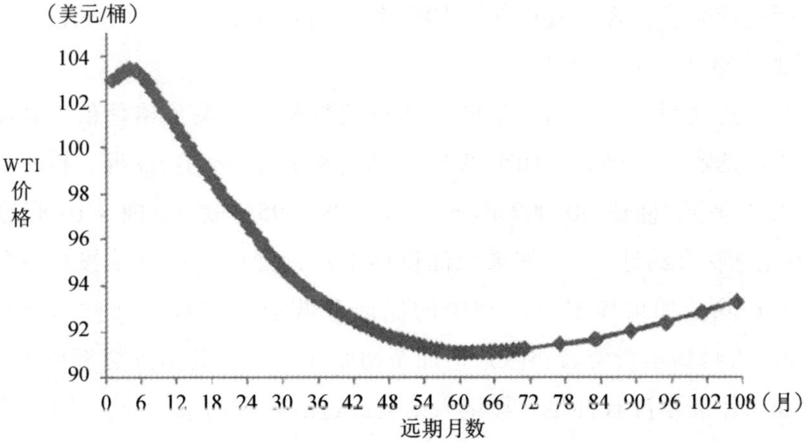

图 2.20　反向市场 WTI 期货曲线（2012 年 1 月）

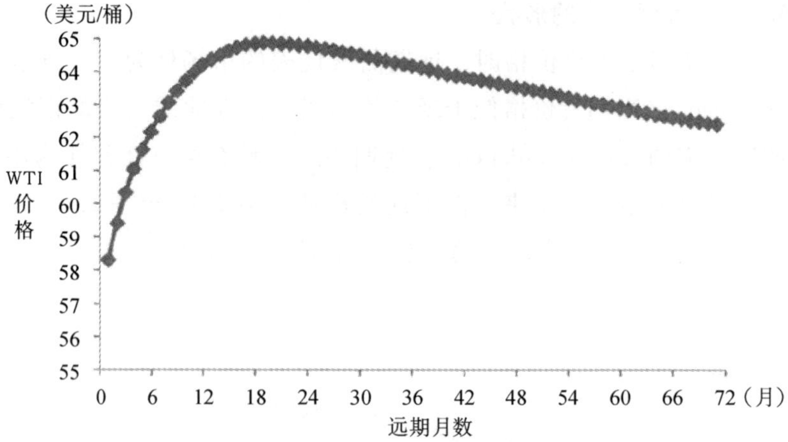

图 2.21 驼峰市场 WTI 期货曲线（2007 年 1 月）

2.5.4.4 期货交易机制

一个实体（个人或公司）可以通过有权在交易所交易的经纪人下单，建立期货头寸。例如，投资者可以指示经纪人在交易所购买 10 张 2015 年 12 月 10 份交割的 WTI 原油期货合约。期货交易需要初始保证金，由投资者向经纪人缴纳。例如，WTI 期货交易的保证金可以是每份合同 2,000 美元（根据合同期限、波动性和其他因素而有所不同）。一旦保证金交给经纪人，经纪人就在交易所进行交易，客户就建立了 10 张期货合约多头头寸，比如说，在每桶 95 美元的价格建立期货合约多头。

投资者建立期货头寸后，他的头寸每天都要用市场价格估值，并将盈亏借记或贷记其账户。例如，如果 WTI 原油价格升至 98 美元/桶，投资者的账户将记入 3 美元/桶或 30,000 美元［按（98 - 95）美元/桶 × 10 张合约 × 1,000美元/桶/合约计算］。如果原油价格下跌，则该金额将从投资者的保证金账户中扣除。如果投资者账户中的保证金低于一定数额（称为维持保证金），经纪人将指示投资者将账户追加至初始保证金。此追加金额称为变动保证金。如果保证金没有补足，经纪人则会通过清算合约来结清头寸。

2.5.4.5 期货合约可以持有到期或在到期前终止

期货合约的到期日是由交易所规定的该合约的最后交易日。由于允许在交割前提前终止期货合约，这吸引了大量投资者、投机者和套利者，使得市场规模和流动性得以提高。只有在交易终止时持有合约的投资者才必须接受/交付标的商品。大多数期货合约是在交割前通过反向交易来结清的。例如，上述例子中的投资者可以出售 10 张 2015 年 12 月 WTI 原油合约来了结其多头头寸。

2.5.4.6　期货价格通过收敛机制与现货价格挂钩（见图 2.22）

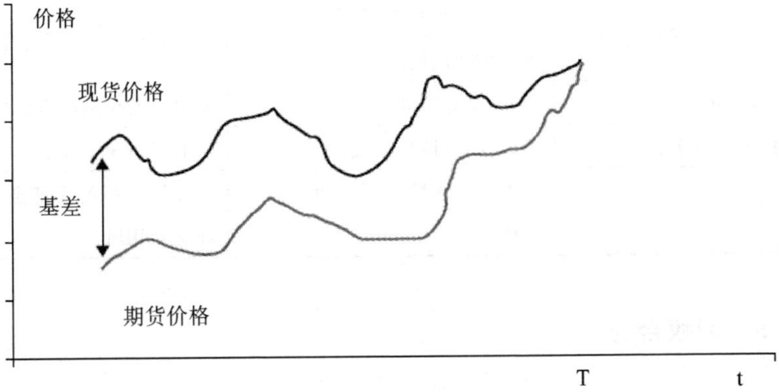

图 2.22　现货与期货的基差收敛

现货与期货的价差称为"基差"，是现货价格相对于期货价格的溢价或折价。随着期货合约交割日的临近，期货价格必须与现货价格收敛（即基差必须接近于零）。这是因为，如果到期时没有收敛，就有套利机会（可以获得无风险利润）。如果期货价格低于到期时的现货价格，套利者就可以买进期货并进入交割，同时以现货价格卖出商品，从而获得无风险利润。同样，如果期货价格高于现货价格，套利者可以以现货价格买进商品，同时做空期货并进入交割，赚取差价。

同时从事衍生品交易的现货商品贸易商充当套利者，缩小了期货与现货价格的价差，在现货与衍生品市场之间建立了紧密联系。只有一小部分期货合约是实物交割，套利者需要考虑交割地点、交割成本、融资成本、储运成本、可交割商品等级等多个参数，才能完成有利可图的套利交易。我们在以后的章节中会讨论这些成本以及它是如何帮助远期价格与现货价格建立联系的。

我们在表 2.7 中总结了现货合同、远期合约和期货合约之间的差异。

表 2.7 现货、远期和期货合约比较

现货合同	远期合约	期货合约
双方 OTC 交易的订制商业合同	双方 OTC 交易的订制合约	标准合约
通常是双方直接交易	双方直接交易或通过银行间/交易商间市场交易	交易所交易
流动性低	流动性低	比 OTC 合约流动性高
价格不透明、交易成本高	价格透明度比期货低、交易成本一般比期货高	价格透明、交易成本低
交收/结算安排灵活	交收/结算安排灵活	标准化的交割物和交割流程
合同到期时发生现金流	合同到期时发生现金流	每日盯市发生现金流
存在信用风险	存在信用风险，可以通过抵押品缓释	由于清算所的保证金制度，基本无信用风险

2.5.5 期权合约

期权是另一种在场外和交易所交易的基础衍生品合约。期权主要有两种类型：看涨期权和看跌期权。看涨（看跌）期权赋予持有人在指定时间以预先约定的价格购买（出售）标的资产的权力，但没有义务。合约中约定的购买价格称为“执行价”或“行权价”，购买或出售标的资产的日期为期权合约的“行权日”或“到期日”。

期权赋予持有人购买/出售标的资产的权利，但持有人没有购买/出售标的资产的义务，这与远期和期货合约不同。购买期权的成本称为期权权利金。期权合约有不同的履约时间和结算方式。只有在到期日才可以行权的期权称为欧式期权，而在到期日之前的任何一个营业日都可以行权的期权称为美式期权。期权可以现金结算，即期权持有人收到标的资产现货价格与行权价格之间价差对应的款项，或者以实物结算，即期权持有人收到或转让标的资产（同期货）。

期权的到期收益如下：对于行权价格为 K 的看涨期权，看涨期权持有人的到期收益为 $\max(0, S_T - K)$，其中，max（）是指返回括号内元素最大值的函数。如果标的物价格高于行权价格 K，则期权持有人行权时收到 $S_T - K$。相当于期权持有人以行权价格 K 收到标的商品，并以市场价格 S_T 出售。但是，如果标的商品价格等于或低于行权价格，则期权持有人不行权，收益为0。

同理，看跌期权支付给期权持有人的款项为 $\max(0, K - S_T)$。如果标的商品价格低于K，则期权持有人行权时以行权价格K出售标的，赚取行权价格和现货市场价格 S_T 之间的价差。或者，如果现货价格高于行权价格，期权持有人不行权，并以高于期权行权价的价格出售商品。图2.23展示了看涨期权和看跌期权多头与空头的到期损益。

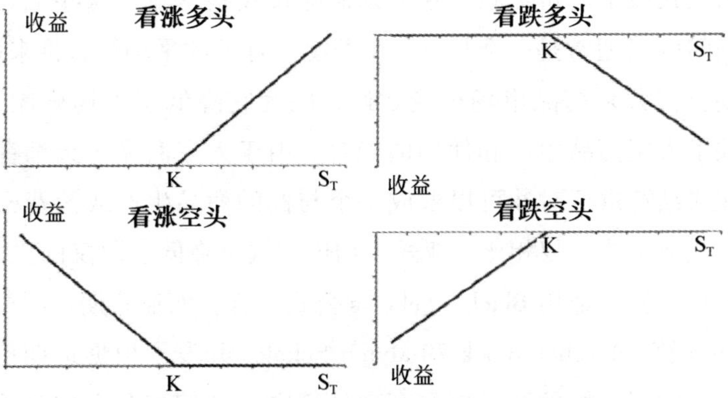

图2.23 看涨和看跌期权多头、空头的到期损益

WTI期货期权合约的示例条款如例2.2所示。

例2.2——期权合约条款（见表2.8）。

表2.8 期权合约条款

标的商品	2015年1月到期的WTI原油期货合约
起始日	2014年9月1日
到期日	2014年12月16日
期权类型	看涨期权
期权头寸	多头
行权价	95美元/桶
期权权利金	3美元/桶

在上面的例2.2中，期权结算是参照到期日WTI原油期货合约（2015年1月合约）结算价计算的。在交易所交易的期权可以通过反向交易提前进行现金结算，或者在规则允许的情况下提前行权，或者在到期日自动行权，根

据合约规则可能有些例外情况。

对于前面提到的各种情况，期权结算总是基于某一日（到期日）某一时间的期货价格，或行权时的期货价格（在提前行权的情况下）。这称为“子弹型”结算，因为它取决于结算日合约标的的价格。然而，许多大宗商品市场缺乏流动性，某一天的价格容易被操纵。为了避免这种情况，衍生品结构设计时使用期货合约几天结算价格的平均值作为衍生品合约的结算参考价。这种期权称为亚式或平均价期权，在大宗商品市场很常见。这些工具的收益通过在预定期间内（通常是一个月或一个季度）标的的平均结算价来计算。

亚式期权在大宗商品市场很受欢迎，因为它降低了市场被操纵的风险，同时也反映了大宗商品生产和使用的趋势。由于大宗商品每天都在开采或使用，利用亚式结算进行对冲可以形成一个与标的商品生产或消费密切相关的价格。与欧式或美式期权相比，亚式平均价期权也降低了期权权利金金额。

欧式期权的权利金用 Black - Scholes 公式计算，而亚式期权的权利金主要用数值方法计算。Fischer Black 和 Myron Scholes 开发了根据远期价格、期权行权价、期权期限、标的波动率和利率计算欧式期权权利金的公式。这是衍生品定价的基础之一，我们在以后的章节中将讨论 Black - Scholes 公式的推导以及期权和其他衍生品的估值。

2.6 本章小结

现代投资组合理论认为投资者在追求预期收益最大化的同时，寻求风险最小化，并将收益率和波动率（夏普比率）作为资产比较的标准。利用低相关性或负相关性的资产进行多元化（分散化）投资也得到了现代投资组合理论的认可，正如吉姆·罗杰斯所言，当股票市场波动时，大宗商品往往也会波动。对燃料等大宗商品的消费者而言，这一效应尤为重要，他们有大宗商品价格风险暴露，能够从管理风险中获益。因此，燃料对冲可以视为一种用于燃料消费者层面的投资组合优化活动，其目标是实现稳定性、提高股权价值和降低融资成本。

本章除了深入研究航空和航运公司的成本结构外，还介绍了燃料消费和对冲活动的情况。了解能源市场参与者的结构有助于确定不同市场参与者的燃料价格敞口，以及消费者尤其是运输部门在市场中的重要作用。航空和航运公司的燃料成本占总成本的比重表明这些企业的生存能力受到两个主要因素影响：运输需求弹性和公司控制燃料成本的能力。

在讨论了对冲的必要性之后，我们还讨论了商品市场的演变和用于风险管理的基本工具，有了这些背景知识，我们可以研究在使用金融衍生品降低燃料价格风险方面的进展。在下面的章节中，我们将仔细研究商品衍生品，但我们将首先考虑公司对冲体系的建立和管理，并引入一个对冲管理框架，为燃料风险管理提供清晰的、量身定制的指引。

附录 A

我们给出了两个航空公司的简化损益表，一个是美国的廉价航空公司，另一个是亚太地区的全服务航空公司。损益表如表 A.1 所示，收入基数为 100，便于比较两公司的损益情况。

表 A.1　美国廉价航空公司和亚太全服务航空公司损益表

美国廉价航空公司	美元	亚太全服务航空公司	美元
营业收入		营业收入	
客运	90	客运	71
货运	5	货运	24
其他	5	其他	5
合计	100	合计	100
营业成本		营业成本	
燃料成本	30	燃料成本	38
人员	25	人员	17
飞机租金	3	飞机租金	5
降落、停机和航线费	6	降落、停机和航线费	13
维修费	7	维修费	8
折旧和摊销	5	折旧和摊销	5
其他营运支出	12	其他营运支出	11
合计	88	合计	97

续表

美国廉价航空公司	美元	亚太全服务航空公司	美元
其他支出（收入）		其他支出（收入）	
利息支出	2	利息支出	1
其他（收益），净损失	1	其他（收益），净损失	-1
合计	3	合计	0
税前收入	9	税前收入	3
所得税准备金	3	所得税准备金	1
净利润	6	净利润	2
衍生产品未实现损益	4	衍生产品未实现损益	1
综合净收益	10	综合净收益	3

第3章

制定燃料对冲策略

如果你不想承担不同寻常的风险，就得甘于平凡。

——吉姆·罗恩①

与商品交易商和投机者期望通过承担风险和提供流动性获得高收益不同，大多数燃料消费者并不能因承担巨大的燃料价格风险而获得回报。例如，投资者之所以投资航空公司，是看好航空公司提供专业运输服务的能力。在这种情况下，航空公司的财务表现应主要反映其核心业务风险，不应因油价或利率等无关因素的变化而出现大幅波动。这是进行对冲的理由之一，本章首先就此进行讨论，我们也将讨论对冲的其他理论依据。然后，我们讨论公司制订对冲计划的主要步骤，包括确定风险因子和风险偏好、设定对冲目标和范围，以及执行和监测对冲计划。本章最后提供了一个风险管理计划示例模板，讨论了航空业对冲的新趋势。

3.1 商品对冲的基本理论

在前面两章中，我们讨论了主要的能源消费行业，重点是航空和航运业。我们还简要介绍了商品市场、市场价格形成机制以及基本的交易工具。然而，

① 吉姆·罗恩，美国企业家、作家和励志演说家。——译者注

到目前为止，我们还没有讨论这些工具受欢迎的原因，以及对冲者使用这些工具的方式。为了回答这些问题，我们先看一下对冲的基本理论。

在过去 30 年里，为了探讨公司对冲的动机和方法，人们对公司的利率和汇率风险及其对冲活动进行了许多研究。这些研究提供的对冲逻辑也适用于燃料对冲。在学术界，有支持对冲的，也有反对对冲的，但降低收入的波动性一直被认为是对冲的主要目标。然而，对冲作为融资的延伸也可看作一种价值最大化活动。例如，在累进所得税制度下，收入越高税率越高，通过对冲可以减少收入波动，进而减轻公司的税务负担。

对冲还可以降低财务困境成本，并在信贷成本高时帮助节约资本。对冲有向市场发出积极信息的作用，通过告诉市场公司进行风险管理，降低合同成本。因此，公司进行对冲也向投资者发出了一个信号，表明管理层在管理外部风险方面具有警觉性和主动性。管理层的薪酬和激励结构也会影响公司的对冲决策。

正如我们在第 2 章中所看到的，对航空业来说，燃料成本通常是运营成本中最大、最不稳定的部分。对冲为投资者提供了未来成本和利润的可预测性，并通过较高的估值给予回报。关于对冲对公司价值的影响，实证研究表明，航空公司的对冲溢价在 5% 至 10% 。在燃料价格不断上涨的环境中开展燃料对冲的航空公司，对冲溢价尤其高。

当公司濒临破产时（即成本螺旋上升，定价能力不足以确保持续经营的利润时），对冲非常有价值。这一点在航空业非常明显。持续执行对冲政策的公司一般能够较好地应对燃料价格高企的环境。面临重大困境成本的公司也可从对冲中受益，由于对冲可以在企业陷入困境时提供额外的现金流，从而可以避免出现正净现值（NPV）项目投资不足问题。在燃料价格高企的情况下进行投资决策，运输公司的现金流承压，这一点尤其重要。开展燃料价格对冲的航空公司可以利用对冲产生的现金流，以折扣价收购飞机或陷入困境的航空公司的资产。

已经证明对冲可以降低债务成本。有关利率和汇率对冲的案例研究表明，进行对冲的公司可以获得较低的融资利率，并在贷款协议中对公司资本支出的限制较少。我们在后面的章节中可以看到，航空公司将融资与燃料价格对冲结合，可以获得类似的信贷成本折扣。对冲对举债能力也有积极影响，这一点对增长机会较多的公司尤其重要。

反对对冲的论点主要来自莫迪利亚尼—米勒理论。该理论指出，在一个没有税收、没有交易成本和完美信息的理想环境中，公司融资政策对公司价值没有影响。根据投资组合理论，投资者不应看重公司的对冲，因为他们能够在市场上自己进行燃料对冲。任何公司都不可能通过对冲来长期赚钱，如果可以长期赚钱的话，它一定是燃料价格投机，而不是传统业务。然而，当我们考虑现实世界中常见的缺陷（如税收和信息不对称）时，这种论点站不住脚，因为对冲是有价值的活动。现代投资组合理论下的多样化收益往往被高估，因为它假设收益服从正态分布，而不考虑与表现不佳相关的破产风险。例如，由投资者进行对冲，对公司的现金流和生存并没有影响。

3.2 制订燃料对冲计划

制定风险管理战略，首先需要明确公司的战略目标。一旦确定了公司的中长期战略，管理层就可以分析影响战略实施的风险。风险管理战略概括了管理层对公司风险的理解，对公司财务状况和生存能力的估计，以及量化、管理和监控风险的过程。为了保持有效性，需要定期审查风险管理战略，确定新的威胁，评估战略的有效性。为了获得最佳效果，公司的风险管理战略应在风险管理政策声明中固定下来，供公司员工、管理层和投资者使用。这有助于培养风险管理文化，提高对所有利益相关方的风险透明度。

如图 3.1 所示，制订燃料对冲计划的主要步骤如下：

- 识别、评估燃料价格风险；
- 确定公司的风险偏好；
- 确定对冲的目标和范围，包括确定项目经理；
- 通过选择标的资产、工具、数量和期限实施对冲计划；
- 管理对冲产生的市场风险和额外风险；
- 定期监控和调整对冲计划。

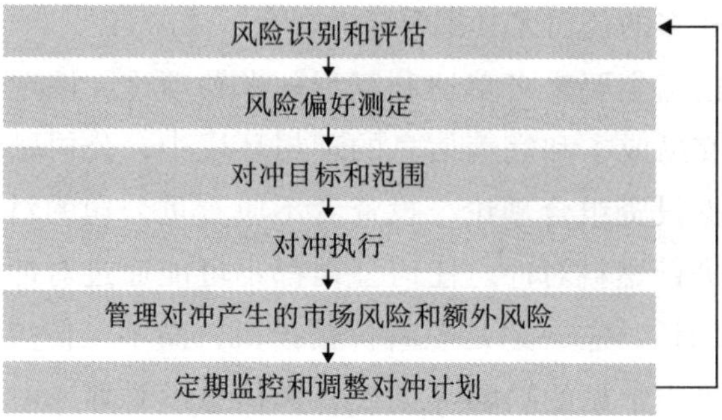

图 3.1　制订风险管理计划的步骤

3.3　风险识别和评估

实施燃料风险管理计划的第一步是识别和评估燃料价格风险。在第 2 章我们简要讨论了商品交易中的一些风险。下面我们继续讨论这个问题，看看哪些风险可以通过对冲来管理。

3.3.1　风险类型

一般来说，公司最大的风险来源于商业/商务风险、运营风险和财务风险。商业风险是行业和公司特有的，需要管理需求和供给/产能、竞争和技术变化之间的错配。运营风险与组织的内部工作和流程有关，是因流程缺陷或项目执行效率低下而产生的风险。财务风险管理涉及有效利用金融工具和合约，以最大限度地提高利润和降低破产的机会。这涉及确定支持公司运营和投资活动所需的融资和对冲工具的最佳组合。公司可以运用战略和运营灵活性以及财务风险管理技术的组合来降低风险。

由于这些行业资本投资的长期性质，以及效率和灵活性的提高速度较慢，运营灵活性不容易管理。例如，大部分机队为自有的航空公司，当市场上有更高效的飞机时，无法改变自己的机队组合。负债累累购买飞机的航空公司，在需求下降时，也无法使飞机停飞。垂直整合作为一种战略，可以帮助降低某些行业的价格风险。例如，美国大型航空公司达美航空，为了对冲航空煤油和原油的价差风险敞口，购买了一家炼油厂。然而，这种方法并非普遍适用，也并非对所有商品消费者都是成本效益最佳的风险管理解决方案。

公司的财务风险主要是市场风险（包括利率风险、汇率风险和商品价格风险等）、信用风险、流动性风险和操作风险（与金融交易有关），如图 3.2 所示。在下面的讨论中，仅限于商品价格风险以及相关的流动性和信用风险。但是，也可以用类似的流程来管理其他类型的市场风险。

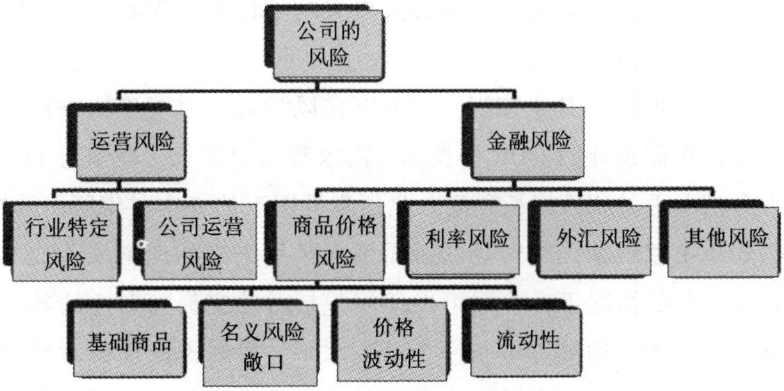

图 3.2　公司面临的风险类型和风险识别

3.3.2　风险识别

首先，确定公司的商品价格风险敞口，并量化与商品采购相关的风险；然后用这些数据模拟商品价格变动对企业盈利能力的影响。这可以通过简单的场景分析实现，其中，公司利润根据商品的价格水平测算。情景分析应考虑投入成本与收入的相关性，以得出对商品价格风险的真实估计。例如，炼油商使用原油作为原料，将其转化为精炼产品，如汽油、柴油和燃料油。由于原油和成品油价格高度相关，情景分析应反映炼油商承担的净风险，即两种价格之间的价差。同样，如果航空公司能够完全或部分通过附加费转移燃料成本的上升，则应考虑价格变动对净利润的影响。

借助情景分析或敏感性分析，可以判断商品价格变动对公司利润的影响是否足够大，是否需要进行商品价格对冲。它还有助于了解公司对特定商品价格的总风险敞口，这对于多个业务部门使用相同商品的大公司来说非常重要。

3.3.3 价格预测和模拟

用于衡量燃料价格变化对损益影响的情景分析，可以通过为各种情景分配概率来改进。这可以使公司对特定风险暴露潜在损失的估计更加接近实际。用蒙特卡洛法模拟可能的价格路径，可以使用历史价格的分布参数或当前市场价格隐含的参数。从价格路径的分布中，可以得出燃料价格变动产生的损益分布。由此得到价格变动导致的最大损失的估计值，为确定对冲的名义数量和对冲工具提供指引。

如果公司有足够的专业知识，也可以在风险对冲时对价格进行预测。例如，航空公司根据预计的 GDP 增长率、需求和运力增长、竞争对手活动等制定正常业务情况下的收入增长预测。此预测可用于估算本财年所需的燃料量。同样，公司也可以根据燃料市场的供需情况预测未来的燃料采购成本。在缺乏内部预测经验的情况下，公司可以使用包括对冲交易商在内的各种来源发布的市场研究报告。预测提供了一个基准水平，可以据此衡量对冲计划的有效性。大多数公司确实为会计年度的燃料成本设定了目标。预测未来商品价格最简单的办法，就是找到当前远期曲线上对应时点的价格，尽管这可能并不是对未来商品实际价格的无偏估计。

3.4 明确公司的风险偏好

在确定公司面临的风险的同时，管理层还必须决定哪些风险对冲，哪些风险不对冲。决定特定风险是否对冲的规范方法应在风险偏好政策文件中明确。风险偏好政策规定公司为实现其目标而愿意承担的风险。这可以是投资风险或利润风险，或特定项目需要的工作量。它源于投资者对公司的期望和管理层在处理不同类型风险时的舒适程度，与公司战略密切相关。例如，商品生产商的投资者预期公司股票价格会随着商品价格的变化而变化，这通常与生产商是否对冲价格风险没有太大关系。相反，航空公司的投资者通常投资于核心运输业务，不想暴露于商品价格风险中，因而必须奖励进行风险对冲的公司。

除了确定需要管理的风险外，管理层还可以根据风险的重要性和公司的风险容忍度确定风险的优先级。风险容忍度是指公司对暴露在特定风险源中的收入或利润的变动感到舒适的幅度。例如，公司对商品价格变动的风险容忍度为利润的 5%。如果该公司预测商品价格变动对利润的影响可能高于风险容忍度，则管理层需要采取措施来降低商品价格风险暴露水平。

正式的风险偏好声明有助于全公司的风险经理对需要管理的风险有一个清晰、共同的理解，并有助于制定适当的对冲计划目标。风险管理流程的这一步是制定风险对冲目标和策略的前提。

3.5　设定燃料对冲目标和范围

根据公司的价格风险和风险偏好，就可以制定燃料对冲计划目标。典型的对冲目标包括：

- 减少收益的波动性和保护现金流；
- 为资产开发或升级融资；
- 锁定最高投入成本/最低收入；
- 将燃料采购成本控制在预算内；
- 保证现有和潜在客户的固定价格；
- 保持竞争平衡或获得竞争优势；
- 解决时间不匹配问题；
- 利用有利的市场环境。

对冲可以有不同的目标，从战略（如保护现金流和融资发展）到运营和利用市场机会。应当根据风险管理政策和风险偏好为燃料对冲计划制定适当的目标。商品对冲计划旨在使公司管理层对未来业绩更有可预见性。重要的是要有效地向内部、负责对冲管理的有关各方以及外部投资者传达对冲计划的目标。这可以确保根据对冲计划在实现既定目标方面的有效性来评价对冲活动，而不是根据某些会计指标，如对冲交易的损益，这些会计指标不能恰当地评价对冲计划的成败。因此，在制定目标时，确保当前或未来的盈利能力与对冲之间有直接和明显的联系是必要的。同样重要的是，确保对冲计划的实施与目标保持一致。

3.5.1 明确组织的风险经理

除了确定对冲的目标，管理层还需要明确负责执行战略的人，并确保他们进行对冲时有适当的可见性。在许多组织中，采购和价格风险对冲是由不同的业务部门负责的。去中心化的对冲使业务部门报告的信息更加丰富，并可提高公司有效配置资源的能力。但是，这会导致工作重复，并使整个公司内部存在的自然对冲被忽视。其中一个解决方案是将风险管理职能集中到一个部门，并提供有关投入成本和销售价格的所有必要信息。这在金融风险对冲中尤其有益，因为交易、监控和管理风险所需的基础设施维护成本非常高。在需要进行现货风险管理的情况下，由各个业务部门独立处理价格风险可能更好。为了避免不必要的交易，管理层可在内部进行净额结算，并集中对残余风险进行对冲。为了在风险管理集中时准确评价业务部门的绩效，需要在业务部门之间建立公平的内部转移定价机制。

3.5.2 确定对冲计划的范围

在实施对冲计划之前，风险容忍度和对冲目标需要转换为特定风险的对冲限额。对冲计划的范围包括：

- 计划允许的价格变化幅度；
- 对冲成本上限（以被对冲商品价值的百分比计）；
- 所用的工具；
- 对冲的期限；
- 对冲组合的市场/信用风险限额。

风险管理的结果无疑受到对冲成本的影响，因此在设定目标时应为计划实施留一定的余地。

有些目标很容易转换为风险限额。例如，在以燃料最高采购成本或预算成本为对冲目标的情况下，有明确的成本阈值作为采购的价格上限。其他目标可能有隐含的采购成本阈值。例如，为资产开发争取融资时需要向贷款人或投资者保证项目的收益率，通过模拟项目现金流量，对冲者可以得出投入的最高购买价格。

战术或机会型目标包括监测市场和行业，并基于对未来的预期作出决策。机会型对冲的例子包括通过对冲来保持竞争平衡，或利用有利的市场条件。这类对冲需要不断更新有关行业发展和商品市场走势的信息，考虑到其高度的不确定性，需要更大的回旋余地。这类目标最好作为战略目标的补充并作为成熟对冲计划的一部分来实现。

3.6　对冲计划实施

确定了对冲计划的目标和范围，对冲经理就可以考虑实施计划，首先要从决定对冲手段开始。

3.6.1　选择燃料成本管理方法

商品消费者可以通过三种方式管理其燃料成本风险：公司保留商品价格风险；将商品价格上涨转嫁给客户；与商品供应商签订长期固定价格合同，锁定成本或使用衍生品等对冲机制管理价格风险。

根据价格预测或模拟，公司如果确定不需要对冲特定商品的价格风险，它可以保留商品价格风险。例如，如果一家航运公司认为当前油价非常高，可以选择不对冲其风险敞口，并期待价格很快就会下跌。或者在预期油价波动不大的情况下，公司选择对冲部分风险敞口。保留的风险敞口需要少于公司的风险偏好。

如果公司能将原料成本的上升转嫁给客户，那可能就不需要对冲。将成本转嫁给客户的能力在很大程度上取决于需求弹性。如果客户可以寻找到更便宜的替代品，提高价格会导致需求破坏。相反，公司还可以改变其业务投入，或提高运营效率，以减少对冲需求。

公司的竞争对手也可能进行对冲，这使他们能够通过将对冲收益转移给客户来赚取更高的利润或获得更大的市场份额。因此，公司的对冲决策不仅受需求的影响，还受其产品或服务需求之外的因素的影响。进行对冲决策时，要对公司经营的市场进行评估，了解行业内价格对冲的普遍做法。

确定了对冲需求后，公司就可以决定是使用现货对冲还是金融对冲。现货对冲，即使用长期采购合同，是应对价格上涨的有效手段。然而，随着时间的推移，使用长期合同对冲的公司逐步减少，因为商品是价格波动最大的资产类别之一，商品价格在过去 10 年中经历了持续多年的上涨或下跌趋势。长期合同涉及承担重大的交易对手信用风险，并非所有公司都愿意或有能力承担这个风险。金融合同，尤其是与银行或大型贸易公司等信誉良好交易对手签订的金融合同，是一种更加透明、风险更低的方式。然而，金融对冲是有代价的，公司需要支付交易成本（买卖价差和经纪费用）、融资成本（保证金）、监测和管理的运营成本，以及放弃价格上行机会的成本。同时公司还应仔细考虑合规成本和使用金融对冲的会计影响。

下面讨论金融对冲计划的参数，我们从基差风险对冲开始。

3.6.2 基差风险识别

当燃料消费者决定使用 OTC 或交易所市场对冲燃料价格时，使用的商品很可能在衍生品市场没有活跃交易。这是因为只有在数量、质量、交货地点和其他规格方面经过一定的标准化后，才能进行商品期货交易。因此，确定适当的标的是原料成本对冲流程中非常重要的一个环节。

当使用其他标的对冲商品风险敞口时，必须确保和公司使用的商品价格高度相关。也就是说，公司使用的商品价格变化应和对冲标的价格变化高度相关。基差定义为被对冲商品的价格与用于对冲标的之间的价差。基差分不同的类型，包括地点基差（被对冲商品交付地与对冲标的商品交付地不同）、日历基差（被对冲商品交付时间与对冲标的的交付时间不同），或质量/等级差异（用不同等级的同种商品进行对冲）。基差风险产生于两种商品价格之间基差的变化。选择对冲工具时应尽量减少两种商品价格的基差风险。

下面我们看几个基差风险的例子。地理或地点基差风险是最常见的基差风险。地点基差风险的产生，是由于交易所规则规定的交付地点与商品的使用地点不同。两地商品价格的差异在很大程度上可以通过运输成本、税收、法规和加工成本来解释。例如，俄克拉荷马州库欣的 WTI 原油价格与墨西哥湾沿岸炼油厂同等级原油的价格不同，可以通过基差互换或锁定商品从交货地到需求地的运费来管理地点基差风险。地点基差通常是稳定的，但这取决于运输和装卸设施的可用性。例如，在撰写本书时，世界各地的天然气价格远高于美国亨利中心的交货价格（见图 3.3）。这是由于随着美国页岩气的开采，天然气产量大幅增加，而天然气出口需要终端和管道基础设施，这些设施并非一应俱全。此外，欧洲天然气与原油价格联系紧密。地点基差也受法规影响。例如，美国的原油出口限制，加上页岩油产量的增加以及交割地点的管道瓶颈，导致 WTI 基准从 2010 年晚些时候起与全球原油价格基准出现显著差异。

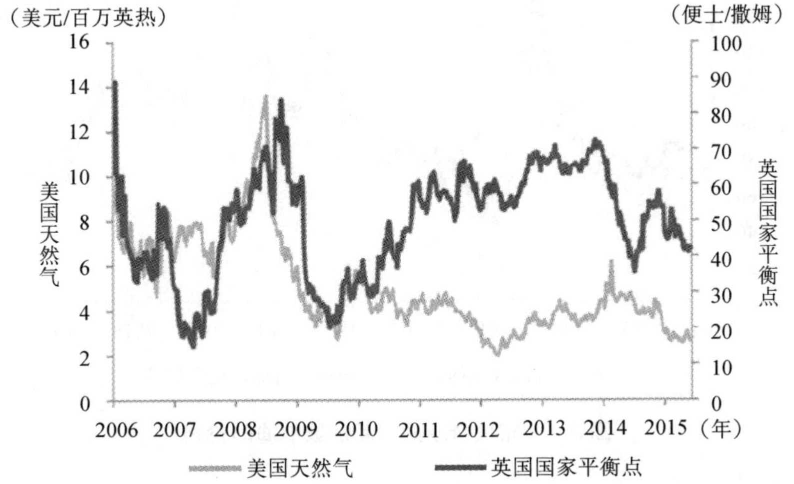

图 3.3 美国亨利中心和英国 NBP 天然气价格

日历基差风险是由于用于对冲商品价格风险的合约与现货价格风险在不同时间到期而导致的风险。例如，每天使用燃料的能源消费者使用期货合约进行对冲时，只能对期货合约到期日的价格进行对冲。使用其他产品（如平均价格互换）可以对这些产品每天的价格进行对冲。另一个例子涉及长期购买石油产品的对冲。许多石油产品市场在交割前几个月流动性稀少，对冲长期风险敞口通常要求交易商使用首行合约，并在到期时移仓。因此，日历基差风险主要是在合约到期和需要对冲的期限之间远期曲线形状变化的风险。

另一种消费者在对冲时常见的风险是等级基差或质量基差风险。例如，原油生产商通常会使用 WTI 原油、布伦特原油或迪拜原油进行对冲，这些原油的流动性更高，尽管他们生产的原油质量可能与这些基准不同。同样，由于许多能源产品不存在纸货市场或纸货市场流动性不足，消费者选择使用流动性更高的产品进行对冲。一个常见的例子是航空公司在航空煤油对冲时，使用诸如布伦特原油、WTI 原油、柴油或取暖油，这些基准商品拥有流动性更高的期货和期权市场（见图 3.4）。在选择对冲工具时，应当选择价格变动相关性最高的商品。如下面的例子中，就可以用回归分析法来选择。

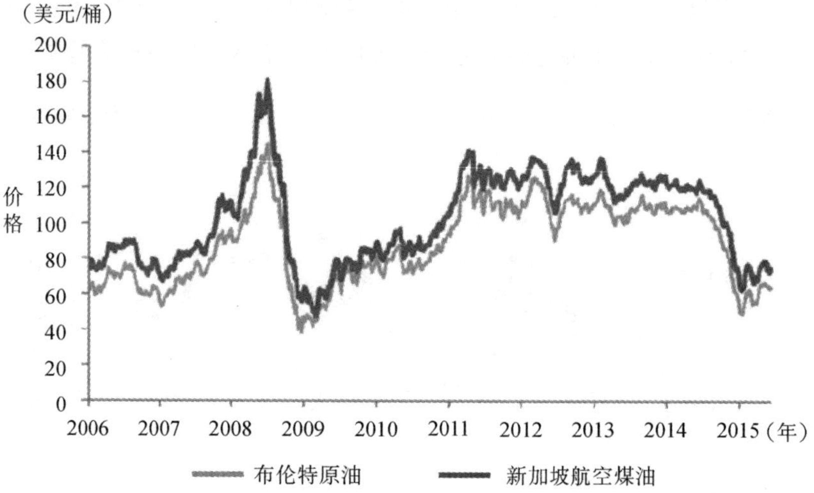

图 3.4 布伦特原油和新加坡航油的价格

一家总部位于亚洲的航空公司需要对冲未来两年的航空燃料。它可以用与当地航空燃料基准（即新加坡航空煤油）挂钩的互换交易。因为期限为 3 至 6 个月的航空煤油互换流动性不足，所以需要找到合适的替代产品来对冲到期日更远的燃料价格风险。对于航空煤油期权，情况尤其如此。航空公司可以对新加坡航空煤油价格收益率及流动性更好的布伦特原油或 WTI 原油的收益率进行回归分析。通常回归分析使用的历史数据至少应与拟对冲的期限相当，以便更接近长期相关性。

根据 2005 年 7 月至 2015 年 6 月这 10 年间的月度收益率，布伦特原油与新加坡航空煤油的相关系数为 0.9，而 WTI 原油与新加坡航空煤油月度收益率的相关系数为 0.81。相关系数超过 0.8，表明两者之间有很强的相关性，也是会计准则认可对冲有效的必要条件。新加坡航空煤油和布伦特原油之间的回归分析结果如图 3.5 中的散点图所示。参数 R^2 衡量因变量（新加坡航空煤油价格）的变化量可以通过自变量解释的比例（在单变量线性回归中相当于相关系数的平方）。R^2 值应足够高，以确保变量之间拟合关系正确。R^2 值为 0.8 或以上表示回归分析具有良好的解释能力。当几种标的工具与拟对冲商品的相关性接近时，应考虑其相对流动性。

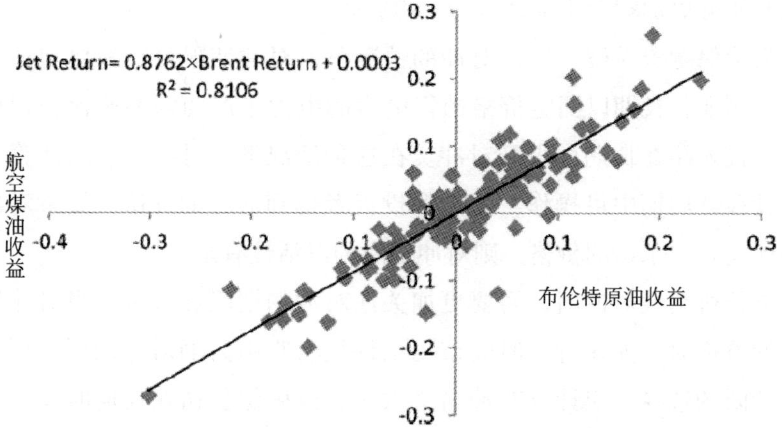

图 3.5　布伦特原油和新加坡航油月度收益率相关分析

进行替代对冲时，替代对冲仓位大小与实际风险的大小不同。替代对冲中头寸的大小与风险敞口的大小之比称为对冲比率。当替代对冲的标的资产不同时，最小化对冲头寸方差的套期比率如下：

对冲比率 $h = \rho \times \sigma_{underlying} / \sigma_{proxy}$

其中，ρ 是两个资产之间的相关系数，$\sigma_{underlying}$ 是被对冲商品的波动率，而 σ_{proxy} 是对冲标的商品的波动率。

3.6.3　对冲数量和期限

制订明确的书面对冲计划有利于解决对冲数量的不确定性。如前文所述，对冲计划的范围包括对冲限额和执行方式。无论是否明确说明，这些数字都应与公司声明的风险偏好保持一致。如果公司对较高的原料价格没有任何风险偏好，则风险管理经理应优先选择完全对冲原料价格。如果公司愿意承担稍高的风险，对冲数量可以降低。风险管理经理应注意，在承担风险和对冲成本之间存在权衡问题，这需要在融资中通盘考虑。

确定对冲数量需要预测商品使用情况，以及现金流量对预期商品价格的敏感性。预测应考虑商品价格的预期变化（期货市场预测），由此得出预期购买总成本，这可以作为评价计划执行绩效的基准。还需要预测未来行业的条件和竞争，这是一个主观过程。在对冲方面，重要的是要很好地传达这些预期，以便能够更加积极主动地进行风险管理。

在为确保融资而被动进行对冲的情况下，对冲期限可能需要与项目期限相匹配。例如，长期以固定价格销售电力的电力生产商需要确保公司煤炭或天然气等投入品在长期内得到对冲。在这种情况下，对冲数量的计算方式将确保在其存续周期中可操作，并确保投资者得到适当的补偿。如果对冲的目的是确保向客户承诺的价格，则对冲期限的灵活性有限。

在进行机会性对冲时，需要更加关注对冲的期限和数量。当对冲用于锁定有利的价格时，如在特定时间市场条件最有吸引力的对冲期限，可能会影响对冲期限的选择。应计算对冲名义数量，以确保公司在任何时间点不会出现过度对冲（对冲超过其商品消费量的100%）。

3.6.4 对冲工具选择

对冲计划中应明确使用的工具类型：对于使用衍生品进行风险管理的公司，建议从一开始就坚持使用简单的工具。常用的工具包括远期、期货、互换和期权。互换是场外交易工具，可以是远期和/或期权的集合。成熟的风险经理可以考虑适合公司的奇异产品。

对于简单工具，需要在初始成本和持有成本之间进行权衡。对于期货和远期，进入交易没有成本，但对冲者需要维持保证金并且有下行风险暴露（即价格向不利对冲交易方向波动的风险）。对于购买期权的情况，对冲者支付权利金作为前端成本，但无须任何维持保证金。期货和远期以市场价格交易，对冲者立即面临交易损益，而期权则没有进一步损失的可能性（交易对手信用风险除外）。互换对冲结构通常设计为前端费用为零，但需要使用信用额度或保证金，具体取决于对冲交易对手。我们将在后面章节中详细讨论对冲结构。

根据标的商品价格水平选择简单对冲工具的经验法则如下：

- 当价格较低（相对于历史平均值或对冲者预期）时，对冲者应签订固定价格互换合约。在价格较低时，下行风险有限，互换对冲效率非常高。
- 当价格处于历史平均值附近或预期价格将区间震荡时，领式结构（买进看涨期权和卖出看跌期权的组合）有助于更好地管理商品价格风险。当市场预期价格将区间波动时（如看涨与看跌期权价格隐含的），领式结构的价格或许更具吸引力。
- 当价格处于高位时，直接购买看涨期权是对对冲者最安全的选择。虽然在前端需要支付权利金，但与互换或其他零成本结构的潜在损失相比，在价格下跌情况下的潜在损失仅限于权利金。

风险管理经理可以根据公司的资本状况和支付权利金的意愿，在不同产品之间进行选择。期权等工具在设定对冲价格（行权价格）方面有回旋余地，期权策略可以定制，适应不同专业知识水平的对冲者。对于有经验的交易员，结构化和奇异产品可能更有用、更便于管理。

所有这些情况下，策略回测的表现可能使管理者在一定程度上对对冲结果满意。策略回测就是根据商品的历史价格来模拟策略的到期损益。特别是对于结构化对冲产品，回测可以使管理层了解面对相似的价格波动时对冲的有效性。然而，必须始终牢记这样一个事实，历史业绩并不保证未来业绩，商品市场潜在的结构变化或制度变化可能导致价格和期限结构的意外变动。在选择对冲工具的过程中，必须将商品价格行为的可能变化考虑进去。

3.6.5　市场风险

到目前为止，我们讨论了对冲的市场风险管理，确定标的资产、数量、期限和工具都是对冲的重要内容。在进行对冲交易之前，对冲者还需要对组合进行监测和管理。在此简要介绍一些常用的监测指标，在后几章中将详细讨论组合管理指标。

组合市场风险管理包括计算和管理风险指标，如：在险价值（VaR）。这个指标是在给定时间内、一定置信水平下组合潜在的盯市（MTM）损失。如果投资组合在95%置信度下一周 VaR 为 100 万美元，则 MTM 在一周内损失超过 100 万美元的可能性为 5%。其他常用的组合指标包括组合对现货价格、波动率、到期时间和利率等市场参数的敏感性。

除了市场风险外，风险管理过程中的其他风险也需要考虑。其中，最主要的是信用风险、流动性风险、运营风险和法律风险。在信贷危机之后，交易对手信用风险问题一直受到特别的关注，下面我们将对这些问题进行简要的讨论。

3.7 管理对冲带来的额外风险

在这一节中，我们将介绍对冲带来的各种额外风险，以及管理这些风险需要考虑的各种因素。

3.7.1 信用风险

信用风险是由于交易对手不履行财务合同的义务，从而可能造成的潜在损失。贷款、债券以及无抵押的衍生品交易中存在信用风险。在衍生品交易中，如果对冲方的市值为正，则面临交易对手违约的风险。交易对手信用风险作为公司选择交易工具和交易对手的考虑因素，重要性在不断提高。通过经纪商进行的交易所交易，或由清算机构清算的场外交易通常是有抵押的，这意味着保证金由中央对手方保管，几乎没有违约的可能性。无抵押的场外交易对对冲者构成重大信用风险，因此，风险经理应防范交易对手过度集中的信用风险。风险经理还应监控信用市场，及时发现交易对手出现的任何不良征兆。

在下一章中，我们将讨论使用保证金或场外交易的信用支持附件（CSA）管理信用风险的方法。信用支持附件是交易对手之间主协议的一部分，它规定了场外交易的抵押机制。使用信用衍生品市场的信用违约互换（CDS）等工具，可以降低信用风险。

3.7.2　流动性风险

流动性风险是指由于金融工具无法便利地进行交易导致财务损失的风险。或者说，是交易执行成本增加和执行时间延长的风险。流动性风险和市场及金融工具的复杂性有关。例如，交易所交易的商品通常比场外交易的商品能吸引更多的流动性。期货和期权等简单工具流动性比奇异结构更高。简单工具可以很容易在多个交易对手之间交易和转让，而复杂工具只能由某些交易对手（如银行或交易商）提供。此外，由于缺乏二级市场，复杂交易平仓比较困难。流动性风险表现在证券的买卖价差、交易冲击成本（一笔交易对市场价格的冲击，它与市场深度有关，即以不同价格买入或卖出证券的金额，或订单簿的深度）以及执行特定名义数量所耗费的时间。

在对冲组合管理方面，我们主要关注市场流动性，而不是资金流动性。不过，这两者密切相关，因为市场流动性问题可能会阻碍公司通过资产处置来筹集现金，进而影响公司的流动性。同样，资金流动性问题可能导致对冲者信用恶化，交易对手不愿意与公司进行交易。

3.7.3　运营风险

运营风险是指由于流程和内控不完善、人员犯错、系统故障、欺诈或外部事件而可能造成的损失。它涵盖了市场风险或信用风险下未涵盖的各种风险。在管理商品对冲计划方面，主要包括：

- 不当使用对冲（选择风险管理政策许可范围之外的产品，未按对冲计划要求进行对冲交易等）；
- 对冲执行和报告错误（由于与对冲交易商沟通不畅，导致在风险管理系统中交易簿记不当等）；
- 系统故障和业务中断（因估值模型执行错误，风险管理基础设施故障导致现有或准备执行的交易损失）；
- 欺诈（由内部工作人员或外部交易对手实施）。

运营风险可能对公司信用风险产生连锁反应，严重欺诈或运营问题会影响公司的财务健康和声誉。

3.7.4 法律和声誉风险

在过去几年中，法律和监管合规问题在许多金融公司中占据着核心位置。信贷危机之后，许多公司都受到丑闻的冲击，包括违反制裁法规，操纵价格和其他操纵市场的活动。在这种环境下，法律风险和声誉风险在风险管理中需要特别关注。

3.8 对冲计划监控和校准

对冲计划需要定期审查，以确保它不会偏离既定目标，并遵守规定的风险偏好。有效监控公司面临的风险需要良好的技术和组织架构，以便各业务部门之间信息共享，协作管理财务和运营风险。在组织内建立风险文化对于确保及时识别现有和新出现的风险非常重要。此外，在对冲期满前后，应记录所用工具的有效性。

当发生重大变化时，应及时审查对冲计划。例如，债务偿还完毕后，为项目融资进行的对冲就多余了。公司资本状况好转后，对保护资本至关重要的对冲也就没有必要了。同样，竞争格局和商品价格趋势变化后也应对对冲计划进行审查。

3.9 风险管理政策模板

前面讨论了制定风险管理战略的步骤及要管理的风险，在此基础上，我们可以形成正式的风险管理政策，包括以下主要内容：

- 风险管理政策的目的和公司的风险容忍度。
- 公司面临的风险清单，特别是需要依据政策管理的风险。
- 风险管理战略的目标。
- 确定负责执行和监督风险管理流程的管理人员。
- 风险管理战略的范围，拟管理风险的数量、期限以及风险限额。

- 拟使用的工具和交易对手，需要经过管理层正式批准。
- 风险报告和合规程序，以及定期审查对冲计划的时间表。

风险管理政策文件应符合监管要求。管理层还应就对冲的会计处理征求意见，避免与对冲目标发生冲突。表 3.1 给出了一个简化的航空公司风险管理政策。

表 3.1　　风险管理政策示例

项　目	政　策
风险管理政策的目的	支持执行管理层关于信天翁航空公司长期增长的战略。风险管理政策具体规定航空公司风险管理的政策和程序
公司面临的风险	与燃料价格相关的商品价格风险
风险管理的目标	通过对冲燃料价格来降低现金流波动。战略对冲与战术执行相结合，降低航空燃料的采购成本
对冲管理的架构	由 CEO、CFO 和公司秘书组成风险管理监督委员会，负责监督对冲计划 对冲计划执行由燃料风险管理团队负责，该团队由 CFO、公司秘书、燃料市场分析师和信用分析师组成
风险管理策略的范围	ⅰ. 风险管理团队对冲数量限额为预计年度消费量的 50%，每月对冲量不超过预测消费量的 100% ⅱ. 如果建议年度对冲比率高于 50%，需要风险管理监督委员会的批准 ⅲ. 对冲期限不超过 24 个月 ⅳ. 风险管理团队应确保与每个交易对手的对冲量不超过总量的 50% ⅴ. 所有盯市亏损超过 1,000 万美元的对冲要上报给风险监督委员会。盯市亏损超过 2,500 万美元时，触发组合审查
对冲工具的使用	WTI 和布伦特原油互换、期货和期权 航空煤油互换和期权 WTI、布伦特或航空煤油零成本领式结构或“三腿”结构 WTI 或布伦特原油可展期互换
风险报告和合规程序	每月向监督委员会提交对冲头寸报告 发生任何违规操作立即上报 依据前述规定进行基于市值的组合审查 风险监督委员会每季度对对冲策略进行审查 每年对风险管理政策进行审查

3.10 航空业燃料风险管理趋势

在过去10年里，随着油价持续上涨、波动加剧，航空燃料对冲问题日益突出。燃料价格已成为影响大多数航空公司运营成本的主要因素。低成本运营商（LCCs）的商业模式依赖于低运营成本，这个问题更加突出。燃料价格是运营成本的一部分，无法轻易控制。燃料价格波动性上升是航空公司对冲燃料价格的主要理由。

3.10.1 燃料价格风险计量

我们选择美洲、欧洲和亚太地区30家最大的航空公司做样本，考察航空公司对冲的趋势。燃料成本占运营成本的百分比的普遍趋势是上升的（见图3.6）。样本中得出的数字与之前引用的全行业数据一致。

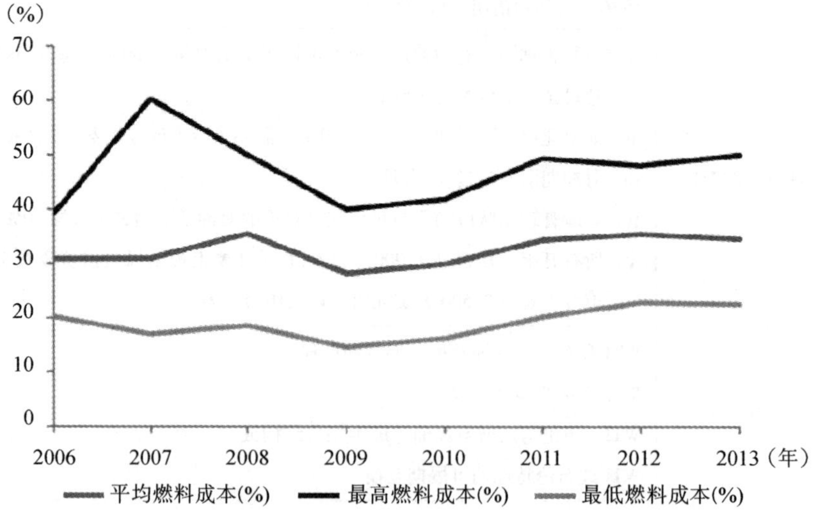

图3.6 主要航空公司燃料成本占运营成本的百分比

亚太地区航空公司燃料成本占运营成本的百分比更高。这可能是因为人工成本低于世界其他地区。在样本中，欧洲航空公司燃料占总成本的百分比较低。

在对冲数量和对冲方式披露方面，可用信息的质量差异很大，这是因为对相关信息披露没有统一要求，给管理层在披露方面留下了一定的回旋余地。美国和欧洲的许多航空公司披露对冲的细节，包括使用的工具类型、对冲期限、对冲比例等。燃料成本数据在财务报表中都有提供。航空公司也披露使用工具的类型、标的以及燃料对冲成本。然而，许多航空公司并不披露他们对冲政策的参数，包括特定年度的对冲比率限额、未来采购的平均对冲价格等。为了保护市场头寸信息，其中一些细节可能不便披露，但对冲限额或正式的对冲政策缺乏透明度，可能会降低投资者对公司对冲有效性的信心。

3.10.2　标的商品和对冲工具

航空公司用来对冲燃料成本的标的有多种，包括 WTI 和布伦特原油、取暖油、柴油、汽油以及航空煤油。近年来，由于 WTI 与布伦特原油和其他全球性价格背离，使用 WTI 原油对冲的效果不佳，航空公司在逐渐弃用 WTI 原油对冲。

航空公司通常使用平均价格或“亚式”互换和期权对冲。这些工具在商品市场很流行，因为它们降低了价格被操纵的风险，这是流动性不佳市场中常见的问题。与“子弹型”远期或期权相比，月度平均价格互换价格被操纵的可能性要低得多。在油价上涨的最初几年，可展期互换或互换期权很受欢迎。自 2005 年以后，客户定制的工具显著上升，从可展期和百慕大可展期结构开始，到 2007/2008 年的目标赎回互换及其变种达到高潮。然而，由于这些大多是场外交易，很难从公开来源收集到用结构性衍生工具进行对冲的信息。

根据样本公司年报，价格对冲的首选工具包括互换、看涨期权和领式结构，此外还有用于对冲标的基差风险的裂解价差互换。在过去 10 年中，这些工具一直在使用，而奇异结构，如可展期结构和目标赎回结构的使用已经减少。这可能是由于亚太地区的对冲活动减少，奇异交易曾在亚太地区很受欢迎，这类交易在油价暴跌后招致了很多非议，航空公司不愿意再进行此类交易。然而，确切的对冲支出数据都没有披露。虽然一些航空公司提供了包括对冲成本在内的燃料采购平均价格，或其油价对冲的概要数据，但除非明确说明，否则很难推断出航空公司的交易类型。此外，大多数航空公司充其量只披露交易的损益特征（互换、领式结构等），而不披露对这些结构的奇异增强策略。

3.10.3 对冲数量和期限

由这些样本航空公司，我们观察到航空公司的对冲比率在2006年至2008年呈上升趋势，2009年开始呈下降趋势，这可能是因为2013年的波动性较低(见图3.7)。进行对冲的航空公司占比相对稳定，这是因为一些航空公司，尤其是欧洲的航空公司一直坚持对冲政策，提前对冲一定比例的燃料成本。欧洲大型航空公司的对冲比率最高，而亚太地区航空公司很少对冲。这可能是由于亚太地区普遍存在燃料附加费。特别是中国的航空公司自2008年之后不再被允许大规模对冲燃料价格。而受民航局制定的燃料附加费计划补偿油价上涨的影响，航空公司燃料成本实际对冲比例被低估了，因为在计算对冲比率时没有将附加费包括进来。

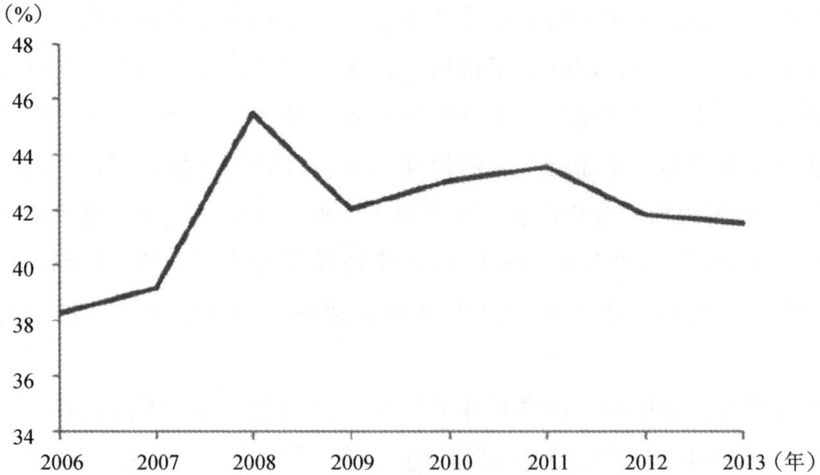

图3.7 需求对冲比率

对冲期限，无论是以存续对冲交易的期限还是航空公司对冲政策中明确的期限来衡量，都是衡量航空公司风险管理偏好的一个很好的指标。2008年金融危机之前，许多航空公司的对冲期限超过2至5年，2至3年的期限是最常见的。然而，在2008年金融危机之后，许多航空公司暂时或完全停止了对冲计划。亚太地区航空公司尤其如此，在 2008/2009 年，其衍生产品组合出现巨额浮亏后大幅削减了燃料对冲。由于许多银行退出大宗商品市场，航空公司也受到了对冲交易对手数量减少的影响。截至 2013 年，大多数披露对冲活动的航空公司使用的衍生品期限不超过 1 至 2 年。

3.10.4　最新进展

2014 年上半年，由于油价波动性低，一些航空公司减少了风险对冲活动。美国的航空公司尤其明显，其中一些公司完全不再对冲。与欧洲航空公司相比，美国的航空公司从 2014 年末油价下跌中获益更多。欧洲航空公司的对冲比率较高，它们大多遵循一致的对冲策略，提前对冲一定比例的消费量。同样，亚洲的航空公司对冲比率通常低于其他地区的航空公司，它们立即就看到了燃料价格下跌的好处。2015 年油价下跌的趋势使减少对冲活动的航空公司受益匪浅。

3.11　本章小结

本章从讨论对冲的理论依据和对燃料对冲者的益处开始：

- 提高司库对现金流量的可预见性；
- 降低资本成本、借贷成本和财务困境成本；
- 尽量减少累进税的负面影响；
- 给投资者发出主动风险管理的信号。

然而，商品对冲交易涉及多种额外的风险。航空公司在执行对冲交易时面临市场风险和流动性风险，这取决于市场深度和价格波动性。超过 6 个月到 1 年的航空燃料远期市场，可能存在流动性不足的问题，并且波动率可以迅速在高低之间切换。金融对冲和现货消费成本之间可能存在基差风险，企业也面临对冲交易对手的信用风险，这一点越来越重要，尤其是雷曼兄弟在信贷危机期间违约之后。金融合约信用风险管理可能涉及交易所清算，为此可能需要在清算所存放大量的保证金。或者，航空公司可以与对冲交易商在双边基础上管理信用风险，在交易盈利时要求交易对手提供抵押品。

我们讨论了制订对冲计划的主要步骤，从风险识别、评估和风险偏好设置开始，确定风险管理计划的目标和范围，实施对冲，并持续监控和管理需要和额外的风险。重要的是要有一个成文的风险管理政策，以便员工和风险管理经理认识到需要管理的风险，以及风险管理的流程。

我们将在下面的章节中介绍如何设计和实施对冲交易。

第 4 章

航运和航空公司燃料对冲基础

我们认为，习惯上认为存在的因果联系并不一定存在。

——安萨里[①]

偶然主义者否认事件之间存在因果关系，但投机者努力寻找事件之间的因果关系，以从中获利。对冲者则相反，他们对获得高额利润不感兴趣，他们的兴趣在确保避免重大损失上。衍生品允许交易双方将这些观点转化为金融合约。在本章中，我们将讨论燃料对冲者如何使用基本的衍生品来控制燃料成本。我们还将讨论一些衍生品定价的概率方法。在给出 Black - Scholes - Merton 模型和 Black 模型的推导之前，我们首先介绍用这个模型给期权等衍生品定价的方法，以及衍生品价格对市场变化的敏感性指标。在香草型工具的基础上，我们介绍平均价格或亚式互换和期权等变体，这些变体广泛用于商品市场。

4.1 即期 - 远期平价关系

在前面关于远期曲线的讨论中，我们简要介绍了远期曲线的各种形状。

① 安萨里（Al - Ghazali，1058—1111 年），中世纪伊斯兰教权威教义学家、哲学家。——译者注

远期价格可能高于或低于现货价格，并表现出季节性特征。然而，由于远期合约到期时远期和即期价格收敛一致，远期价格必须与现货价格挂钩。因此，远期价格应当可以根据持有成本，再考虑存储和运输成本，从即期价格推导得出。如果理论和实际远期价格存在差异，套利者可以从中套利。下面我们建立远期价格和即期价格的量化关系。

4.1.1 关于远期曲线形状的理论

在推导即期价格和远期价格之间的数学关系前，我们首先介绍解释它们之间关系的各种理论。

对于许多商品期货价格中存在的反向曲线，早期理论之一是常态反向理论。长期限期货合约流动性通常低于短期限期货合约。商品生产商是长期限期货合约的主要使用者，而商品消费者通常只对短期需求进行对冲。因此，长期限期货合约的供求不匹配。为了解决供求不匹配问题，商品生产商必须放弃出售商品可能获得的部分价值，以便吸引交易对手与他进行交易。生产商给予投资者折价，作为投资者承担长期商品价格风险的补偿，在某些情况下会导致期货价格曲线呈现反向结构。然而，随着各种不同目的市场参与者的出现，以及过去 20 年大宗商品市场流动性的提高，仅用生产商对于对冲的相对需求很难来解释远期曲线形状。图 4.1 为原油市场常见的远期曲线形状。

另一种解释远期曲线形状的模型使用库存作为基本解释变量。即期价格与当前的库存成反比（见图 4.2）。在商品库存高的情况下，即期价格比较低；反之亦然。如果预计库存将随着时间的推移而下降，则预计商品价格将从当前水平上涨。这会导致期货价格高于即期价格，远期曲线向上倾斜，即正向市场；反之，如果目前库存较低，而且供求平衡预期会随着时间的推移而改善，期货价格将低于商品的即期价格，从而导致远期曲线呈反向市场。

远期曲线形状不仅取决于当前的库存，还取决于商品的总储量。尤其是石油和天然气等商品，因为它们的总储量有限。储量枯竭意味着长期价格将高于即期价格，而新的发现和技术创新可提高现有储量中可开采原油的比例，给长期价格带来下行压力。

下面我们在无套利的假设下，建立即期价格和期货价格之间的定量关系。

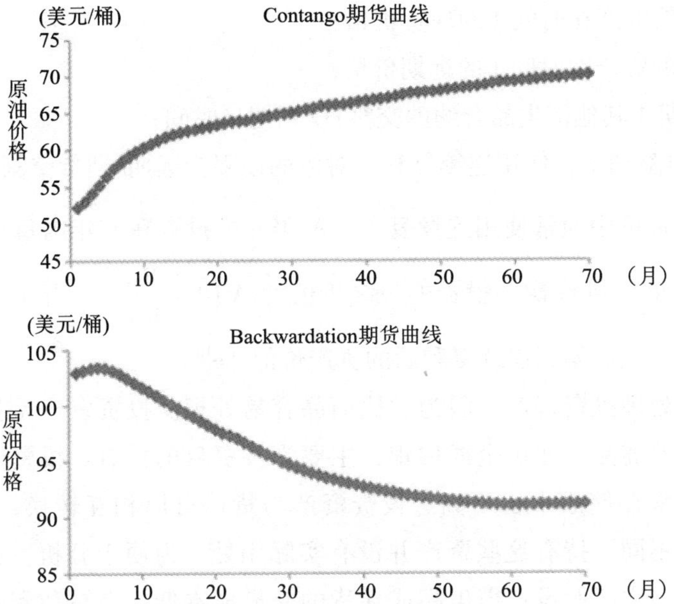

图 4.1　原油远期曲线的形状

数据来源：纽商所、彭博。

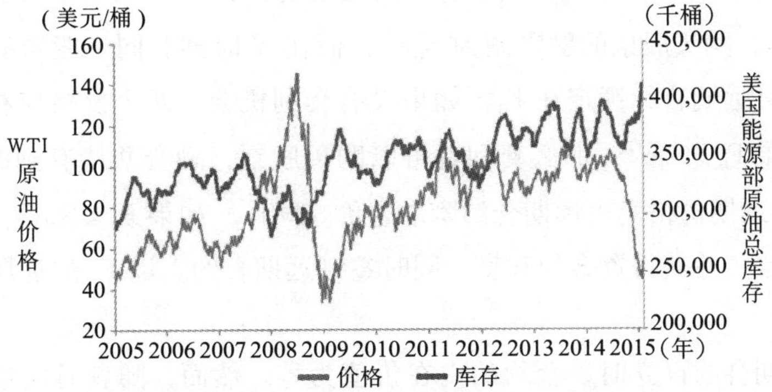

图 4.2　原油价格与库存

数据来源：纽商所、美国能源局、彭博。

4.1.2　投资资产的即期 – 远期平价关系

首先，对本章和后续章节使用的主要变量符号定义如下：

S_t：标的资产在时间 t 的现货价格；

F_t：标的资产在时间 t 的远期价格；

T：远期或其他衍生品合约的交割日/到期日时间；

r：无风险利率，使用连续复利，对应的期限为远期/期货交割日。

衍生品定价中通常使用连续复利。A 美元的投资在 n 年内每年按 R% 的年利率、每年复利 m 次，投资的最终价值为 $A\left(1+\frac{R}{m}\right)^{mn}$。当 m 值取极限趋于无穷大时，我们得到连续复利后的资产价值 Ae^{Rn}。

下面先处理投资资产，因为它比商品容易处理。投资资产是指股票、债券，甚至一些商品，如黄金或白银，主要为投资目的持有。投资资产比较容易买到，通常存储成本也不高。投资资产与货币可以相互转换，交易便利。与其他商品不同，持有这些资产并没有实际用处。为便于分析，我们做一些简化的假设。主要假设：衍生品或现货的交易成本低，交易利润的税务处理相同。如前所述，假设市场中出现的套利机会可以被市场参与者消除。

我们可以用无套利理论建立投资资产现货和远期价格之间的关系。考虑一只股票的现货价格为 S_0，期限为 T 的远期价格为 F_0。购买并持有股票的融资利率为 r，购买股票的融资额为 S_0e^{rT}，而在 T 时拥有同一股票的价格也可以通过签订远期合约锁定在 F_0。如果没有套利机会，两个价格应相等：$F_0 = S_0e^{rT}$。如果 $F_0 > S_0e^{rT}$，那么套利者可以购买股票，融资并持有到时间 T，同时以 F_0 的远期价格卖出远期合约赚取差价。同样，如果 $F_0 < S_0e^{rT}$，套利者可以做空股票，并获得资金的利息，同时签订远期合约，以 F_0 的远期价格买进股票。

在远期合约订立时，合约的内在价值为零。然而，随着时间推移，合约的价值随远期价格的变化而变化。如果以价格 F_0 建立远期合约多头头寸，到期日和条件相同的远期合约当前价格为 K，则初始远期合约的市场价值为 $(F_0-K)e^{-rT}$。这里的逻辑是，我们可以卖出第二份合约，并在到期时实现 (F_0-K) 的价差，以当前的利率对这个价差贴现，就是该投资组合的市场价值。

上述关系可以扩展到具有收入的资产，例如派息的股票或支付利息的债券。以派息的股票为例，假设股息率为 q。为便于处理，我们假设股息派发是连续进行的。如果没有股息，我们预期股票价格 S_0 将在时间 T 时上涨到 S_0e^{rT}。然而，在此期间的股息收益率将把最终价格降低 e^{-qT}，也就是说，预期 T 时的股票价格为 $S_0e^{(r-q)T}$。这相当于，一个套利者只需要在时间 0 时投资 S_0e^{qT}，同时卖出期限为 T 的远期合约。期间赚取的股息再投资于股票，并以利率 r 融资。在无套利的情况下，下面的关系式成立：

$$F_0 = S_0e^{(r-q)T}$$

在假设利率（对期货保证金）在远期/期货的存续期内保持不变，或与远期/期货价格不相关的情况下，期货价格与无担保远期的价格相同。然而，在实践中，由于流动性和交易成本、信用成本和税收会造成远期和期货价格之间的差异。我们将忽略这些差异，并不加区分地使用术语“远期”和“期货”。

4.1.3　商品的即期 – 远期平价关系

在第 2 章中，我们介绍了商品远期曲线的各种形状。由于一般情况下利率非负，由前面推导出的公式得到向上倾斜的正向曲线。这在股票、债券以及黄金和白银等商品上很常见。然而，绝大多数商品的远期曲线无法用这个公式来解释。

与投资资产不同，大多数商品的持有目的是消费。持有商品需要支付存储成本，这个成本可能非常高，例如原油。同时，商品不能给持有人带来收入。但是，持有商品确实可以使公司在业务活动中随时有货可用，并最大限度地避免因市场价格波动造成供应中断。例如，拥有原油现货库存的话，不管原油市场发生供应中断还是价格飙升，都不会影响炼油厂运营。拥有库存还使他们能够对石油产品需求上升快速作出反应。期货合约并不能提供这些收益。只有现货商品所有人可以获得，而金融合约持有人无法获得的收益称为便利收益。

存储成本和便利收益都可以用现货价格的比例表示。假设存储成本的连续费率为 c，便利收益率为 y。收益和成本的差额是持有商品的净收益率，类似于资产的股息收益率。因此，商品期货和现货价格之间存在以下关系：

$$F_0 = S_0e^{[r-(y-c)]T} = S_0e^{(r+c-y)T}$$

因此，当持有商品的便利收益高于持有成本（存储和融资成本的总和）时，期货曲线将呈反向结构。当期货价格高于持有成本隐含的价格时，就存在套利机会。投资者可以卖出商品期货，同时融资买进商品并储存至期货合约到期日，在期货合约到期时交付商品，这称为现货持有套利。请注意，这种关系仅适用于可存储的商品，不适用于电力等商品。同样，在可以卖空或卖出商品的情况下，也可以进行反向套利。但是，为便利而持有商品的公司一般不会进行这种交易。

4.1.4 现货和期货波动率

现货和不同到期日的期货价格不同。与此类似，现货和期货合约的波动率也因到期日的不同而不同。在此我们引入波动率的概念，它对期权估值非常重要。收益率方差的平方根，即价格收益率的标准差，就是“波动率”。如果我们将收益率记为 r_i，$r_i = \ln\left(\frac{S_i}{S_{i-1}}\right)$，则收益率的标准差或波动率 σ 的计算公式为：

$$\sigma = \sqrt{\frac{1}{(n-1)}\sum_{i=1}^{n}(r_i - \mu)^2}$$

其中，μ 是收益率 r_i 的均值，n 是股票或期货合约收益率的观测数：

$$\mu = \frac{1}{n}\sum_{i=1}^{n} r_i$$

波动率可以用历史价格（向后看）或基于市场对未来价格波动的预期（前瞻）来计算，并用年化波动率表示。年化波动率是将每日波动率乘以日历年中营业日数（大约 250 个营业日）的平方根，即：

$$\sigma_{\text{年化}} = \sigma_{\text{日}}\sqrt{250}$$

商品期货每个合约的波动率不同，一般期限较长的期货合约波动率较低。对此现象，有几种不同的理论解释。

与价格和库存之间的关系相同，价格波动率水平也取决于当前的库存水平。库存的存在有助于抑制突如其来的需求增加或供应下降对价格的冲击。

维持库存可以帮助企业克服暂时的市场混乱，减少对业务的影响。因此，价格和波动率与库存均呈负相关，而他们彼此之间呈正相关，这种关系称为“反向杠杆效应”。这与股票等投资资产波动率与价格呈负相关的情况形成鲜明对比。从直觉看，库存水平对现货价格的影响也大于对期货价格的影响，因为如果没有市场价格调整，就没有时间解决现货供需失衡问题，未来的波动取决于对未来库存水平的预期，而未来库存水平会随着时间的推移而恢复正常。但是，如果是库存之外的因素影响价格形成，则价格和波动率水平不一定呈正相关。2008 年信贷危机期间油价和波动率的走势偏离了反向杠杆效应的预测（见图 4. 3）。

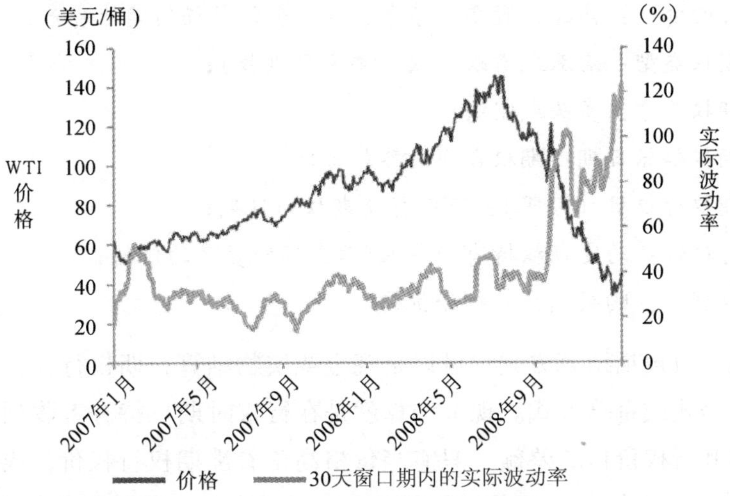

图 4. 3　WTI 原油价格与波动率

数据来源：纽商所、彭博。

期货波动率是期货合约期限的递减函数，这个现象称为萨缪尔森效应。萨缪尔森假说指出，随着期货价格临近到期，期货价格波动率会升高。这是因为交收期货合约下的商品引入了与现货商品供应链相关的波动率。这也可以看作商品市场对输入信息的弹性。新信息对近端期货合约的价格影响更大，因为供求平衡的时间较少（现货市场没有弹性），而较远端期货合约对这种信息的反应较少。

4.2 期权

4.2.1 看涨和看跌期权

看涨期权是一种衍生品合约，赋予持有者以固定价格购买标的资产的权利，但没有购买的义务。同样，看跌期权是一种衍生品合约，它赋予持有者以固定价格出售标的资产的权利，但没有出售的义务。期权的主要参数如下：

- 标的资产：商品、股票、债券、期货合约或任何其他资产；
- 期权类型：看涨或看跌期权（香草型期权）；
- 期权头寸：多头或空头；
- 期权起始日期：期权合同的签订日期；
- 期权行权日（期限）：可以行使期权的日期；
- 行权价：约定期权持有者买入/卖出标的资产的价格；
- 权利金：购买期权的初始价格。

其他参数包括结算方式，可以是现金或实物结算；期权行权方式，可以是欧式、美式或百慕大式。现金结算就是在行权时期权持有者收到标的资产现货价格和行权价格的差额（只有当价格高于看涨期权行权价，或价格低于看跌期权的行权价时），实物结算就是在行权时购买或出售现货资产。行权可以在期权到期日（欧式期权）或到期日之前的任何时间（美式期权）。如果只能在预定期间行权，这种期权称为百慕大式（在欧美之间）期权。

如图 4.4 是看涨和看跌期权的到期损益。期权持有者只有在行权有利可图的情况下才会行使权利，也就是说，期权是必须是实值（ITM）。相反，当期权是虚值（OTM）时，则行权无利可图。当标的价格等于行权价格时，称为平值（ATM）期权。人们通常买入平值或者虚值期权。

请注意，此处所说的损益是行权时的收益，并不包括最初支付的权利金。将权利金纳入收益并不影响行权决策，也就是说，无论实际支付多少权利金，都会行权。图 4.5 为考虑了权利金支出后的净利润。

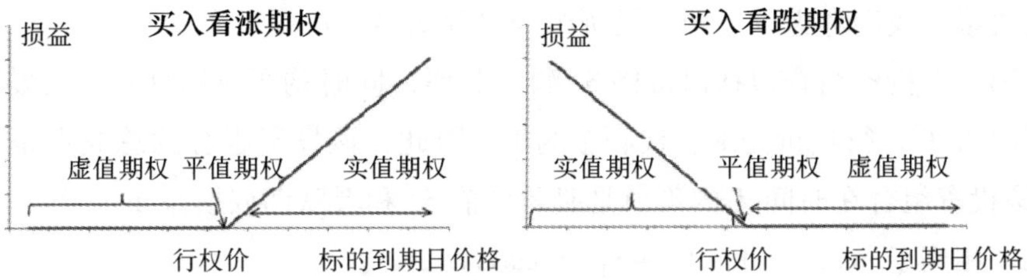

图 4.4 看涨和看跌期权的到期损益

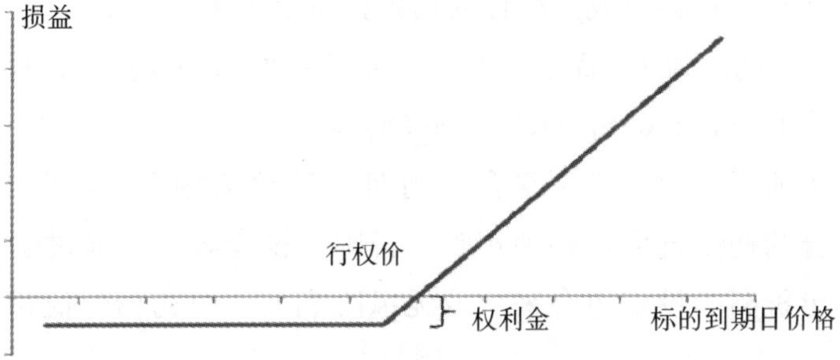

图 4.5 看涨期权的净损益（考虑权利金）

期权的行权可以由期权持有人自行决定，如果行权对持有人有利可图也可以自动行权。期权的价值属性（无论实值还是虚值）与期权的价值有关。期权的内在价值是立即行权的收益。对于美式期权，由于可以提前行权，期权的价值必须大于或等于其内在价值，因为期权持有人可以通过立即行权获得内在价值。在内在价值之上的期权附加价值称为期权的时间价值。因此，期权的价值可以分解为内在价值和时间价值两部分。

消费者中流行看涨期权，用它来对冲商品价格上涨的风险。对于投资者，则用看涨期权表达对资产价格的乐观看法。同样，商品生产商或投资者使用看跌期权来保护其产品或投资的价值。然而，如果只用看跌期权，很难根据对市场的看法赚钱；期权可能会非常昂贵，这取决于市场条件和合约条款。为了控制期权的成本支出，期权购买者可以采用各种策略，从对权利金支出封顶，到出售期权，目的是为购买其他期权融资。下面我们对期权估值进行简要讨论，随后讨论市场流行的各种期权策略。

4.2.2 看涨 – 看跌期权平价

用看涨和看跌期权可以复制远期合约的到期损益。为建立远期和期权之间的关系，我们考虑以下两个投资组合（见表 4.1）。

第一个投资组合包括以价格 S_0 购买股票，同时购买看跌期权，看跌期权的期限为 T 、行权价为 K、权利金为 P。因此，该投资组合的总成本是 $S_0 + P$。该投资组合在时间 T 的价值是股票价值 S_T 和看跌期权损益 $\max(0, K - S_T)$ 之和，相当于 $\max(S_T, K - S_T + S_T) = \max(S_T, K)$。

第二个投资组合由期限为 T、行权价为 K、权利金为 C 的看涨期权和期限为 T、面值为 K 的债券组成。组合的初始投资是 $C + Ke^{-rT}$，其中，Ke^{-rT}是以不变利率 r 投资期限为 T、面值为 K 的零息债券所需的投资。该投资组合在到期时的价值为 $K + \max(0, S_T - K) = \max(S_T, K)$。

如表 4.1 所示，两个投资组合在到期日 T 价值相等。根据无套利原理，两个投资组合的初始价值也必须相等。否则，投资者可以通过购买便宜的投资组合并卖出价高的投资组合来赚取无风险利润。由初始价值相同，我们得到以下表达式：

$$S_0 + P = C + Ke^{-rT}$$

表 4.1　　推导看涨期权－看跌期权平价关系的两个组合

	组合 1	组合 2
初始成本	$S_0 + P$	$C + Ke^{-rT}$
最终价值	$\max(S_T, K)$	$\max(S_T, K)$

上式就是看涨期权和看跌期权价格的关系式。根据该关系式，持有股票和股票看跌期权相当于持有看涨期权并投资于到期时价值等于行权价的零息债券。这个关系称为“看涨－看跌期权平价”。据此关系式，可以由一个看涨期权或一个看跌期权的估值，得到另一个期权的估值。

就商品而言，期权通常以期货合约为标的，而不是以现货为标的。投资者持有远期或期货头寸，而不是现货头寸，因此，看涨－看跌期权平价关系简化如下：

$$F_0e^{-rT} + P = C + Ke^{-rT}$$

或

$$C - P = (F_0 - K)e^{-rT}$$

其中，用期货价格的贴现值取代了股票期权平价关系式中的股票价格。

4.2.3　某航运公司基于期权的对冲

为了进一步讨论对冲问题，我们以一家之前未从事过对冲的航运公司为例。航运公司消费燃料，面临燃料价格波动的风险。航运公司目前的做法是在使用前购买燃料，此时价格是固定的。公司管理层希望探索对冲购买燃料成本的可能性。

航运公司所用的燃料是船用燃料油。该公司预计每年消费约 100 万吨燃料油。公司董事会已经批准了一项政策，在下一个财政年度将 50% 的用量进行对冲。由于 WTI 原油期货的流动性和交易的便利性，该公司希望利用 WTI 原油期货作为工具对冲燃料油价格上涨的风险。假设燃料油的转换比率为 6.35 桶/吨，WTI 原油的总对冲量则为 $1,000,000 \times 6.35 \times 50\% = 3,175,000$ 桶。在实践中，考虑到 WTI 和燃料油之间不是完全相关和波动率的差异，需要对对冲比率进行调整。我们假设以每批 10 万桶进行对冲。交易通过对冲交易商完成，如投资银行、贸易商或交易所产品的经纪商进行。虽然其中许多交易可以在交易所执行，但我们在案例中使用场外交易，因为场外交易合约条款具有灵活性。

我们看这样一个场景，公司的目标是锁定燃料油消费的最高价格，这可以使用不同的策略来实现。如果公司有用于对冲的预算，可以购买燃料油看涨期权。我们考虑公司购买虚值看涨期权。在公司愿意承担一定燃料油价格变化风险的情况下，即有合理的风险容忍度的情况下，这个策略是适当的。购买期权交易的结构如例 4.1 所示。

例 4.1——购买期权交易条款示例

交易条款

甲方：	对冲交易商
乙方：	航运公司
交易日：	2015 年 3 月 2 日
生效日：	2015 年 6 月 15 日
终止日：	2015 年 6 月 15 日

续表

商品:	OIL - WTI - NYMEX
名义总数量:	100,000 桶
每个计算期间的名义数量:	100,000 桶/月
计算日:	生效日期
结算日:	计算日结束后的5个营业日，根据修改后的营业日约定
营业日:	纽约
权利金:	2.50 美元/桶
权利金支付方:	乙方
权利金支付日:	2015 年 3 月 9 日
浮动端细节:	封顶
浮动价格支付方:	甲方
封顶价格:	70 美元/桶
浮动价格:	商品参考价格
商品参考价格:	定价日的“OIL - WTI - NYMEX”是指当日纽约商品交易所上市的西得克萨斯轻质低硫原油期货的指定价格，以美元表示，在定价日由纽约商品交易所公布
指定价格:	官方结算价格
交割日:	最近月合约
定价日:	相关计算期内每个商品营业日
计算代理人:	甲方
文件:	ISDA 主协议下的确认书

通过该期权交易，航运公司将购买100,000桶燃料油的最高价格锁定在72.50美元/桶（包括支付的权利金）。

场外交易的交易条款和确认书参考国际互换和衍生品协会（ISDA）主协议和附件订立。ISDA 主协议是衍生品行业使用的标准协议，在进入交易之前由交易双方协商签署。它适用于双方之间执行的所有交易的通用条款，包括交易净额结算、交易终止、信用支持等。ISDA 提供了衍生品交易文件中常用术语的定义。

交易条款或确认书还可附带情景分析、敏感性分析、最好情况/最坏情况分析和/或收益计算方法说明。是否提供，则根据交易产品的复杂度、相关交易对手的成熟度以及对提供此类信息的监管或指引要求决定。

4.3　隐含波动率和 Black – Scholes 模型

在上一节中，我们介绍了波动率的定义和历史波动率的计算方法。期权的价值取决于市场对未来波动率的预期。隐含波动率是标的波动率的值，将它输入期权定价公式，可以得到期权的市场价格。虽然历史波动率可以由标的的历史价格计算得到，但隐含波动率是一个主观参数，它取决于期权的市场价格和使用的定价公式。隐含波动率，正如其名称所指，是根据期权的市场价格由公认的定价模型推算出的。交易员从市场价格中推算隐含波动率的模型称为期权价格的 Black – Scholes 模型。

下面我们简要介绍股票期权定价的 Black – Scholes 模型。随后讨论 Black 期货期权定价模型，该模型适用于大宗商品市场。然后，我们介绍称为希腊字母的敏感性指标，这些指标用于期权投资组合的风险管理。

4.3.1　Black – Scholes – Merton 模型

在 20 世纪 70 年代，费舍尔 · 布莱克、迈伦 · 斯科尔斯和罗伯特 · 默顿推进了衍生产品定价领域的研究，其重要结果被用于期权定价。由此开始，用它定价和交易的衍生品范围迅速扩大，渗透到了所有资产类别。下面我们介绍无派息股票欧式期权定价的 Black – Scholes 模型。

Black – Scholes 模型在特定假设下给出了欧式期权的价格。这些假设包括无套利、利率和波动率不变、可以卖空以及无税收或交易成本。假定股票价格服从对数正态分布。本章稍后将给出完整的假设和 Black – Scholes 公式的推导过程。Black – Scholes 给出看涨期权的价格 C 取决于以下参数：

S_0：股票现货价格；

K：看涨期权的行权价格；

T：期权的期限；

σ：股票价格波动率；

r：无风险利率。

无派息股票欧式看涨期权的 Black - Scholes 价格由下式给出：

$$C = S_0N(d_1) - Ke^{-rT}N(d_2)$$

其中：

$$d_1 = \frac{\ln(S_0/K) + (r + \sigma^2/2)T}{\sigma\sqrt{T}}$$

$$d_2 = \frac{\ln(S_0/K) + (r - \sigma^2/2)T}{\sigma\sqrt{T}} = d_1 - \sigma\sqrt{T}$$

此处 N(x) 是标准正态分布的累积分布函数。N(x) 表示服从标准正态分布 N(0，1) 的随机变量小于 x 的概率。

由看涨 - 看跌期权平价关系，同一行权价的欧式看跌期权价格为：

$$P = Ke^{-rT}N(-d_2) - S_0N(-d_1)$$

波动率 σ 在市场上是无法观察到的。在实践中，交易员使用期权市场价格隐含的波动率来计算其他期权的价值。

对于股息率为 q 的股票，相应欧式看涨期权价格 C 和欧式看跌期权价格 P 如下：

$$C = S_0e^{-qT}N(d_1) - Ke^{-rT}N(d_2)$$

$$P = Ke^{-rT}N(-d_2) - S_0e^{-qT}N(-d_1)$$

其中：

$$d_1 = \frac{\ln(S_0/K) + (r - q + \sigma^2/2)T}{\sigma\sqrt{T}}$$

$$d_2 = \frac{\ln(S_0/K) + (r - q - \sigma^2/2)T}{\sigma\sqrt{T}} = d_1 - \sigma\sqrt{T}$$

4.3.2 期货期权定价的 Black 模型

我们现在考虑期货合约的期权，这类期权在固定收益和商品市场尤其受欢迎。期货期权的标的是期货合约，其中标的期货合约在行权时交付，这与以股票为标的资产的股票期权不同。例如，期货看涨期权（行权时）除了期货合约多头头寸外，期权持有方还获得行权价和期货价格之间的差价。同样，期货看跌期权的持有方在行权时除获得期货合约的空头头寸外，还获得行权价与期货价格之间差价相当的现金。期货期权很受欢迎，因为期货合约本身比大宗商品和其他资产（如利率）的现货流动性更高，并且便于交易。

费舍尔·布莱克将 Black – Scholes – Merton 模型推广到期货期权。模型假设期货价格服从对数正态分布，就像 Black – Scholes – Merton 模型推导中对股票价格的假设一样。有了这个假设，用期货价格代替现货价格，我们得到如下 Black 模型。欧式看涨期权的价格 C 和欧式看跌期权的价格 P 分别为：

$$C = e^{-rT}[F_0N(d_1) - KN(d_2)]$$

$$P = e^{-rT}[KN(-d_2) - F_0N(-d_1)]$$

其中：

$$d_1 = \frac{\ln(F_0/K) + (\sigma^2/2)T}{\sigma\sqrt{T}}$$

$$d_2 = \frac{\ln(F_0/K) - (\sigma^2/2)T}{\sigma\sqrt{T}} = d_1 - \sigma\sqrt{T}$$

这里 F_0 是当前期货合约的价格，σ 是期货价格的波动率。

4.4　希腊字母

希腊字母是一组指标，用来描述期权价格对诸如现货价格、波动率、利率和期限等参数的敏感性。希腊字母值有助于我们制定期权以及衍生品组合的风险管理策略。

4.4.1　Delta

期权的 Delta（Δ）是期权价格变化与标的价格变化之比。它是期权价格变化对标的价格变化的导数。看涨期权的 Δ 为：

$$\Delta = \frac{\partial c}{\partial S}$$

如果股票看涨期权的 Δ 为 0.4，期权卖方为了对冲卖出的看涨期权，需要购买0.4股的股票。假设看涨期权允许持有者购买 100 股，则对冲者需要购买 0.4×100=40 股才能对冲看涨期权。在期权价格对现货价格图上，对于给定的期权价格值，Δ 表示该期权价格在该点的斜率（见图4.6）。

当衍生品头寸被购买的股票头寸抵消时，组合的 Δ 为零，我们称之为 Δ 中性组合。从看涨期权价格函数可见，组合的 Δ 随股票价格变动，因此，组合需要经常进行再平衡。组合的这种再平衡称为动态对冲。

由无派息股票期权价格公式，我们可以得到看涨期权的 Δ：

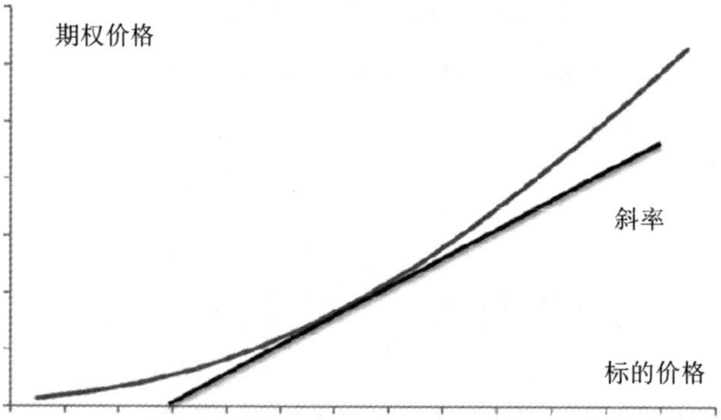

图 4.6 Delta 是期权价格对标的价格曲线的斜率

$$\Delta(\mathrm{call})=\frac{\partial c}{\partial S}=N(d_1)$$

同样，无派息股票看跌期权的 Δ：

$$\Delta(\mathrm{put})=\frac{\partial p}{\partial S}=N(d_1)-1=-N(-d_1)$$

对派息股票，相应的 Δ 分别为：

$$\Delta(\mathrm{call})=\frac{\partial c}{\partial S}=e^{-qT}N(d_1)$$

和

$$\Delta(\mathrm{put})=\frac{\partial p}{\partial S}=e^{-qT}[N(d_1)-1]$$

其中，d_1 与前面派息股票的定义相同。

图 4.7 为看涨和看跌期权 Δ 和股票价格的关系。

对 Black – Scholes 公式的直观解释

在我们定义了期权的 Δ 后，换个角度再看 Black – Scholes 公式。Black – Scholes 公式给出的看涨期权价格为：

$$C = S_0N(d_1) - Ke^{-rT}N(d_2)$$

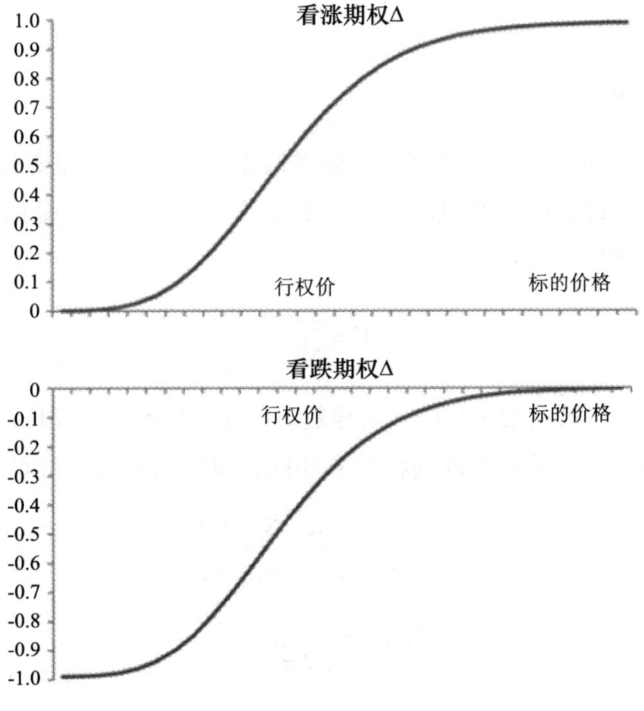

图 4.7　看涨期权和看跌期权的 Δ 与行权价

期权持有人一旦行权，则以固定价格 K 买入股票资产。只有当股票价格高于行权价时，持有人才会行权，因此，在行权情况下，贴现后的现金流净现值为 $Ke^{-rT}p\ (S_T > K)$。

同样，一但看涨期权被行权，期权持有人将收到标的股票。收到股票的现值取决于行权的概率和行权条件下股票价格的期望以适当利率贴现后的现值。行权后收到股票的现值为 $E(S_T | S_T > K)e^{-rT}p(S_T > K)$。其中，$E(S_T | S_T > K)$ 为在行权情况下 S_T 的数学期望。

因此，看涨期权的价值可以描述为行权时收到的股票的现值，而不是为行权支付的行权价的贴现价值：

$$C = E(S_T \mid S_T > K)e^{-rT}p(S_T > K) - Ke^{-rT}p(S_T > K)$$

将上式与 Black - Scholes 公式进行比较，可以看到 $N(d_2)$ 代表期权行权概率 $p(S_T > K)$，而 $S_0N(d_1)$ 或 $S_0\Delta(call)$ 表示行权时收到的股票的预期价值。因此，$N(d_1)$ 或 Δ 可以解释为衡量期权行权时经行权概率调整后的期权实值程度的指标。

4.4.2 Gamma

正如我们上面看到的，期权的 Δ 随着股票价格的变化而变化，因此需要进行动态调整，以保持组合风险中性。期权的 Gamma（Γ）是期权 Δ 对标的股票价格的变化率。即：

$$\Gamma = \frac{\partial^2 c}{\partial S^2}$$

Γ 是期权价格对股票价格的二阶导数。因此，Γ 表示期权价格函数在给定股票价格的曲率。看涨和看跌期权的 Γ 相同，对于无派息股票而言：

$$\Gamma = \frac{\partial^2 c}{\partial S^2} = \frac{\partial^2 p}{\partial S^2} = \frac{N'(d_1)}{S_0\sigma\sqrt{T}}$$

$$N'(x) = \frac{1}{\sqrt{2\pi}}e^{-x^2/2}$$

对派息股票：

$$\Gamma = \frac{e^{-qT}N'(d_1)}{S_0\sigma\sqrt{T}}$$

其中，d_1 与前面派息股票的定义相同。

与 Δ 对冲不同，在 Δ 对冲中标的资产头寸可用于抵消衍生品的 Δ，Γ 对冲则需要交易其他衍生品以保持 Γ 中性。因此，在讨论期权组合时，Γ 更为重要，适当的衍生品可用于抵消整个组合的 Γ。图 4.8 中为 Γ 与标的资产价格的关系。

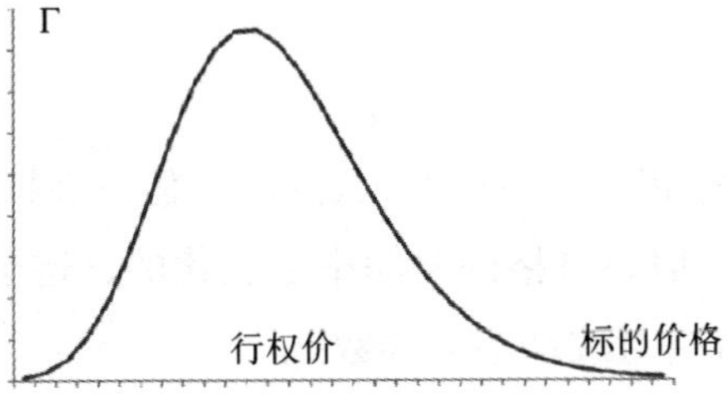

图 4.8　期权 Γ 与标的资产价格的关系

4.4.3　Theta

期权的 Theta（θ）或“时间衰减”是在其他参数不变情况下期权价格对时间的导数。对于无派息股票欧式期权，θ 分别为：

$$\theta(call) = -\frac{S_0N'(d_1)\sigma}{2\sqrt{T}} - rKe^{-rT}N(d_2) = -Ke^{-rT}\left[\frac{N'(d_2)\sigma}{2\sqrt{T}} + rN(d_2)\right]$$

$$\theta(put) = -\frac{S_0N'(d_1)\sigma}{2\sqrt{T}} + rKe^{-rT}N(-d_2) = -Ke^{-rT}\left[\frac{N'(d_2)\sigma}{2\sqrt{T}} - rN(-d_2)\right]$$

对于派息股票，d_1 和 d_2 的定义与无派息股票相同，相应的表达式是：

$$\theta(call) = -\frac{S_0N'(d_1)\sigma e^{-qT}}{2\sqrt{T}} + qS_0N(d_1)e^{-qT} - rKe^{-rT}N(d_2)$$

$$\theta(put) = -\frac{S_0N'(d_1)\sigma e^{-qT}}{2\sqrt{T}} - qS_0N(-d_1)e^{-qT} + rKe^{-rT}N(-d_2)$$

欧式看涨期权 θ 的变化如图 4.9。

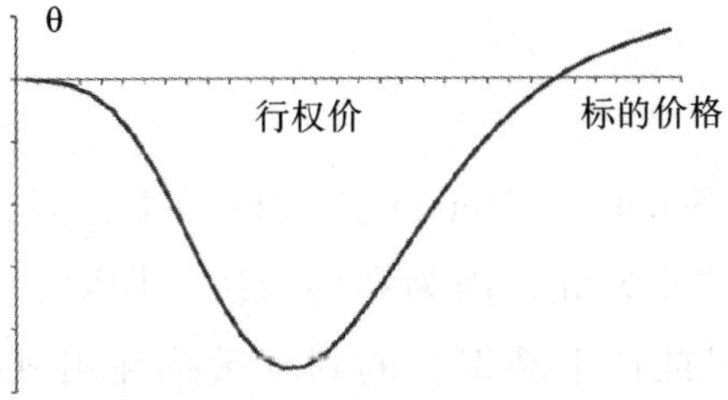

图 4.9　期权 θ 与标的资产价格的关系

4.4.4 Vega

在推导期权定价的 Black - Scholes 公式时，假设在期权存续期内波动率不变。然而，在实践中，股票价格的波动率是变化的，这会影响衍生品的价格。Vega（ν）是衍生品价格对波动率的导数①：

$$\nu = \frac{\partial c}{\partial \sigma}$$

对于无派息股票（看涨/看跌）期权，ν 的计算公式为：

$$\nu = S_0 \sqrt{T} N'(d_1)$$

对于派息股票，ν 的计算公式为：

$$\nu = S_0 \sqrt{T} N'(d_1) e^{-qT}$$

其中，d_1 和付息股票 Black - Scholes 公式中的计算方法相同。

如图 4.10 为 ν 与标的价格的关系。

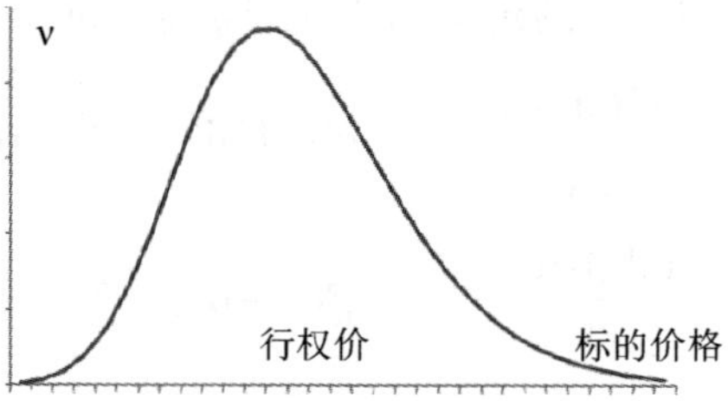

图 4.10 期权 ν 与标的资产价格的关系

4.4.5 Rho

同样，在 Black - Scholes - Merton 公式推导中，假设所有期限的利率不变。然而，实际情况并非如此，因为利率取决于期限，它在衍生品的存续期间会发生变化。衍生品或衍生品组合的利率敏感性用 rho 表示（ρ）。欧式看

① 在希腊字母表中，字母 ν 的读音是/nju：/，英文为 nu。在英语里，把希腊字母 ν 称作 vega，是期权市场特有的表达方式。——译者注

涨和看跌期权的利率敏感性分别为：

$$\rho(\text{call}) = KTe^{-rT}N(d_2)$$

$$\rho(\text{put}) = -KTe^{-rT}N(-d_2)$$

以上这些是衍生品交易员跟踪的最重要的希腊字母。这些希腊字母在处理衍生品组合时特别有用，因为它们可以将组合的风险敞口简化为各种风险指标，可以帮助交易员选择适当的对冲工具。此外，还有一些二阶希腊字母，它们对于有多个标的资产或包含复杂工具的组合更为重要。

4.4.6　高阶希腊字母

除了伽马外，交易员还使用一些高阶希腊字母。看涨期权的高阶希腊字母计算如下。

- Vanna 是 Delta 对波动率的导数：

$$\text{Vanna} = \frac{\partial^2 c}{\partial S \partial \sigma} = -e^{-qt}N'(d_1)\frac{d_2}{\sigma}$$

- Volga 是 Vega 对波动率的导数：

$$\text{volga} = \frac{\partial^2 c}{\partial \sigma^2} = e^{-qt}S_0\sqrt{T}N'(d_1)\frac{d_1 d_2}{\sigma}$$

- Charm 是 Delta 对时间的导数，又称为 Delta 衰减率：

$$\text{Charm} = \frac{\partial^2 c}{\partial t \partial S} = -qe^{-qt}N(d_1) + e^{-qt}N'(d_1)\frac{[2(r-q)T - d_2\sigma\sqrt{T}]}{2\sigma T\sqrt{T}}$$

- Speed 是 Gamma 对现货价格的导数，或期权价格对现货价格的三阶导数：

$$\text{Speed} = \frac{\partial^3 c}{\partial S^3} = -e^{-qt}\frac{N'(d_1)}{S^2\sigma\sqrt{T}}\left(\frac{d_1}{\sigma\sqrt{T}} + 1\right) = -\frac{\Gamma}{S}\left(\frac{d_1}{\sigma\sqrt{T}} + 1\right)$$

- Color 是 Gamma 对时间的导数，又称为 Gamma 衰减率：

$$\text{Color} = \frac{\partial^3 c}{\partial S^2 \partial T} = -e^{-qt}\frac{N'(d_1)}{2S\sigma T\sqrt{T}}\left\{2qT + 1 + \frac{d_1[2(r-q)T - d_2\sigma\sqrt{T}]}{\sigma\sqrt{T}}\right\}$$

- 对双标的资产期权，cross－Gamma 是期权价格对两个资产现货价格的导数：

$$\text{cross}-\text{Gamma}=\frac{\partial^2 c}{\partial S\partial S'}$$

虽然为了维持组合风险中性，需要持续交易衍生品和现货工具进行动态对冲，但受交易成本和持续交易所需基础设施的限制，实际对冲交易的频率有限。使用希腊字母度量组合风险有助于通过匹配组合中的风险来减少所需的交易量。在实践中，是按风险的重要性进行管理，通常优先考虑 Delta 对冲，其次是 Gamma 和 Vega 对冲。

4.4.7 Black 模型的希腊字母

由 Black 模型我们可以得到如下期货期权的希腊字母（见表 4.2）。这些对商品更有用，因为期权的标的通常是期货价格，而不是现货价格。

表 4.2　　　　希腊字母

希腊字母	看涨期权	看跌期权
Delta（Δ）	$e^{-rT}N(d_1)$	$e^{-rT}[N(d_1)-1]$
Gamma（Γ）	$\frac{e^{-rT}N'(d_1)}{F_0\sigma\sqrt{T}}$	$\frac{e^{-rT}N'(d_1)}{F_0\sigma\sqrt{T}}$
Theta（Θ）	$-\frac{F_0N'(d_1)\sigma e^{-rT}}{2\sqrt{T}}+rF_0N(d_1)$ $e^{-rT}-rKe^{-rT}N(d_2)$	$-\frac{F_0N'(d_1)\sigma e^{-rT}}{2\sqrt{T}}-rF_0N(-d_1)$ $e^{-rT}+rKe^{-rT}N(-d_2)$
Vega（ν）	$F_0\sqrt{T}N'(d_1)e^{-rT}$	$F_0\sqrt{T}N'(d_1)e^{-rT}$
Rho（ρ）	$KTe^{-rT}N(d_2)$	$-KTe^{-rT}N(-d_2)$

在讨论了期货期权定价后，我们再来看航运公司的案例。公司可以联系期权做市商购买看涨期权或进行他认为适当的其他策略交易。这些欧式期权提供了防止特定交货日期价格变动的保护。然而，大多数公司每天都要购买和消费燃料，基于某一天价格的对冲并不能反映一个时期内的实际燃料成本。因为商品市场流动性有限，而且在一个时点上只有几个交易对手，出现这种

情况的可能性更大，这就是为什么许多公司更愿意交易一个时期平均价格的原因。

下面我们讨论亚式互换和期权，这是场外商品市场的首选工具。

4.5　亚式互换和期权

亚式（即平均价格）互换和期权是场外对冲者的首选工具。“亚式”（平均化）降低了由于商品市场流动性不足、参与者集中在数量有限的几家银行和贸易公司，价格被操纵的风险。由于商品生产商和消费者每天都在生产或消费商品，平均化还可以模拟对冲者的价格风险敞口，减少现货业务与金融合约（收入或成本）由于时点不匹配导致的脱节。最后，平均化可以平滑价格变动对对冲者头寸的影响，这在流动性稀缺、波动大的市场很有价值。由于平滑，使得平均价格期权比相应的期货期权更便宜。

平均价格工具的成交方式与远期或期货等传统工具相同。大多数商品的平均价互换和平均价格期权（APO）可以在交易所交易和/或清算。交易所交易的平均价格期权通常是现金结算，在行权时，客户收到计算的平均价格和期权行权价之间的差额，通常是按日历月进行平均。计算平均价格时通常是以指定日期的期货首行合约作为参考合约。因此，当期货合约在日历月的中间到期时，就用下一个期货合约来计算该日历月的平均价格。

例如，假设一家公司签订亚式互换协议，约定2015年6月以75美元/桶的价格购买10,000桶WTI原油。如果WTI原油7月期货合约（6月初为首行合约）的到期日为2015年6月22日，则从月初至6月22日使用7月期货合约每日结算价，当月其余时间则使用2015年8月期货合约。

在对冲亚式互换时，采用平均化的方法。为了准确对冲亚式互换，需要使用两份期货合约，每个期货合约的名义数量与该合约在日历月中的参与平均价计算的营业日数成正比。在前面的例子中，如果7月合约包括到期日（2015年6月22日）在内的营业日数为16天，而2015年6月总营业日数为22天，则为对冲2015年6月的平均价格互换，对冲交易商需要购买7月WTI

期货合约的名义数量为（$\frac{16}{22}$×每月名义数量）、8 月 WTI 期货合约的名义数量为（$\frac{6}{22}$×每月名义数量）。同样，为了实现平均价格，对冲交易商必须在每个交易日按官方结算价格（收盘价）出售与期货首行合约每日名义数量（$\frac{1}{22}$×每月名义数量）相当的期货合约来对冲互换头寸。实际上，对于较长期限的互换，对冲交易商通过事先买入或卖出流动性最高的期货合约（通常是首行合约）来对冲 Delta（使组合保持 Delta 中性），然后再处理头寸的时间价差问题。这种方法在大多数商品市场有效，因为较长期限的期货与短期合约价格高度相关。时间价差的流动性也很好，尤其在场外市场，为对冲亚式互换提供了一种更便宜的工具。

下面我们讲航运公司基于亚式互换的对冲。

在前面讨论的航运公司案例中，如果公司不能将燃料油涨价转嫁给客户，它可能会想锁定燃料油的价格。这可以通过商品固定价格互换交易来实现。对冲燃料油的标的可以考虑用高硫燃料油（HSFO），这是一种船用燃料油。我们用新加坡 HSFO 380CST 作为对冲的标的，并且假设公司每月对冲 20,000吨。

互换交易条款如例 4.2 所示。通过这笔交易，航运公司可以对冲 6 个月内的新加坡 HSFO 380 CST 平均价格。

例 4.2——商品互换交易条款

交易条款

甲方：	对冲交易商
乙方：	航运公司
交易日：	2015 年 3 月 2 日
生效日：	2015 年 4 月 1 日
终止日：	2015 年 9 月 30 日
商品：	新加坡 HSFO 380 CST
总名义数量：	120,000 吨
每个计算期的名义数量：	20,000 吨/月

续表

计算期间：	每月为一个计算期，包括生效日和终止日，共 6 个计算期
结算日：	每个计算期结束后的 5 个营业日，根据修正后的下一营业日惯例进行调整
结算营业日	新加坡、纽约
固定端详细信息：	
固定价格支付方	乙方
固定价格	310 美元/吨
浮动端详细信息：	
浮动价格支付方：	甲方
浮动价格：	对每个计算期间，为该期间内每日商品参考价格的算术平均值
商品参考价格：	"FUEL OIL - 380 CST SINGAPORE（CARGOES） - PLATTS ASIA - PACIFIC" 指在定价日当日每吨燃料油的价格，黏度不高于 380 厘斯，以美元计价，在普氏亚太上发表，标题为 "Singapore：HSFO 380 CST"，报告价格自定价日生效
指定价格：	普氏新加坡的平均值
定价日：	相关计算期内每个商品营业日
计算代理人：	甲方
文件：	ISDA 主协议下的确认书

4.6　期权结构

基于欧式、亚式互换和期权，我们可以进一步设计各种结构化策略。本节重点介绍消费者常用的期权对冲策略。

4.6.1　看涨期权价差和看跌期权价差

降低期权策略成本的常见策略之一是为期权收益设置封顶。看涨期权价差就是买入行权价为 K 的看涨期权，同时在更高的行权价 K′上卖出看涨期权。与此类似，看跌期权价差就是买入一个看跌期权的同时卖出行权价更低的一个看跌期权。图 4.11 为看涨期权价差和看跌期权价差的到期损益。由于成本降低，卖出期权的潜在风险敞口也较低，这个策略在场外市场很受欢迎。

在预期价格高于（低于）买入期权行权价但不会显著上涨（下跌）的情况下，这个策略很有效。

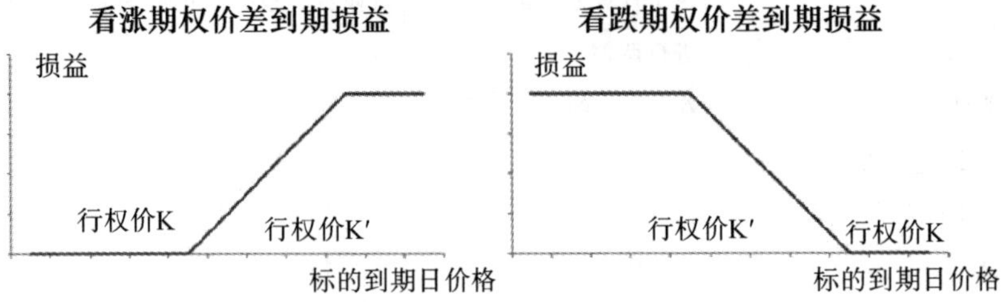

图 4.11 看涨期权价差和看跌期权价差的到期损益

4.6.2 领式、“三腿”和日历价差结构

认为价格将要上涨的消费者或投资者交易的领式结构包括买入看涨期权，同时卖出看跌期权为买入的看涨期权融资。也就是说，消费者承担价格跌破看跌期权行权价的风险，同时在价格上涨超过看涨期权行权价时获得保护。领式结构的到期损益如图 4.12 所示。

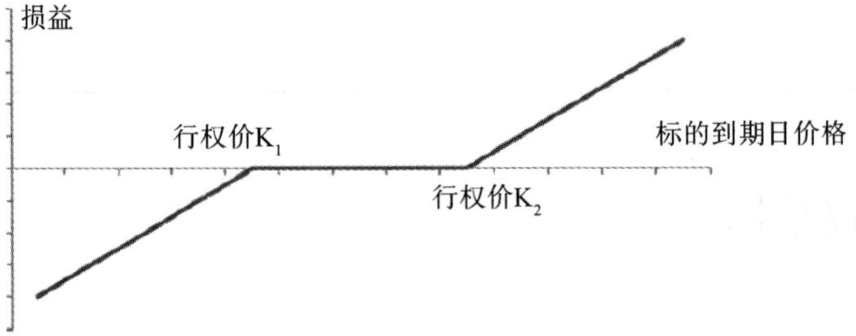

图 4.12 领式结构的到期损益

另一个同时买卖期权的结构是“三腿”策略（见图 4.13）。这一策略的目的是通过限制领式结构的收益来降低领式结构的成本。例如，消费者买入一个看涨期权价差（而非领式结构中的看涨期权）并卖出看跌期权为其融资。如果这个结构的初始成本为零，买入看涨期权的行权价和/或卖出看跌期权的行权价和领式结构相比可以得到改善。

除了出售同期限的期权，为购买其他期权融资，投资者还可以出售不同期限的期权。例如，投资者可以卖出期限 T′的看涨期权来为买入期限为 T

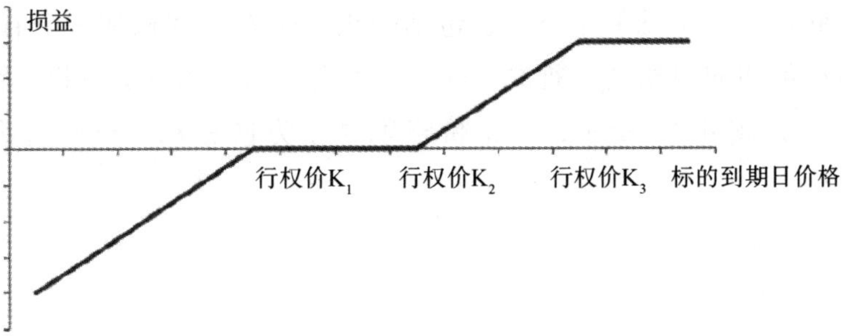

图 4.13　“三腿”结构的到期损益

（其中 T > T′）的看涨期权融资。在这种情况下，投资者押注价格将在 T 时高于看涨期权行权价格，并在 T′时价格在期权行权价格之下。这种期权结构称为日历价差或时间价差。在实践中，时间价差通常在期限较短的期权到期时平仓，以避免持有裸期权头寸（即不持有抵消头寸，如另一种期权或股票头寸）并降低保证金。当该策略用于股票等投资资产时，可以将其视为资产波动率的头寸。在商品市场，投机者比消费者使用这个策略更多，投机者用它来赌商品曲线形状的变化。

图 4.14 为日历价差期权中期限较短的期权到期时的损益。当标的资产价格在行权日 T′接近行权价时，时间价差期权产生收益。此时，卖出期权的价值接近于零，而买入期权的价值相当高。

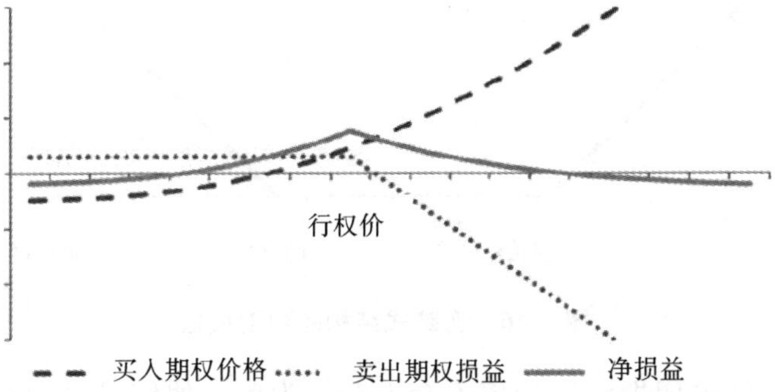

图 4.14　日历价差期权在近端期权到期日损益

4.6.3　跨式、宽跨式、蝶式结构

除了投机标的价格外，投机者还可以对标的未来的波动率投资。跨式结

构是用于此目的最常见的策略。它包括购买一个看涨期权和一个看跌期权，两者的行权价和期限相同。通常，行权价固定在当时的现货价格。跨式结构的到期收益如图 4.15 所示，无论价格朝哪个方向移动，投资者都可以有收益。

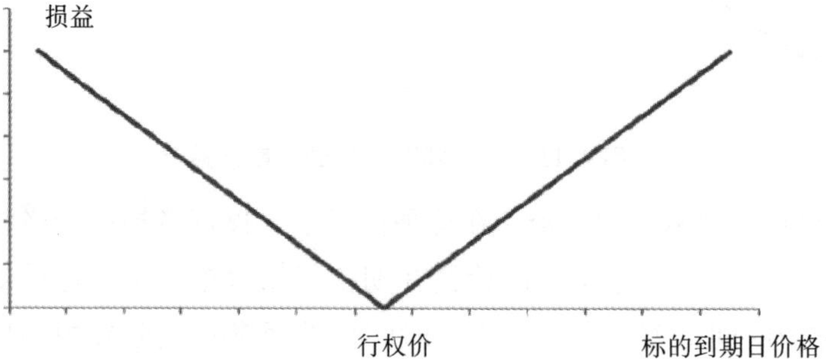

图 4.15　跨式结构到期损益

另一种成本更低的投机波动率的方法是使用一种宽跨式结构（见图 4.16）。宽跨式结构类似于跨式结构，但看涨期权和看跌期权的行权价不同。由于初始行权价都是虚值，降低了结构的权利金支出。

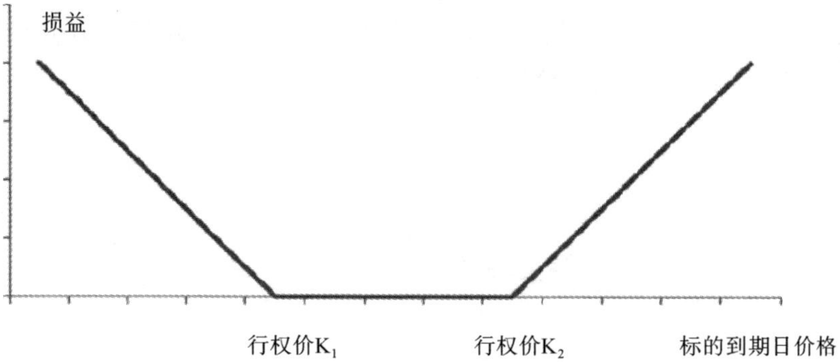

图 4.16　宽跨式结构的到期损益

投资者可能希望押注波动率不会上升。为此，他们可以做空跨式或宽跨式结构。然而，在实践中，做空（卖出）这些结构需要使用大量信用额度或准备大量的保证金，因为这些结构几乎肯定在交易到期时会发生现金流出。一个成本更低的方法是使用蝶式策略来兑现对波动率的看法。蝶式策略可以确保投资者当价格保持在一定范围之内时获得收益，如果价格超出范围，也不会导致损失。在这种情况下，唯一可能的损失是建立策略所支付的初始权利金。

蝶式策略的到期损益如图 4.17 所示。该策略可以使用看跌期权或看涨期权执行。它包括买入一个低行权价的看涨期权、卖出两个平值看涨期权，买入一个高行权价的看涨期权。

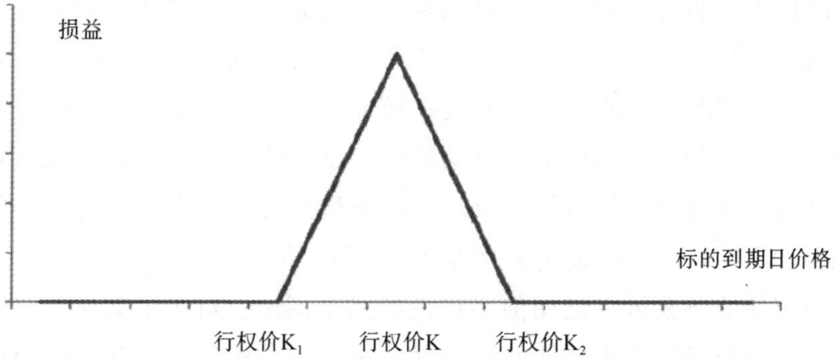

图 4.17　蝶式结构到期损益

4.6.4　带封顶的远期结构

最后，对冲者或投资者也可以将互换或远期与期权相结合，以实现更低的成本或更高的收益。最简单的策略之一是在买入远期的同时卖出看涨期权，这个策略称为备兑看涨期权或带封顶的远期（见图 4.18）。这限制了投资者的收益，同时获得卖出期权的额外收入，或者也可以用它改善远期价格。反过来，我们也可用带保底的远期，投资者买入一个看跌期权，以限制远期在下行方向的亏损。

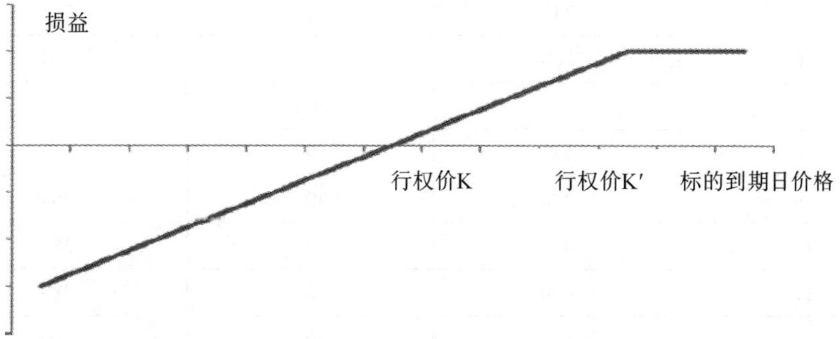

图 4.18　带封顶的远期结构到期损益

4.6.5 航运公司使用的带封顶的互换结构

我们假设前面讨论的航运公司可以将部分高价燃料油成本转嫁给客户。事实上，在过去几年里，当燃料油价格上涨时，航运公司普遍加收燃料附加费。这降低了企业对冲燃料油价格极端飙升的必要性。然而，如果航运公司过早征收燃料附加费或收取过高的费用，会损害其竞争力，给业务带来不利影响。在这种情况下，公司可以通过互换交易保护免受燃料油价格上涨的影响，同时放弃一些燃料油价格下跌的好处，以反映它们向客户收取燃料油附加费的能力。这通过带封顶的互换，即互换和卖出看涨期权（封顶）的组合来实现。卖出期权的权利金用于改善互换的行权价。

这个交易的条款可以借用前面讨论的两个例子。对于本案例，我们可以通过以下情景分析来说明可能的损益（见表 4.3、表 4.4）。我们假设航运公司买入互换的行权价为 300 美元/吨，卖出封顶的行权价为 330 美元/吨，即对价格上涨有 10% 的容忍度，超过这个水平，公司将通过征收燃料附加费补偿燃料油成本的进一步上涨。

表 4.3　　情景 1：价格上涨　　单位：美元/吨

月份	燃料油价格	带封顶的互换损益	燃料油净价格
1	300	0	300
2	305	5	300
3	315	15	300
4	328	28	300
5	341	30	311
6	360	30	330
7	357	30	327
8	372	30	342
9	390	30	360
10	411	30	381
11	419	30	389
12	436	30	406

表 4.4　　情景 2：价格下跌　　单位：美元/吨

月份	燃料油价格	带封顶的互换损益	燃料油净价格
1	295	-5	300
2	301	1	300
3	292	-8	300
4	283	-17	300
5	279	-21	300
6	271	-29	300
7	254	-46	300
8	246	-54	300
9	249	-51	300
10	239	-61	300
11	242	-58	300
12	235	-65	300

在第一个情景，互换锁定的净燃料油价格为 300 美元/吨（互换价格），当价格超出这个水平时，用燃料附加费补偿。运用这种策略，航运公司可以通过减轻燃料价格变动的影响，同时利用在极端市场条件下将成本转嫁给客户的能力，将其燃料支出固定在与当前远期价格相比具有吸引力的水平。

4.7　衍生品定价

下面我们从随机过程开始，介绍 Black - Scholes 公式的推导过程。

4.7.1　资产价格的随机过程

与线性损益的远期或期货不同，期权是非线性产品，其损益取决于行权时由标的价格触发的行权决策。远期或期货在到期时的价格与现货价格收敛，因此可以用现货头寸复制远期或期货的损益，而期权的非线性损益无法用现货头寸复制。因此，单用无套利关系不足以确定期权的价值。期权定价还需要了解资产的价格行为。具体来说，需要用价格的概率分布来为期权定价，同时需要与分布相关的若干假设和近似值。

资产价格变动的时间和幅度是随机的。我们称随时间推移以随机方式变动的变量（不一定是价格）遵循随机过程。在一个时间间隔内随机变量仅在固定时间点变化的，称为离散时间过程；在任何随机时间点变化的，称为连续时间过程。虽然我们可以确定价格变化的实际时间点，但为了便于数学处理，我们近似都按连续时间过程来处理，同样，我们也更喜欢使用连续变量，其中，变量变动的幅度在一定范围内是随机的（由其分布决定），而不像现实生活中实际的价格变动幅度是离散的。

4.7.2 布朗运动和维纳过程

最早观察到的随机过程之一是布朗运动。1827 年，罗伯特·布朗通过显微镜观察水中花粉颗粒的运动，指出这些颗粒的运动是不稳定和不可预知的。后来有人假设，随机运动是由于花粉颗粒与水分子的碰撞，佐证了原子和分子的存在。布朗运动后来在数学上被描述为维纳过程。维纳过程具有以下特性：

如果使用 W_i 表示维纳进程，则 $W_0 = 0$；

维纳过程的增量独立同分布（i. i. d）；

在短时间间隔 Δt 内的增量 ΔW 服从正态分布：$\Delta W \sim N(0,\ \Delta t)$。

其中，$N(0,\Delta t)$是均值为 0 、方差为 Δt 的正态分布。

增量 ΔW 通过从正态分布 $N(0,\Delta t)$取样并将值乘以时间间隔的平方根得到，即：$\Delta W = N(0,1)\sqrt{\Delta t}$

由于增量的独立性，维纳过程具有这样一个特性：变量未来的值仅与当前的值有关，而与过去的值无关。这称为马尔科夫特性，具有此特征的过程称为马尔科夫过程。通常假定资产价格遵循马尔科夫过程，因为有效市场已将所有可用信息反映在了资产价格中，只是在新信息到达时产生下一个增量。

广义维纳过程中随机变量的值除了遵循维纳过程随机变动外，还允许变量值漂移。变量 x 的广义维纳过程可表示为：

$$\Delta x = \mu \Delta t + \sigma \Delta W$$

其中 μ 和 σ 是常数。该过程单位时间内的漂移为 μ，标准偏差为 σ。我们喜欢用连续时间处理变量，而时间间隔 Δt 接近于 0，这里我们用符号 dx 表示 x 的微小变化。一个广义维纳过程的连续时间表达式为：

$$dx = \mu dt + \sigma dW$$

我们可以把漂移 μ 看作资产价格上涨的平均速率，σ 看作资产价格的标准差。然而，这不能视为资产价格过程的现实表述，因为资产价格上涨的平均速率与现行价格水平无关。对价格过程更恰当的表述是以投资者对资产的预期平均收益率作为漂移项，这把我们带入了几何布朗运动过程。对于价格为 S 的股票，几何布朗运动价格过程的模型为：

$$\frac{dS}{S} = \mu dt + \sigma dW$$

或

$$dS = \mu S dt + \sigma S dW$$

在这个价格过程中，μS 是股价在 dt 时间内的预期升值，而 μ 是预期收益率。

伊藤过程是 Wiener 过程的一个特殊情况，其中漂移和标准差是时间和变量本身的函数。它可以表示为：

$$dx = \mu(x,t)dt + \sigma(x,t)dW$$

其中，$\mu(x,t)$ 和 $\sigma(x,t)$ 是 x 和 t 的函数。此过程单位时间的漂移为 $\mu(x,t)$，标准偏差为 $\sigma(x,t)$，它们都随变量 x 和时间变化。

4.7.3　伊藤引理

伊藤引理是随机微分方程领域的一个重要数学成果。由于期权和其他衍生品的价值取决于标的的价格和期权的期限，标的价格的随机过程对衍生品定价至关重要。我们首先引入伊藤过程。

假设变量 x 遵循以下伊藤过程：

$$dx = \mu(x,t)dt + \sigma(x,t)dW$$

伊藤引理指出，对于任何两阶可导函数 F(x,t)，则遵循随机过程：

$$dF = \left(\frac{\partial F}{\partial t} + \mu \frac{\partial F}{\partial x} + \frac{1}{2}\sigma^2 \frac{\partial^2 F}{\partial x^2}\right)dt + \sigma \frac{\partial F}{\partial x}dW$$

这是一个伊藤过程，漂移项为$\left(\frac{\partial F}{\partial t} + \mu \frac{\partial F}{\partial x} + \frac{1}{2}\sigma^2 \frac{\partial^2 F}{\partial x^2}\right)$，方差为$\sigma^2\left(\frac{\partial F}{\partial x}\right)^2$。

伊藤引理的证明超出了本书的范围，但它可以看作泰勒级数展开在随机微分方程中的应用。

对于几何布朗运动过程：

$$dS = \mu Sdt + \sigma SdW$$

由伊藤引理，函数 F(x,t) 的过程为：

$$dF = \left(\frac{\partial F}{\partial t} + \mu S \frac{\partial F}{\partial S} + \frac{1}{2}\sigma^2 S^2 \frac{\partial^2 F}{\partial S^2}\right)dt + \sigma S \frac{\partial F}{\partial S}dW$$

如果我们将伊藤引理应用于函数 F = lnS，则可以得出 F 遵循的过程如下：

$$\frac{\partial F}{\partial t} = 0,\quad \frac{\partial F}{\partial S} = \frac{1}{S},\quad \frac{\partial^2 F}{\partial S^2} = -\frac{1}{S^2}$$

因此：

$$dF = \left(\mu - \frac{1}{2}\sigma^2\right)dt + \sigma dW$$

这意味着 lnS 服从恒定漂移速率$\left(\mu - \frac{1}{2}\sigma^2\right)$和恒定方差 σ^2 的正态分布：

$$\ln S(t) \sim N\left[\left(\mu - \frac{1}{2}\sigma^2\right)t, \sigma\sqrt{t}\right]$$

换句话说,S 是服从对数正态分布。因此,遵循几何布朗运动过程的股票价格是服从对数正态分布的(见图 4.19)。

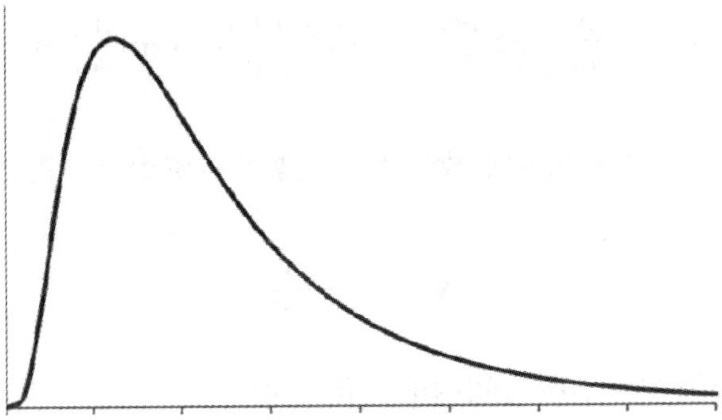

图 4.19　对数正态分布

这一结果构成了推导香草型期权 Black - Scholes - Merton 定价公式的基础，下面我们来推导这个公式。

4.7.4　Black - Scholes - Merton 期权定价公式

Black - Scholes 模型根据对市场的某些假设确定欧式期权的价格。我们将这些假设罗列如下：

(1) 市场上没有套利机会；

(2) 股价遵循几何布朗运动过程：

$$dS = \mu S dt + \sigma S dW$$

(3) 所有期限的利率相同且恒定不变；

(4) 股票在期权期限不支付任何股息；

(5) 没有税收或交易费用；

(6) 允许卖空股票且不受任何惩罚，以短期利率进行股票借贷；

(7) 允许股票拆分交易，证券交易是连续的。

Black - Scholes 公式的推导是基于创建一个无风险投资组合，该投资组合由衍生品和标的股票按一定比例构成。通过消除作为风险来源的维纳过程，使投资组合无风险。由于市场上不存在套利机会，这个无风险投资组合的收益率应与无风险利率相同，也是个常数。我们选择看涨期权 C 作为要定价的衍生品。C 遵循的过程是：

$$dC = \left(\frac{\partial C}{\partial t} + \mu S\frac{\partial C}{\partial S} + \frac{1}{2}\sigma^2 S^2\frac{\partial^2 C}{\partial S^2}\right)dt + \sigma S\frac{\partial C}{\partial S}dW$$

考虑做多看涨期权 C 和做空数量为$\frac{\partial C}{\partial S}$股票的投资组合，投资组合的价值为：

$$V = C - S\frac{\partial C}{\partial S}$$

投资组合价值在一小段时间内的变化是 dV：

$$dV = dC - \frac{\partial C}{\partial S}dS$$

将 dC 和 dS 的过程代入等式中，得到：

$$dV = \left(\frac{\partial C}{\partial t} + \frac{1}{2}\sigma^2 S^2\frac{\partial^2 C}{\partial S^2}\right)dt$$

因此，布朗运动过程 dW 被消除，投资组合瞬时无风险。另外，投资组合价值的变化应与以无风险利率投资于无风险债券的收益相同。因此：

$$dV = Vrdt$$

由此得到：

$$\left(\frac{\partial C}{\partial t} + \frac{1}{2}\sigma^2 S^2\frac{\partial^2 C}{\partial S^2}\right)dt = Vrdt$$

将 V 用 C 和 S 的表达式代入，得到：

$$\left(\frac{\partial C}{\partial t} + \frac{1}{2}\sigma^2 S^2\frac{\partial^2 C}{\partial S^2}\right)dt = \left(C - S\frac{\partial C}{\partial S}\right)rdt$$

上式可简化为：

$$\frac{\partial C}{\partial t} + rS\frac{\partial C}{\partial S} + \frac{1}{2}\sigma^2 S^2\frac{\partial^2 C}{\partial S^2} = rC$$

这就是 Black - Scholes - Merton 微分方程。方程的解取决于边界条件。这里的边界条件是衍生品 C 到期时的价值，即在时间 T 的值 max(0,S - K)。

无派息股票欧式看涨期权的 Black - Scholes 价格为：

$$C = S_0N(d_1) - Ke^{-rT}N(d_2)$$

其中：

$$d_1 = \frac{\ln(S_0/K) + (r + \sigma^2/2)T}{\sigma\sqrt{T}}$$

$$d_2 = \frac{\ln(S_0/K) + (r - \sigma^2/2)T}{\sigma\sqrt{T}} = d_1 - \sigma\sqrt{T}$$

在这里，$N(x)$是标准正态分布的累积分布函数。$N(x)$表示具有标准正态分布 $N(0,1)$的变量小于 x 的概率。它是图 4.20 中的阴影区域。

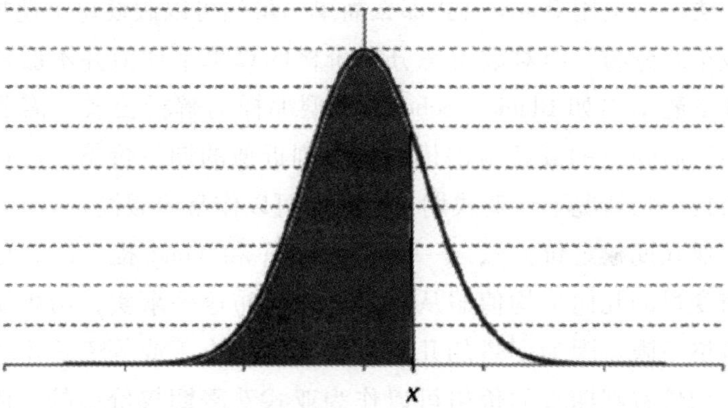

图 4.20　正态分布及累积概率分布（阴影区）

由看涨 - 看跌期权平价关系，可以得出同一行权价欧式看跌期权的价格：

$$P = Ke^{-rT}N(-d_2) - S_0N(-d_1)$$

至此，我们得出了无派息股票的欧式看涨期权的估值。对于派息的股票，股票价格可以根据期权在到期前累积的股息额相应调低，并对公式进行修正。对股息收益率为 q 的股票，欧式看涨期权的价格 C 和欧式看跌期权的价格 P 如下：

$$c = S_0e^{-qT}N(d_1) - Ke^{-rT}N(d_2)$$

$$p = Ke^{-rT}N(-d_2) - S_0e^{-qT}N(-d_1)$$

其中：

$$d_1 = \frac{\ln(S_0/K) + (r - q + \sigma^2/2)T}{\sigma\sqrt{T}}$$

$$d_2 = \frac{\ln(S_0/K) + (r - q - \sigma^2/2)T}{\sigma\sqrt{T}} = d_1 - \sigma\sqrt{T}$$

Black 期货期权定价公式也源于上述结果。下面我们讨论亚式期权的定价方法。

4.7.5 亚式期权定价

亚式互换和期权是许多大宗商品对冲策略的基本组成部分。亚式期权定价和对冲方法不像使用 Black 公式那么简单。虽然可以假设每个期货合约的价格服从对数正态分布，但对数正态分布价格的算术平均值并不服从对数正态分布，因此不能给出如 Black－Scholes 模型那样的解析公式。需要用数值方法，如我们稍后介绍的蒙特卡洛模拟，得到近似的期权价格。然而，为了在不使用数值技术的情况下给亚式期权定价，可以作某些假设。

最早的亚式期权定价方法之一是由 Kemna 和 Vorst 提出的，他们利用对数正态分布变量的几何平均值服从对数正态分布这一事实，给出了算术平均价期权的价格下限。因为变量的几何平均值始终小于或等于算术平均值，所以，几何平均价看涨期权的价格可以作为亚式看涨期权价格的下限。他们还证明，单一标的的亚式期权在进入平均期间之前的价格低于欧式期权的价格。因此，通过计算几何平均价格期权和欧式期权的价格，我们可以得出亚式期权的价格区间。对于对数正态分布变量的几何平均值，可以通过将资产的增长率从 r 调整到$\left(r-\frac{\sigma^2}{6}\right)/2$，并将波动率缩小到$\frac{\sigma}{\sqrt{3}}$得出平均价格期权的价格。我们得到几何平均价看涨期权的表达式：

$$G_c = e^{-rT}\left[S_0 e^{\frac{1}{2}\left(r-\frac{\sigma^2}{6}\right)T} N(d_1) - KN(d_2)\right]$$

其中：

$$d_1 = \frac{\ln(S_0/K) + \frac{1}{2}(r + \sigma^2/6)T}{\sigma\sqrt{\frac{1}{3}T}}$$

$$d_2 = d_1 - \sigma\sqrt{\frac{1}{3}T}$$

上式给出了算术平均价期权的价格下限。将这个方法与蒙特卡洛法结合，Kemna 和 Vorst 得出了亚式期权的价格。

当计算平均值的期间短于期权的期限时，如商品中常见的月度亚式期权，需要调整上述计算公式中的波动率。期权的方差是计算平均值之前这段时间的方差和与计算平均值期间（已缩小，如上）的方差之和。这个方差虽然高于从期权生效日开始计算平均价的方差，但仍低于同期限香草型欧式期权的方差。这使得亚式期权比欧式期权更便宜，对对冲者更有吸引力。

Kemna 和 Vorst 使用几何平均价期权的解析表达式来降低蒙特卡洛模拟结果的方差。蒙特卡洛模拟是一种数学技术，通过产生许多可能的随机变量路径来模拟随机过程的行为和潜在结果。这是一种假设情景分析（what – if）方法，通过对一个或多个变量随机抽样产生许多情景，计算每个情景下的结果。当用于期权定价时，Monte Carlo 模拟根据标的资产价格分布生成多个样本价格路径，用来给衍生品定价。蒙特卡洛模拟是有用的期权定价技术，尤其是对与路径相关的期权，如亚式期权，没有计算衍生品价格的解析公式可用。蒙特卡洛模拟用于期权定价的计算量很大，但由于算力越来越便宜，这个问题已不再那么令人担心。

蒙特卡洛模拟的步骤如下：

（1）识别影响衍生品价值的变量（标的资产、价格、波动率、相关系数、利率等），选择其中最重要的变量，并对其余变量作出假设。

（2）根据标的变量（如价格）的分布采样，生成衍生品存续期内的价格路径。变量的分布根据上一步的假设选择。

（3）计算特定价格路径下衍生品的收益。

（4）重复生成样本路径（迭代），并计算足够多路径的收益率。选择的路径数量取决于可用的计算资源和要求的精度（根据预期收益率的变动幅度）。

（5）计算所有价格路径下衍生品收益现值的平均值和标准差，或收益分布。

对于具有多个风险变量，并且变量之间存在相关性的衍生品或衍生品组合，蒙特卡洛模拟是首选的估值方法。

为了减少对数值方法的依赖，几位作者提出了亚式期权定价的近似公式。一种方法是使用近似的价格分布。Turnbull 和 Wakeman 用一个对数正态分布来近似若干个对数正态分布算术平均值的分布，使近似分布和实际分布的前四阶矩（使用 Edgeworth 展开）相同。Levy 对这种方法进行了简化，只用分布的前两个阶矩（使用 Wilkinson 近似），并且认为对数正态分布假设足以满足对近似精度的要求。这两种近似方法在较低波动水平（低于 20%）和期限较短时表现良好。对于类似欧式期权的期权（即平均价计算周期与期权期限相比较小，而且在远期开始计算平均价）表现更好。当波动率高于 20% 且期权深度实值时，Levy 的近似方法不太准确。

当开始计算平均价时，部分用于计算最终平均值的观测值已经已知，亚式期权的行为会发生变化。这降低了到期时平均值分布的方差，相当于降低了期权的名义数量并使实际行权价发生了改变，因而降低了期权的价格。平均法具有改变期权实际行权价的效果，具体分析如下。

行权价为 K 的平均价看涨期权的到期收益表达式为：

$\max[A(t,T)-K,0]$

其中，$A(t,T)$ 表示 t 到 T 期间的平均价格。

在时间 t_1，其中 $t<t_1<T$，t 和 t_1 之间的价格已知，因此，平均价格 $A(t,t1)$ 在此期间也是已知的。平均价格期权的收益可以写作：$\max\left[\frac{A(t,t_1)(t_1-t)+A(t_1,T)(T-t_1)}{(T-t)}-K,0\right]$。其中，平均值的计算方式是按观测时间加权已知部分和未知部分的平均值。这等同于$\frac{(T-t_1)}{(T-t)}\max[A(t_1,T)-K',0]$。其中：

$$K'=\frac{T-t}{T-t_1}K-\frac{t_1-t}{T-t_1}A(T,t_1)$$

因此，在计算平均价期间，实际行权价从 K 变为 K′。在某些情况下，期权的实际行权价会变为负值，这意味着该期权一定会被行权。在这种情况下，亚式期权比相应的欧式期权更有价值。

亚式期权还有一些其他的定价方法，对于这个问题有很多文献资料。在这方面比较突出的方法包括：

（1）偏微分方程法（PDE）；

（2）二叉树法；

（3）变换法，包括拉普斯变换和快速傅立叶变换。

4.8　本章小结

本章介绍了燃料对冲衍生品的基础知识。我们遇到了估值挑战，并试图通过有效市场和无套利理论来克服这些挑战。从理论讨论开始，这帮助我们掌握不同资产现货和远期价格之间的关系。在为诸如期权等基础衍生品找到一个可行的定价框架之前，必须处理复杂的随机微积分、伊藤引理以及 Black - Scholes 公式的推导问题。有了期权定价的基础，可以转向计算期权的希腊字母，并将此发现推广到亚式期权。

然而，这只是讨论衍生品定价的开端，我们所做的假设大大简化了这个过程。例如，不仅假设所有可用信息都已反映在资产的价格当中，而且还假设信息始终以恒定速率（同方差性或恒定方差/波动率）到达。我们认为，Black - Scholes 公式的重大突破是市场参与者通过明确定义标的资产的参数——隐含波动率，就使一种简化的期权价格谈判框架成为共识。

在以下章节中，我们将研究 Black - Scholes 框架的局限性和商品市场的特点，这些特点影响衍生品定价，还将介绍在商品市场十分流行的奇异对冲结构。

第 5 章

高级对冲策略和远期曲线动态变化

世界上的人分两种：能和不能从不完整数据中作出推断的人。

在寻求优化和精细化风险承担的过程中，投资者的需求推动了个性化衍生品的发展，这些产品后来作为定制对冲解决方案被引入大宗商品市场。对复杂产品需求的增长得益于产品估值能力的提升。这些产品对估值能力的要求远高于 Black - Scholes 公式，为了对各种新的期权到期损益准确估值，在对市场价格行为建模时需要更大的灵活性。在本章中，我们将介绍一些高级的对冲结构，重点讨论这些衍生品估值的特殊问题。我们首先回顾互换和基于期权的结构，并讨论在燃料对冲中使用期权的理由。然后介绍波动率曲面，以及它与“多腿”期权结构定价和风险管理的关系。我们引入了提前到期期权的概念，并详细介绍了瞬时波动率曲面的构造及其在互换期权等常见结构定价中的应用。最后，我们介绍一些重要的期限结构模型，这些模型考虑了原油价格波动的特殊性。

5.1 互换和基于香草型期权的结构

在第一节中，我们首先回顾使用远期和香草型期权的基本燃料对冲策略，以及使用期权进行对冲的理由。

燃料消费者根据自己的风险敞口和对市场的看法选择买卖香草型期权来对冲未来的价格风险。尽管从经济角度来看这些结构很简单，但只有充分理解结构的各个部分如何相互作用，才能确保在交易执行前公平定价和交易后精确估值、计量风险、执行风险缓释策略。

5.1.1　零成本结构和期权的应用

航空和航运公司经常购买期权来对冲燃料风险或降低衍生品交易带来的下行风险。购买期权需要现金来支付权利金。因此，必须清楚了解期权价格以及购买期权能够降低多少风险。交易所交易的标准期权价格很容易得到。期权的价格取决于对未来价格波动率的预期。因此，跟踪隐含波动率和理解其随时间变化的主要驱动因素同样重要。

购买燃料价格看涨期权可能是防止油价上涨最有效的策略。然而，由于能源价格的高波动性，这些期权交易成本非常高，购买此类期权可能会严重影响公司的现金流，进而损害其竞争力。燃料对冲者通常非常不愿意提前支付现金或付出持有成本进行套利交易。他们通常更喜欢零成本结构（进入交易的成本为零），如纯互换、期权的零成本组合或奇异结构。用期权进行对冲，传统上主要有两个目的。

（1）限制下行空间

对于消费者来说，使用远期锁定燃料购买价格意味着放弃燃料价格下跌的收益。对于航空公司而言，如果其他航空公司没有对冲并将燃料价格下跌的全部或部分收益转移给客户，放弃燃料价格下跌的机会会影响公司的竞争力。使用期权将衍生品的损失限定在预定的水平，有助于保护燃料消费者免受零成本对冲的不利影响。在后面的章节中，我们将讨论燃料价格大幅下跌对公司现金管理的影响，如果衍生品对冲是有抵押的，还需要为盯市损失提交抵押品。

（2）提高（降低）购买价格

一些燃料对冲者更在意是否获得了较低的购买价格，并不介意放弃燃料价格跌破他们目标价的潜在好处。他们有时卖出行权价等于或低于目标价的看跌期权，来提高零成本对冲结构的经济性。另一些人则使用期权来表达他们对市场价格的看法。譬如，如果预计燃料价格不会超过某一水平，就卖出行权价在该价格水平或该价格水平之上的看涨期权。

5.1.2 杠杆互换

互换与卖出期权或期权序列的组合称为“杠杆互换”。例如，在杠杆互换中，燃料消费者：

- 如果浮动价格高于固定价格 X，则以价格 X 买进名义数量 N 的燃料；
- 如果浮动价格低于固定价格 X，则以价格 X 卖出更多名义数量 M（例如 2N）的燃料。

这里的浮动价格是指标的商品的价格。例 5.1 为杠杆互换的例子，图 5.1 为杠杆互换的到期损益。

例 5.1——杠杆互换条款

交易双方：	客户和银行（对冲交易商）
WTI 价格：	纽约商品交易所 WTI 原油期货首行合约（月平均值）
生效日：	交易日后下个日历月开始
到期日：	生效日 +2 年
终止日：	到期日 +2 周
名义数量：	每月 50,000 桶
计算期间：	从生效日期开始至最终到期日的每个日历月
付款日：	每个计算期结束后 2 周
固定价格：	50 美元/桶
结算金额：	在每个计算周期的付款日期： （1）如果 WTI 价格 < 固定价格，客户支付 2 × 名义数量 ×（固定价格 − WTI 价格） （2）如果 WTI 价格 > 固定价格，客户收名义数量 ×（WTI 价格 − 固定价格）

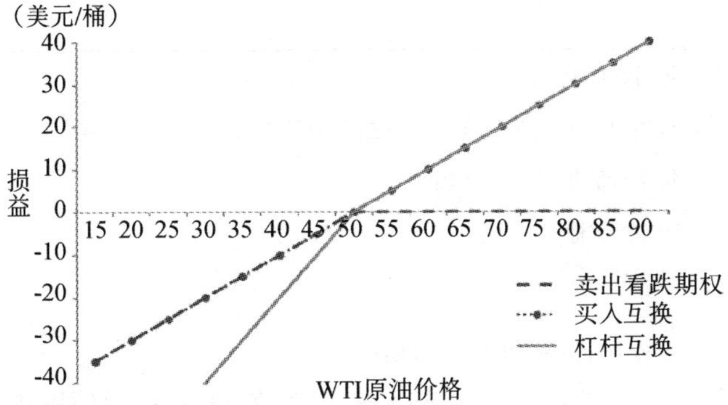

图 5.1　杠杆互换的到期损益

上述结构可概括如下：

以价格 X 买入杠杆互换 = 以价格 X 买入互换 + 卖出行权价为 X 的看跌期权

杠杆互换的价格 X 低于当前的香草型互换价格，两者的差额等于未贴现的期权价格。

在上述杠杆互换条款中，区分实际对冲量和“名义数量”十分重要。在这个杠杆互换结构中，消费者的下行风险是基于两倍的名义数量。在交易时必须考虑这一点，保持整个对冲组合在下行方向总的名义数量低于预期的燃料消费总量（避免过度对冲）。

5.1.3　带封顶的互换

在前一章中讨论的带封顶互换中，燃料对冲者不是出售看跌期权以改善互换价格，而是出售看涨期权，期权的行权价与对冲者预期市场价格波动范围的上限一致（见例 5.2）。现行互换价格与带封顶的互换价格之间的差相当于未贴现的期权价格。

例 5.2——带封顶的互换

交易双方：	客户和银行（对冲交易商）
WTI 价格：	纽约商品交易所 WTI 原油期货首行合约（月平均值）
生效日：	交易日后下个日历月开始
到期日：	生效日 +2 年
终止日：	到期日 +2 周，视展期条款而定

续表

名义数量：	每月 50,000 桶
计算期间：	从生效日开始至最终到期日的每个日历月
付款日：	每个计算期结束后 2 周
固定价格：	50 美元/桶
封顶价格：	80 美元/桶
结算金额：	在每个计算周期的付款日期： （1）如果 WTI 价格 < 固定价格，客户支付名义数量 ×（固定价格 - WTI 价格） （2）如果固定价格 < WTI 价格 < 封顶价格，客户收名义数量 ×（WTI 价格 - 固定价格） （3）如果 WTI 价格 > 封顶价格，客户收名义数量 ×（封顶价格 - 固定价格）

上述结构可概括如下：

以价格 X 买入带封顶的互换 = 以价格 X 买入互换 + 卖出行权价为 Y 的看涨期权

5.1.4 带保底的互换

在带保底的互换中，燃料对冲者通过购买看跌期权（见图 5.2）来限制互换交易中的下行风险。结构仍然是零成本，即在交易时没有现金支出。例 5.3 为带保底的互换的例子，在例子中特别强调了结算金额的计算方法。

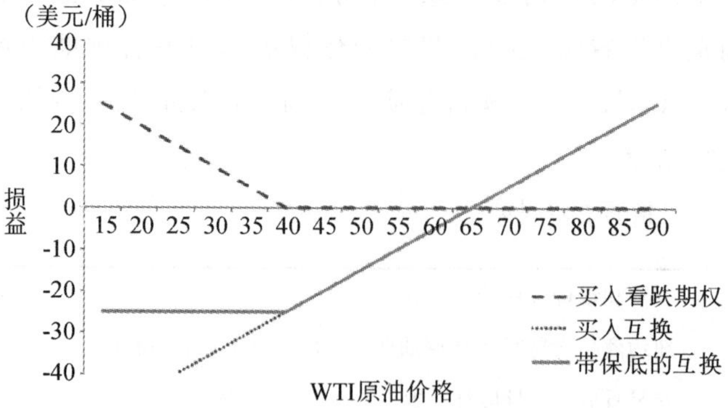

图 5.2 带保底的互换的到期损益

例 5.3——带保底的互换

固定价格：	65 美元/桶
保底价格：	40 美元/桶
结算金额：	在每个计算周期的付款日： （1）如果保底价格 < WTI 价格 < 固定价格，客户付名义数量 ×（固定价格 - WTI 价格） （2）如果 WTI 价格 < 保底价格，客户支付名义数量 ×（固定价格 - 保底价格） （3）如果 WTI 价格 > 固定价格，客户收名义数量 ×（WTI 价格 - 固定价格）

上述结构可概括如下：

以价格 X 买入带保底的互换 = 以价格 X 买入互换 + 买入行权价为 Y 的看跌期权

带保底的互换中价格 X 高于现行互换价格，价差相当于未贴现的权利金。

前面我们讨论了一些由互换和期权构成的简单结构。在讨论“多腿”期权结构之前，我们首先讨论波动率曲面。

5.2　波动率曲面

大多数市场专业人士都被资产价格服从对数正态分布的假设吸引，因为基于这个假设的衍生品定价方法表达简单、计算方便。然而，统计检验表明，这个假设是无效的，能源价格收益率分布表现出偏度和十分显著的峰度特征。期权市场通过对不同行权价的期权给予不同的波动率来反映这个特点，这与对数正态分布并不一致。可以预见，当应用 Black - Scholes 模型时，由期权价格得出的隐含波动是不同的。为了避免寻找一个全新的模型，业界保留了 Black - Scholes 定价公式，同时用波动率曲面取代波动率期限结构。波动率曲面是波动率期限结构的组合，它给出了不同期限和行权价期权的隐含波动率报价（见图 5.3）。

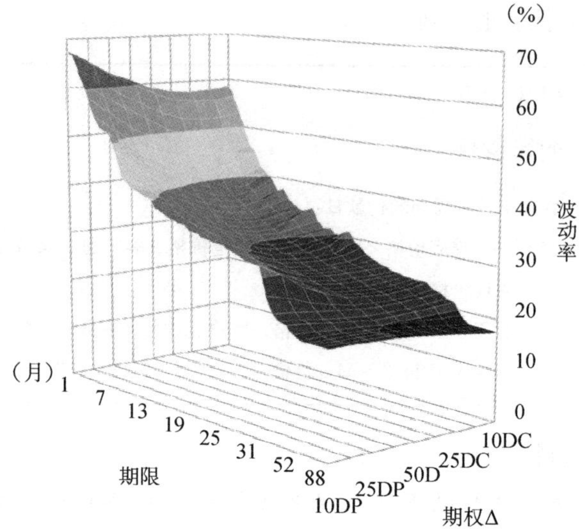

图 5.3　波动率曲面

对于每个期货合约，使用相关的欧式标准期权可得到各个行权价对应的隐含波动率。这有助于确定每个期货合约的波动率“微笑”和偏度。波动率作为期权行权价的函数，如果波动率曲线向下倾斜（这在股票中很常见），则称为波动率偏度图。在这种情况下，行权价格较低的期权的波动率更高。虚值期权的波动率高于平值期权波动率的波动率曲线被称为波动率“微笑”。波动率曲面由所有合约的波动率数据构建而成，包括所有行权价的隐含波动率期限结构。

波动率曲面的形状对交易员非常重要，因为它传递了市场对价格风险看法的宝贵信息。例如，行权价低的期权的隐含波动率较高，表明市场参与者担心价格会下跌。某一期限的波动率高，表明对该期限的价格水平缺乏共识或确定性。在衍生品定价和风险管理上，波动率曲面在商品衍生品的整个存续期管理中至关重要，包括定价和执行、希腊字母计算和价格风险对冲、动态对冲和再平衡、现有交易平仓或重组。因此，需要努力理解波动率曲面的形状，在定价时选择正确的隐含波动率，而不是将一个波动率用于所有合约。否则，不仅老练的对冲交易对手会利用这种信息不对称，而且还会导致交易组合估值和风险管理的差错。

隐含波动曲面的形状取决于不同行权价期权的供给和需求。为了给期权定价，市场参与者倾向结合他们对现货市场的了解来考虑期权的市场需求。例如，把对某个行权价期权的需求与商品的边际生产成本相关联。许多市场参与者对行权价在最低边际生产成本之下的看跌期权给予了较低的估值。是基于这样一个假设，即当销售价格低于最低边际生产成本时，生产商将停止生产商品。然而，已经证明这个假设是不准确的。在一些情况下，即使价格低于生产成本，商品生产商仍然会继续生产。其中的原因可能是为了履行合同承诺，或为了避免关闭成本，或企业预期价格会恢复。也有生产商用衍生品进行对冲的情况，以确保最低销售价格能够覆盖成本。这种对冲非常普遍，通常矿业项目的资金方有这种要求。因此，在考虑行权价接近商品生产成本的期权时，必须考虑所有生产商的对冲覆盖率和对冲量。

影响波动率曲面和某些行权价期权供求的另一个因素是结构化产品和奇异产品的动态对冲。这些产品的动态对冲交易有时被市场参与者误以为是由现货市场活动引起的。期权市场主要是金融市场，它吸引了各种各样的交易者，其动机可能与标的现货市场无关。期权市场虽然与标的现货市场密切相关，但也有其自身的特点。对期权对冲和风险管理技术的误解，会使市场参与者对生产商行为的判断出现偏差。

5.3　“多腿”结构

在为由多个期权构成的结构定价时，为确保定价准确，必须将其视为一个整体。在这种情况下，对波动率曲面的理解尤其重要。

5.3.1　零成本领式结构

为了防止燃料价格上涨，燃料消费者可以购买看涨期权。如果消费者准备限制其从燃料价格下跌中获得的潜在收益，也可考虑出售看跌期权，以便为购买看涨期权融资，从而创建一个无初始成本的对冲结构（见例 5.4）。燃料消费者可以容忍燃料成本一定程度的波动，因为他们可以消化燃料成本，也可以将其转嫁给客户。领式结构对这类消费者很合适，因为它确保将净燃料购买价格控制在看跌期权和看涨期权行权价中间。

例 5.4——领式结构的结算条款

看涨期权行权价：	78 美元/桶
看跌期权行权价：	50 美元/桶
结算金额：	在每个计算周期的付款日： （1）如果 WTI 价格 < 看跌期权行权价，客户支付名义数量 ×（看跌期权行权价 − WTI 价格） （2）如果 WTI 价格 > 看涨期权行权价，客户收名义数量 ×（WTI 价格 − 看涨期权行权价）

通过运用这种领式结构，燃料消费者可以确保其净燃料成本在领式结构行权价范围内。

5.3.2 “三腿”结构

燃料消费者通常通过出售虚值看涨期权来提高领式结构的经济性。由此形成的结构称为“三腿”结构（见例 5.5）。

例 5.5——三腿结构的结算条款

看涨期权行权价：	78 美元/桶
看跌期权行权价：	48 美元/桶
封顶价格：	93 美元/桶
结算金额：	在每个计算周期的付款日： （1）如果 WTI 价格 < 看跌期权行权价，客户支付名义数量 ×（看跌期权行权价 − WTI 价格） （2）如果封顶价格 > WTI 价格 > 看涨期权行权价，客户收名义数量 ×（WTI 价格 − 看涨期权行权价） （3）如果 WTI 价格 > 封顶价格，客户收名义数量 ×（封顶价格 − 看涨期权行权价）

使用这种结构，燃料消费者降低了出售的看跌期权的行权价格，同时放弃了部分上行的潜在收益。

5.3.3　风险逆转及其对冲

领式结构也称为风险逆转，其价格对隐含波动率偏度非常敏感。看涨期权和看跌期权隐含波动率的差反映了这些期权供需的不平衡，提供了关于市场情绪的宝贵信息。看涨期权的隐含波动率高于看跌期权，表明对冲者更担心价格上涨而不是价格下跌。

交易员还利用风险逆转作为建立波动率偏度头寸的工具。例如，如果交易员认为看涨期权的隐含波动率与看跌的隐含波动率相比过高，他/她可以考虑卖出看涨期权、买入看跌期权，同时对期权进行 Delta 对冲免疫以防止头寸受价格变化影响（见图 5.4）。这使交易员拥有纯粹的隐含波动率差价头寸。

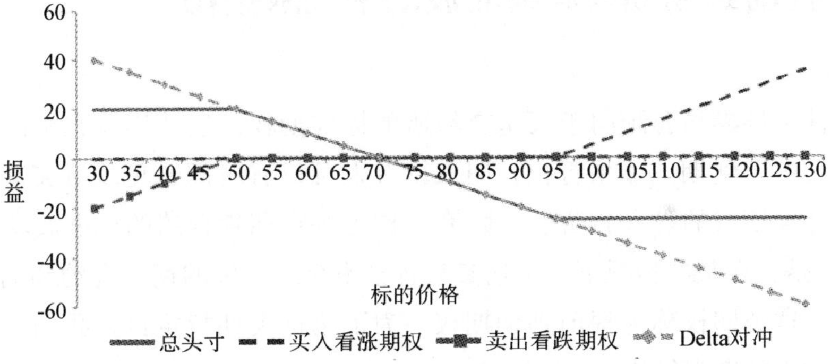

图 5.4　风险逆转头寸的 Delta 对冲

对于交易台来说，风险逆转的风险管理比较棘手。在 Delta 对冲后，交易台希望每个期权希腊字母，如 Vega、Gamma 和 Theta 可以互相抵消。常见的选择风险逆转行权价的做法是让看涨期权和看跌期权的希腊字母相近，从而使这些期权的希腊字母互相抵消。然而，随着期货价格的变动，残余的希腊字母会发生变化。随着价格的变动，行权价接近市场价的期权的 Gamma、Vega 和 Theta 上升，而行权价远离市场价的期权的 Gamma、Vega 和 Theta 下降。如果远期价格接近或高于看涨期权行权价，风险就类似于看跌期权价差，这不是 Gamma、Vega 和 Theta 中性。相反，当远期价格接近或低于看跌期权行权价时，该结构变得类似于看涨期权价差，这也不是 Gamma、Vega 和 Theta 中性。

此外，当整体隐含波动率水平上升时，虚值看跌期权和虚值看涨期权 Delta 的绝对值增加，Delta 变化加起来，使整体头寸也不是 Delta 中性。

尽管看涨期权与看跌期权的 Vega、Gamma 和 Theta 可以抵消，但他们的 Vanna 符号相反，在风险逆转结构中是加总的：

$$\text{Vanna} = \frac{\partial \text{vega}}{\partial S} = \frac{\partial \text{delta}}{\partial \sigma} = \frac{\partial^2 V}{\partial S \partial \sigma}$$

Vanna 是监控风险逆转的一个重要希腊字母。它是期权价值的二阶偏导数，一次是对标的价格的，一次是对波动率的。这相当于期权 Vega 对价格变化的敏感性，或期权 Delta 对波动率变化的敏感性。Vanna 可以帮助交易员预测并控制这些残余风险的演变。

5.4 提前到期期权和瞬时波动率期限结构

原油市场参与者倾向于买卖交易所的标准期权，这些期权在标的期货合约到期前三天到期。如果行权，期权持有人可以有时间避免现货交割。这些交易所标准期权的隐含波动率“微笑”称为特定期货合约的标准波动率“微笑”。但是，在某些情况下，市场参与者希望交易比标的期货合约到期早得多的期权。这类期权称为提前到期期权，为了给这类期权定价，我们需要理解瞬时波动率的期限结构。

5.4.1 萨缪尔森效应与库存理论

对能源期货合约历史波动率的观察表明，期货合约的波动率往往随着临近到期而上升。在合约最后 6 至 12 个月中，波动率上升更为明显。这种现象称为萨缪尔森效应。

与其他资产类别（如股票或外汇）不同，持有成本套利在大宗商品市场并不总是可行的。因此，线性的即期－远期平价关系并不总是成立。假使即期和远期之间存在显著的线性关系，这意味着远期曲线的长端和短端存在高相关性和相近的波动率水平，实际上，多数大宗商品并非如此。

根据库存理论，假设现货和远期相关，存在如下关系：

$$F_{t_0,T} = S_{t_0} e^{\int_{t_0}^{T} (r_t - c_t) dt}$$

另外，还假设利率和便利收益率恒定，分别等于 R 和 C。

每日期货价格 F 的对数收益率如下：

$$\ln\left(\frac{F_{t+1,T}}{F_{t,T}}\right) = \ln\left(\frac{S_{t+1}}{S_t}\right) - \int_t^{t+1}(R - C)\,dt$$

上述公式表明，持有现货和持有期货收益之差等于持有成本（根据便利收益和利率，结果为正或负）。由此我们可以推断，当利率和便利收益率保持不变时，期货合约的波动率等于现货的波动率，即：

$$\mathrm{stdev}\left[\ln\left(\frac{F_{t+1,T}}{F_{t,T}}\right)\right] = \mathrm{stdev}\left[\ln\left(\frac{S_{t+1}}{S_t}\right)\right]$$

当商品可以存储并随时可用时，萨缪尔森效应就不那么明显了，因为曲线某一部分的大幅波动和冲击会传播到期限结构的其余部分。持有成本套利交易以及回购交易（出售和购回）有助于使期限结构的不同部分之间保持联系。萨缪尔森效应通常在存储困难或存储成本高昂的市场中更为明显。对于无法存储和未来交收存在不确定性的商品，对现货价格的冲击难以向远期曲线的远端传递。

容易储存和保管的商品往往表现得像货币，其期限结构主要由利率和回购利率决定。正因为如此，贵金属（黄金、白银、铂金、钯金等）像货币一样建模和交易。

5.4.2　能源期货合约的隐含波动率

能源期货期权市场是获得期货合约波动率市场预期的一个主要信息来源。期权市场用期权价格倒推隐含的预期波动率水平。长期以来，一直用 Black - Scholes 模型从期权价格中计算隐含波动率。在某些场外期权市场，如外汇期权市场，直接用 Black - Scholes 隐含波动率给期权报价，而不是直接报期权的价格。

然而，由于能源市场存在萨缪尔森效应，使用 Black - Scholes 模型来计算隐含波动率在概念上是不适当的，这违反了 Black - Scholes 公式对同质性（波动率为常数）的基本假设，如图 5.5 所示。尽管如此，业界仍然使用 Black - Scholes 隐含波动率，因为它便于交易员和其他市场参与者之间沟通。

交易所期权合约只有有限的几个到期日，通常在相关期货合约（主要能

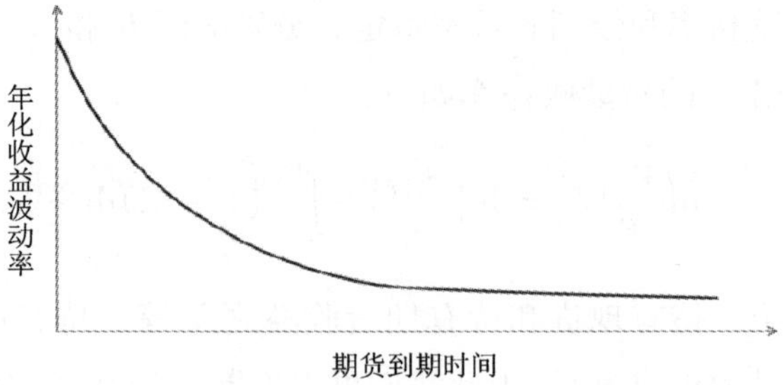

图 5.5　商品历史波动率的反向市场结构

源商品）到期前三天左右到期。因此，用交易所期权来推导在期货合约到期前到期的 Black - Scholes 隐含波动率。

然而，用 Black - Scholes 隐含波动率给提前到期期权定价会导致高估期权价格。这是因为提前到期期权在存续期内的波动率相对于期货合约到期前几个月的波动率更低（见图 5.6）。这意味着提前到期期权的隐含波动率应低于交易所期权的隐含波动率。

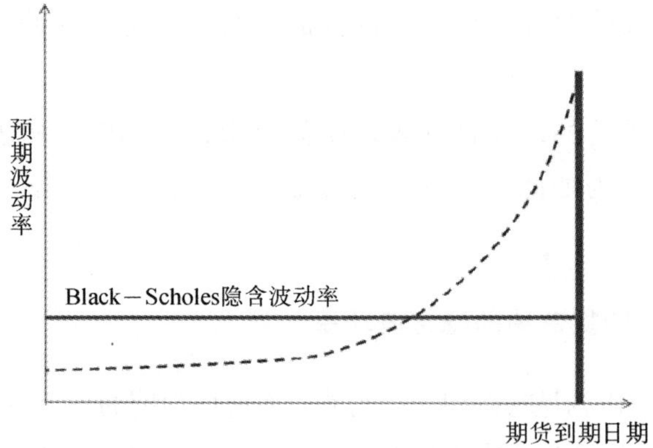

图 5.6　Black - Scholes 隐含波动率与商品期货波动率演化过程比较

5.4.3　瞬时波动率期限结构的构建

为了给提前到期期权（期限比交易所期权短的期权）定价，我们引入瞬时波动率期限结构[①]的概念，用来解释期货合约在接近到期时波动率的演变方

① 原文称为“early - expiry profile”，直译为“提前到期结构”，意译为“瞬时波动率期限结构”。——译者注

式。瞬时波动率期限结构需要认真构建，以最大限度地减少套利机会，同时将其校准至市场价格也十分重要。瞬时波动率期限结构的校准需要考虑以下因素。

（1）月度合约 Black - Scholes（B - S）隐含波动率的期限结构给出了隐含波动率随时间的变化。瞬时波动率期限结构曲线的形状在一定程度上受 B - S 隐含波动率期限结构形状（见图5.7）的影响。这种隐含波动率期限结构与前面讨论的历史波动率的反向市场结构是一致的。根据 B - S 隐含波动率不随时间变化的假设，近月合约的波动率可以作为期限一个月的期货合约的预期波动率。

（2）为了使标准期权的定价无套利机会，提前到期期权的波动率应与相应期货合约的 B - S 隐含波动率一致。为此，一种方法是确保期货合约的到期方差等于 B - S 隐含波动率的平方乘以期限。到期方差等于期货合约每日方差的总和。在无套利情况下，B - S 隐含波动率与每日波动率之间的关系如下：

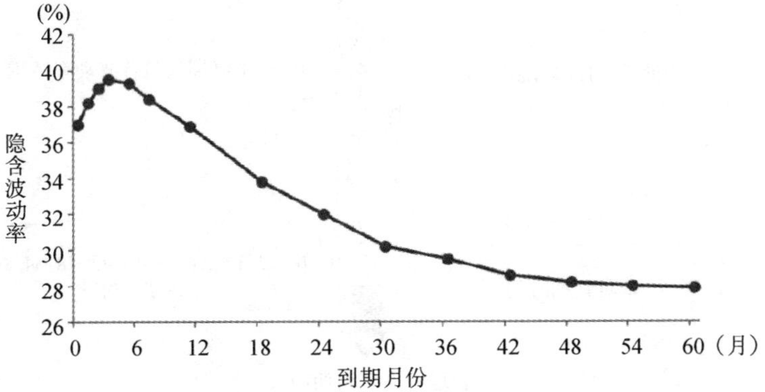

图5.7　WTI 原油 Black - Scholes 隐含波动率期限结构

$$\sigma_{implied}^2 T = \int_0^T \sigma_F^2(\tau)\,d\tau$$

或

$$\sigma_{implied}^2 = \frac{1}{T}\int_0^T \sigma_F^2(\tau)\,d\tau$$

以图形描述（见图5.8）：

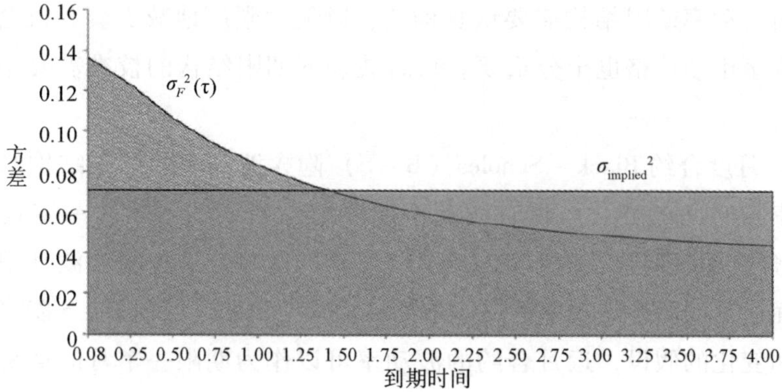

图 5.8 Black－Scholes 隐含方差和到期方差

图5.8中灰色区域等于$\sigma_{implied}^2 T$，而凸出区域等于$\int_0^T \sigma_F^2(\tau)d\tau$。为了使套利机会最小化，这两个区域的面积需要相等。图5.9总结了瞬时波动率期限结构的构建过程。

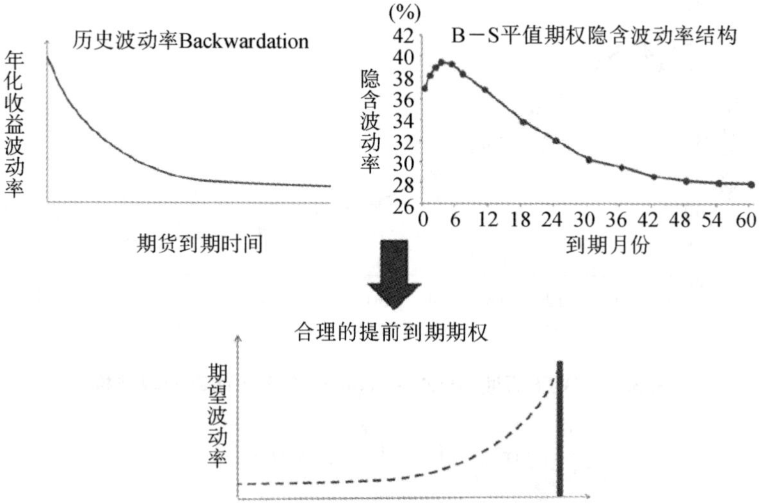

图 5.9 提前到期期权的风险模型

瞬时波动率的期限结构对一些结构性产品的定价至关重要，这些结构包括互换期权和可展期互换。提前到期期权是商品市场十分流行的互换期权的一个特例。

5.5　商品互换期权和可展期互换

互换期权是以互换为标的的期权。标的互换可以是任何互换，包括利率互换，或者我们这里讨论的商品互换。欧式互换期权的持有人有权利但没有义务，在事先约定的行权日以约定固定价格进入商品互换交易。互换期权有两种类型：付方互换期权和收方互换期权。

在付方互换期权（支付固定价期权）中，持有人有权作为固定价格的支付方和浮动价格的接受方进入商品互换。付方互换期权的卖出方有义务在互换期权行权时收取固定价格。付方互换期权是支付固定互换的看涨期权。

在收方互换期权（收取固定价期权）中，持有人有权作为固定价格的接收方和浮动价格的支付方进入商品互换。收方互换期权的卖出方有义务在互换期权行权时支付固定价格。收方互换期权是收取固定互换的看涨期权。

5.5.1　商品互换期权的应用及流行的原因

在讨论商品互换期权之前，我们首先简要回顾其他资产类别互换期权市场的演变和其在商品市场的复制过程。在利率市场，利率互换期权隐含在可赎回债券等资产中。可赎回债券是债券发行人可在债券到期前赎回的债券。这种债券很受欢迎，因为它为发行人提供了利用利率下行的机会，以低利率债券置换高利率债券的机会。投资者也从持有这种债券中获益，因为它的收益率高于相应的不可赎回债券。对于新发行的可赎回债券，由于发行人持有利率期权的多头，可以通过出售利率互换期权将这个期权变现。

在大宗商品市场，互换期权通常以可展期香草型互换的形式出现。可展期互换是一种互换，其中一方拥有将互换期限展期到原始期限之外的期权。例如，在燃料对冲中，对冲交易商提供期限 6 个月并可展期 6 个月的互换。燃料对冲方（固定价格支付者）在最初 6 个月的对冲是有保证的，但在对冲交易商（固定价格接收者）行使展期期权的情况下，对冲方有义务再将交易延长 6 个月。

燃料对冲方通常不会因出售可展期期权在前端收取权利金，而是获得改善的（较低的）互换价格。在保证期内互换市场价格与改善后价格之间的差额相当于未贴现的互换期权权利金。将期权价格分散在互换期限内可以降低对冲交易商（银行）的信用风险和相关信贷成本。我们将在第 7 章中讨论信贷成本。例 5.6 为可展期互换的合约要素。

例 5.6——可展期互换合约

交易双方：	客户和银行
WTI 价格：	纽约商品交易所 WTI 原油首行期货合约（月平均值）
生效日：	交易日后下个日历月开始
到期日：	生效日 +6 个月
终止日：	到期日 +2 周，视展期条款而定
名义数量：	每月 50,000 桶
计算期：	从生效日期开始至最终到期日的每个日历月
付款日：	每个计算期结束后 2 周
展期条款：	在展期日，银行有权通知客户将交易额外展期 6 个月
展期日：	到期日前 2 个营业日
固定价格：	47 美元/桶
结算金额：	根据展期条款，在每个计算周期的付款日： （1）如果 WTI 价格 < 固定价格，客户支付名义数量 ×（固定价格 - WTI 价格） （2）如果 WTI 价格 > 固定价格，客户收名义数量 ×（WTI 价格 - 固定价格）

上述结构可以概括如下：

可展期互换 = 以价格 X 买入互换 + 以价格 Y 卖出收方展期期权（此处，Y = X）

在例 5.6 描述的要素中，消费者在前 6 个月中享受有保证的对冲，价格也更有吸引力，但风险是在不利的价格水平上再将交易延长 6 个月。理性的对冲交易商（在这种情况下是银行）只有在互换市场价格低于固定价格时才会行使展期期权。但是，如果燃料价格在前 6 个月结束时处于高位，客户急需对冲时互换却不能展期。

与利率互换期权的情况一样，交易商经常发现自己处于这样一个境地：大多数客户是互换期权的净卖出方，但同时有许多其他交易对手希望购买月度期权。交易台面临通过出售月度期权来对冲互换期权多头的技术挑战。

5.5.2　互换期权与一篮子期权比较

要理解互换期权的定价和估值，重要的是要有正确的到期收益表达式。互换期权是互换的看涨期权。因此，它的行权收益是基于行权时标的互换的净现值（PV）。付方互换期权标的互换的净现值如下：

$$PV_{swap}(t) = \sum_{n=1}^{N} [F_n(t) - X] w(n,t)$$

其中，w（n，t）是期货合约 F_n 的权重系数，等于第 n 个月互换数量的贴现值，X 是互换的固定价格。

互换期权的到期收益为：

$$FV_{swaption} = \max\ [PV_{swap}\ (T_{exp}),\ 0]$$

或写为：

$$FV_{swaption} = \max\ [Basket - Strike,\ 0]$$

其中：

$$Basket = \sum_{n=1}^{N} F_n(t) w(n,t)$$

$$Strike = \sum_{n=1}^{N} X w(n,t)$$

假设利率不变（或不相关），付方互换期权可以作为看涨期权进行估值，其标的为一篮子期货。上述分析可以概括为以下等价关系：

收方互换期权≈收取固定价格互换的看涨期权≈一篮子期货的看跌期权

付方互换期权≈支付固定价格互换的看涨期权≈一篮子期货的看涨期权

互换期权定价的主要挑战在于确定“篮子”（即互换期权标的）的波动率。运用矩匹配方法，通过期货合约 F_n 的波动率以及月度收益率之间的相关性，可以得到波动率的加权平均值。

为了直观理解互换期权定价和风险评估，我们来比较两种结构（见表5.1）。

观察一：互换期权的价格（对“篮子”的期权）应低于提前到期看跌期权（一篮子期权）价值之和：

$$\max\{0,\sum_{n=1}^{N}W_n[K-F_n(t)]\}\leqslant\sum_{n=1}^{N}W_n\max[0,K-F_n(t)]$$

表5.1 互换期权和一篮子期权比较

互换期权作为对篮子的期权	一篮子期权
收方互换期权（收取固定价格的期权）于12月底到期 标的资产：6个月 WTI 互换（1月至6月） 标的数量：6N	6个欧式看跌期权，于12月提前到期， 标的如下： 期权1：1月 WTI 月平均值 期权2：2月 WTI 月平均值 期权3：3月 WTI 月平均值 期权4：4月 WTI 月平均值 期权5：5月 WTI 月平均值 期权6：6月 WTI 月平均值 每个期权的标的数量：N

当所有期权都是实值或所有期权都是虚值时，互换期权的收益等于一篮子期权的收益。但是，如果月度期权既有实值也有虚值，则互换期权的收益严格低于一篮子期权的收益。图5.10提供了一个场景，说明了收方互换期权的这一特点。

由此可知，互换期权比独立的月度期权更便宜。为了降低对冲成本，消费者应考虑购买付方互换期权来满足长期需求，而不是成本更高的平均价期权（APOs）。

交易开始时，远期曲线处于反向市场状态，高于互换期权标的互换的固定价格。但在大量抛售后，远期曲线切换到正向市场状态，具有快速移动的前端和比较稳定的后端。到期时，1月和2月提前到期的看跌期权为实值，其他期权仍为虚值。在这种情况下，一篮子看跌期权产生利润，而收方互换期权为虚值。

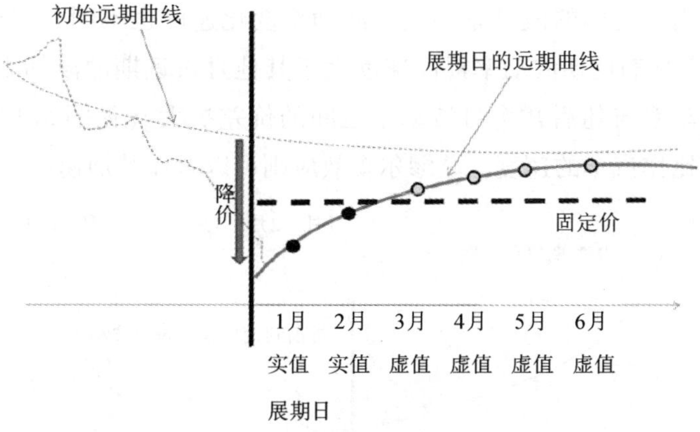

图 5.10　单个月度期权合约的在值程度

如前所述，交易台通过出售欧式期权来对冲互换期权多头头寸。这里的挑战是找到正确的期权组合来动态复制互换期权。对于燃料对冲方和对冲交易商来说，上述不等式可以作为检查异常定价的基本方法。如果对冲方收到的报价显示互换期权价格高于一篮子期权的总价，他可以向对冲交易商指出异常情况，或尝试利用这个机会进行套利交易，下文我们再详细解释。

观察二：互换期权交易的期限通常在 6 个月或 1 年以上。在这种情况下，远期曲线在标的互换的窗口期通常是平坦的（见图 5.11）。这意味着互换期权定价是基于几乎相同的远期价格。因此，假设这些远期价格高度相关，定价主要由每个远期价格的终端方差驱动。考虑到互换窗口期内远期交易之间的高度相关性，如果这些远期交易的波动率相同，那么互换期权的价格将非常接近提前到期欧式期权的价格。

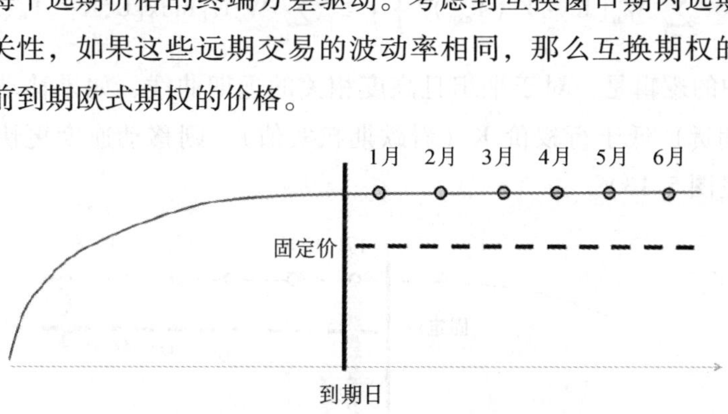

图 5.11　互换期权的标的互换为水平远期曲线

不幸的是，由于隐含波动率的反向期限结构和萨缪尔森效应，在互换期权的存续期内，远期的波动率不同，波动率变化速度也不同。接近互换期权到期时，1 个月期远期波动率提高速度大于其他月份远期的波动率提高速度，使其瞬时波动率与随后几个月波动率之间的价差扩大（见图 5.12）。如果我们把波动率比作汽车的速度，萨缪尔森效应则可以看作其加速度。

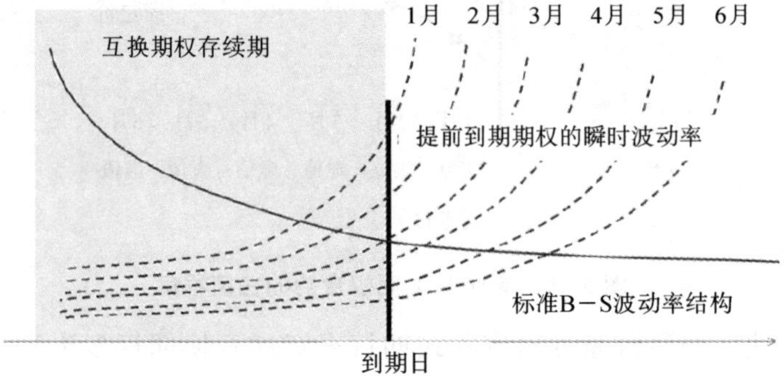

图 5.12　互换期权行权日提前到期期权的瞬时波动率

这个例子中，在互换期权的存续期内，瞬时波动率最高的是 1 月合约，瞬时波动率最低的是 6 月合约。换句话说，在互换期权存续期内，1 月合约预期实现的终端方差最高，6 月合约预期实现的终端方差最低。

因此，只要窗口期中的相关远期持平，则互换期权的价格高于以 6 月份月度合约为标的提前到期看跌期权的价格：

$$E\left(\max\left\{0,\sum_{n=1}^{6}W_n[K-F_n(T_{exp})]\right\}\right)\geqslant\sum_{n=1}^{6}W_nE\{\max[0,K-F_6(T_{exp})]\}$$

这其中的逻辑是，对于平坦且高度相关的远期曲线，如果移动最慢的远期价格（期货）低于行权价 K（看跌期权实值），则移动速度更快的远期价格会低（见图 5.13）。

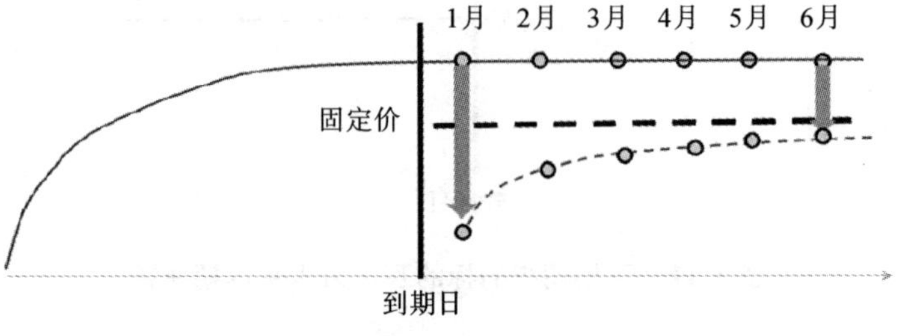

图 5.13　初始平坦曲线的远期移动

在这种情况下，如果对冲方收到的报价显示互换期权比以最后一个远期为标的的提前到期期权便宜，可以向对冲交易商指出异常情况或尝试从中获利。

互换期权和提前到期期权定价错误可以带来套利机会。例如，如果交易商卖出一篮子提前到期期权报价的总和低于买入互换期权的报价，则套利者可以卖出互换期权、买入一篮子提前到期期权，进行无风险套利。相反，在窗口期远期曲线平坦的情况下，如果收方互换期权的卖出报价低于以最后一个远期为标的的提前到期期权，一个好策略就是买入互换期权、卖出以窗口期内最后一个远期为标的的提前到期看跌期权。

到目前为止，我们讨论的所有产品都要求交易员对远期期限结构动态变化有很好的理解，才能有效管理结构的风险。下面我们继续讨论商品的期限结构和动态变化模型。

5.6　理解商品期货的期限结构

为了理解与原油期货相关的风险，不仅需要研究原油期货价格的演变，还需要研究期限结构。原油期货价格的期限结构反映了期货相对于现货价格的表现。对冲方在进行对冲交易之前需要考虑期限结构的形状和动态变化，并在对冲过程中进行监控。

在上一章中，我们简要介绍了正向曲线和反向曲线的概念，以及用于描述远期价格曲线形状的各种理论。在此有必要进一步深入研究，以理解期货价格期限结构动态变化的理论。其中最主要的是常态反向价格曲线理论（凯恩斯理论）和库存理论。在下面的讨论中，我们将交替使用“期货市场”和“期货曲线”这两个术语。

5.6.1　常态反向市场或凯恩斯理论

凯恩斯理论或常态反向市场理论是基于这样的假设，即投机者需要风险溢价才会进入原油期货合约交易。换句话说，投机者认为商品期货是有风险的，需要价格折扣来补偿他们承担的风险。在没有任何风险溢价的情况下，期货价格应等于未来现货价格的无偏预期。然而，在风险溢价假设下，投机者因承担风险而获得收益，期货价格是对未来现货价格的有偏预期。

考虑所有公司对冲方对市场看法一致的情况。他们不互相对冲，而是寻找愿意承担风险的投机者。在这种情况下，期货价格将低于预期的未来现货价格。凯恩斯在他的常态反向理论中假设大宗商品市场由持有商品多头和期货净空头的对冲方主导，但也可以考虑对冲方为期货净多头的情况。在这种情况下，期货价格高于预期的未来现货价格，是正向市场。

必须明确区分正向和常态正向曲线、反向和常态反向曲线。正向市场是指期货价格高于现货价格的市场，而常态正向市场是指当前期货价格高于预期未来（期货合约到期时）现货价格的市场。同样，反向市场是指期货价格低于现货价格的市场，而常态反向市场是指当前期货价格低于预期未来现货价格的市场。

以 WTI 期货曲线为例来说明期货价格中的风险溢价。2005 年至 2006 年，由于航空公司对冲活动增加，WTI 期货期限结构从反向转向正向。大部分对冲期限在 24 个月的窗口期之内，这导致期限结构在 18 个月附近出现驼峰结构。

在反向市场期间，投机者通过持有期货合约并在期货合约到期时移仓（通过商品指数如高盛商品指数）获得正溢价。移仓是指出售近期期货合约并同时购买较长期期货合约的做法。在反向市场中，期货合约移仓时以高价出售一份期货合约的同时以较低价格购买另一份期货合约，这可以放大未来价格变动的收益。移仓收益可以看作常态反向市场的溢价。然而，在期限结构形状恢复正向市场的情况下，这种策略是不成功的。在这种情况下，移仓会产生很高的成本，这可以看作常态正向市场的风险溢价。

5.6.2 库存理论

根据库存理论，商品可以消费或储存起来供以后使用。根据这一理论，期货价格主要取决于现货价格以及持有和储存商品现货相关的成本（持有成本）。成本包括储存费用以及购买现货商品的资金成本。由于融资成本为正，而除贵金属以外商品的存储成本普遍较高，期货价格通常高于现货价格。

虽然这个理论可以解释正向市场结构，但它无法解释反向市场结构。为了弥补这一理论的缺陷，引入了便利收益的概念。市场参与者相信他们可以从持有现货商品中获益，这种收益以便利收益表示。在商品短缺期间，商品曲线的反向程度反映了便利收益的高低。

便利收益是指拥有现货商品相对于持有期货合约的好处。在实务中，把库存成本也看作便利收益，因此便利收益可以为正，也可以为负：

便利收益 = 持有商品的收益 - 持有成本

考虑便利收益后的即期 - 远期平价关系如下：

$$F_{t_0,T} = S_{t_0} e^{\int_{t_0}^{T}(r_t - c_t)\,dt}$$

其中，S_t 是在时间 t 的现货价格；$F_{t_0,T}$是在 T 到期的期货合约价格；r_t 是短期利率，即在时刻 t 附近无限短期限的年化融资利率；c_t 是便利收益，由无套利条件决定。

在现实世界中，便利收益不是恒定的，而是随时间变化的，这使现货和远期价格建模更加复杂。随着便利收益提高，期货价格相对于现货价格下跌。在商品稀缺时，期货通常以现货价格的折价交易，这反映了拥有现货商品的便利收益。因此，可以说便利收益与现货价格正相关。然而，期货价格的期限结构不仅反映了库存水平，也反映了便利收益的预期变化。因此，即使库存高企，期货曲线也可能出现反向结构。在预期供求平衡将发生改变的情况下（例如战争或极端天气），通常会出现这种情况。

此外，仔细分析正向和反向市场下商品现货与期货价格的基差发现，基差具有明显的不对称性。在正向市场下，包括库存成本在内的持有成本限定了基差的上限，而在反向市场并不存在这种情况。活跃套利者的存在使远期与现货价格的价差难以超过持有成本，但却无法有效阻止远期价格明显低于现货价格。这种不对称性影响了便利收益，使我们可以把便利收益看作一个期权。换句话说，与持有期货合约相比，持有现货的人是在做多分布的肥尾（短缺“黑天鹅”）。后面我们在讨论价格和波率期限结构时，将进一步讨论这种不对称性。

总之，根据库存理论，原油期货价格是经过调整的现货价格，调整时计入了持有成本和因持有期货合约而放弃的现货持有收益。

5.7 期限结构模型

为了有效进行商品衍生品定价和风险管理，交易台根据所交易衍生品的复杂程度和对管理精细度的要求选择使用不同的期限结构模型。虽然借用股票、外汇或利率衍生品定价中常用的模型是诱人的，但这种做法对于大宗商品衍生品风险经理来说是低效和危险的。在本节，我们介绍三个流行的定价模型，并讨论每种模型背后的直觉逻辑。

大多数衍生品定价模型都假设存在连续的市场交易，没有交易成本或税收摩擦，借贷标的证券的成本相同。商品定价模型中也使用类似的假设。然而，关于市场完备性（即在动态对冲组合中使用其他资产组合复制商品衍生品的能力），商品市场并不完全满足，市场存在套利机会，这偶尔允许不同的风险价格共存。

5.7.1 施瓦茨单因子模型

包含均值回归的施瓦茨（Schwarz）单因子模型或许是最知名的商品模型。在模型中，现货价格围绕长期均值波动，并根据调整速度回归到均值。现货价格的这个行为特征可以用波动率、回归长期均值的倾向以及背离长期均值的能力来描述。

在现实世界中，均值回归代表现货市场参与者的行为。例如，当现货价格低于长期平均水平时，生产商往往会降低商品产量；当现货价格高于长期平均水平时，生产商则会增加产量。相比之下，消费者表现出相反的行为，在价格高企时减少购买，在价格低时建立库存。价格均值回归是这些行为共同作用的结果。

在均值回归模型下，商品现货价格的随机过程如下：

$$dS = S\beta[\alpha - \ln(S)]dt + \sigma S dz$$

式中，S 是现货价格；dz 是现货价格布朗运动的维纳过程；β 是现货价格调整速度；α 是长期平均价格的对数；σ 是现货价格的波动率。

对于之前讨论的现货和期货价格基差的不对称性，很显然，施瓦茨单因子模型并没有考虑。它不能反映正向市场和反向市场下便利收益的不对称性。在正向市场中，现货和期货价格之间的价差受持有成本和可用仓储能力的限制。然而，在反向市场中，现货和远期价格之间的价差不受限制，可以很大。这归因于现货商品卖空困难。

5.7.2　施瓦茨双因子模型

施瓦茨双因子模型（Schwartz's Two－Factor Model）用现货价格和便利收益来解释期货的价格行为。现货价格和便利收益均作为随机变量，具体如下：

$$dS = S(\mu - C)dt + \sigma_s S dz_S$$

$$dC = \beta(\alpha - C)dt + \sigma_C dz_C$$

其中：

S 是现货价格；C 是便利收益；μ 是现货价格漂移；α 是便利收益的长期均值；β 是便利收益的调整速度。

这个模型在现货价格净漂移计算中计入了便利收益，因此现货价格是便利收益的函数。便利收益也是一个均值回归过程。这与之前讨论的现货市场运营商的行为是一致。此外，便利收益与现货价格之间也存在正相关关系。这可以通过引入两个布朗运动之间的相关系数来建模：

$$[dz_S dz_C] = \rho dt$$

也可表达为：

$$\mathrm{cov}(z_S z_C) = \rho t$$

施瓦茨双因子模型的一个主要不足是现货价格波动率和便利收益的独立性。我们在能源市场观察到，现货价格的波动率与反向市场的程度相关。市场反向程度加剧，表明商品短缺，现货价格波动率加大。施瓦茨双因子模型并没有反映现货价格波动率和便利收益之间的这种相关性。

5.7.3 加比隆模型

加比隆最重要的贡献是将长期价格作为第二个因子。这背后的逻辑是，现货价格受两类不同事件的影响：具有短期影响的事件和具有长期影响的事件。具有长期影响的因子包括新技术的引进、预期通货膨胀或新探明的储量。

加比隆模型（Gabillon's Model）使用现货价格和长期价格作为随机变量来描述期限结构动态变化。加比隆模型假设现货价格 S 遵循高斯过程，该过程会向均值回归（正常长期价格 L 的对数正态值），具体如下：

$$\frac{dS}{S} = \beta\left[\ln\left(\frac{L}{S}\right)\right]dt + \sigma_S d Z_S$$

$$\frac{dL}{L} = \mu dt + \sigma_L d Z_L$$

$$[dZ_S d Z_L] = \rho dt$$

式中，S 是现货价格；L 是长期价格（基本价格）；β 是价格向长期价格 L 调整的速度。假设 S 和 L 之比影响价格和波动率的期限结构，这也反映了波动率期限结构的递减特性和萨缪尔森效应；σ_S 是短期波动率；σ_L 是长期波动率（基本波动率）；ρ 是长期价格与短期价格的相关性。

与施瓦茨模型相比，加比隆模型在商品衍生品专业人士中越来越受欢迎，因为作为施瓦茨模型核心的便利收益在实践中是无法观察到的。

基于现货价格与期货价格在期货到期时收敛的边界条件，加比隆模型给出了简化的期货价格封闭公式：

$$F = A(\tau)S^{B(\tau)}L^{1-B(\tau)}$$

$$B(\tau) = e^{-\beta\tau}$$

$$A(\tau) = e^{\frac{\nu}{4\beta}[B(\tau) - B(\tau)2]}$$

$$\nu = \sigma_S^2 + \sigma_L^2 - 2\rho\sigma_S\sigma_L$$

式中，τ 是期货合约距离到期的时间。

当期货合约接近到期时，τ 趋近于零（τ→0）。当 τ→0、B→1 并且 A→1 时，F→S（即现货价格收敛至期货价格）。

当期货合约距离到期时间 τ 非常远时，B→0，并且 A→1 时，F→L（即长期限期货价格与长期价格 L 接近)。

因此，当期货合约到期时，期货价格收敛于现货价格，当期货合约期限很长时，期货价格更接近于长期价格 L。上述公式允许我们构建不同的期限结构，这些期限结构完全由数量有限的几个参数——S、L、ρ、σ_S、σ_L 和 β 定义。

5.7.4 期货的加比隆随机方程

当期货价格用于商品衍生品定价时，期货合约的加比隆随机方程如下：

$$\frac{dF}{F}=\alpha[\sigma_S e^{\lambda\tau} d Z_S+\sigma_L(1-e^{\lambda\tau})dZ_L]$$

$$E[d Z_S d Z_L]=\rho dt$$

λ 是均值回归系数，它是波动率期限结构的斜率。

上述公式给出了期货合约到期前任一时间点的瞬时波动率。

σ_S 通常高于 σ_L。这解释了价格期限结构动态变化的特点是前端移动快，后端较稳定（见图 5.14）。

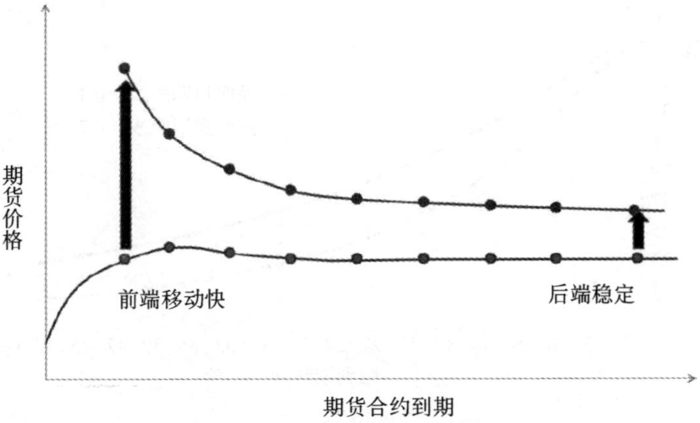

图 5.14 价格期限结构动态变化

现货价格和长期均值之间高度的相关性意味着期限结构上的所有点都朝同一个方向移动。然而，现货价格和长期价格变化的速度大不相同。因此，即使两个变量之间有完美的相关性，远期曲线也可从反向市场切换到正向市场；反之亦然。这主要是由于现货价格波动率和长期价格波动率之间的差异。

偶尔，现货价格和长期价格的变动不相关或负相关，这导致部分远期曲线向相反方向移动。例如，当市场出现大量时间价差交易时，会出现这种现象。

5.7.5 加比隆模型的瞬时波动率期限结构

期货的加比隆随机方程意味着瞬时波动率期限结构应该与市场观察一致。由加比隆随机方程得到瞬时波动率如下：

$$\sigma_F^2(\tau) = (\sigma_S e^{-\lambda\tau})^2 + [\sigma_L(1 - e^{-\lambda\tau})]^2 + 2\rho\sigma_S\sigma_L e^{-\lambda\tau}(1 - e^{-\lambda\tau})$$

由上式可以绘出期货的瞬时波动率期限结构（即瞬时波动率作为期限的函数）。值得注意的是，根据加比隆模型，所有期货合约都有共同的瞬时波动率期限结构。

假设短期波动率为38%，长期波动率为20%，相关性为95%，并使用图中所示的参数 λ 校准的瞬时波动率期限结构如图 5. 15 所示。

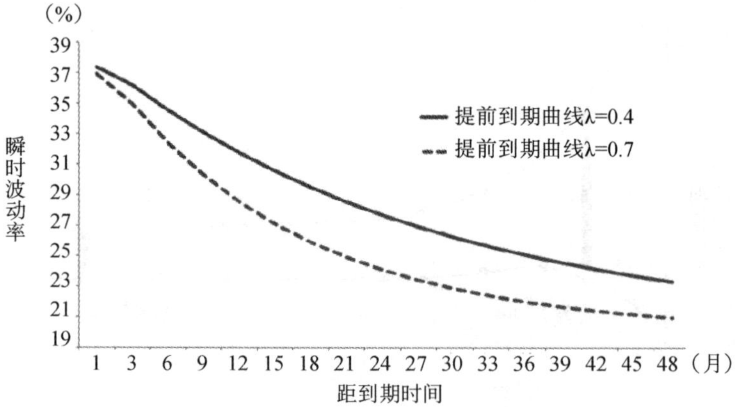

图 5. 15 瞬时波动率期限结构校准

在实践中，使用波动率归一化因子对瞬时波动率进行归一化，从而得到每个期货合约正确的香草型期权隐含波动率。

5.7.6 瞬时波动率期限结构对奇异产品的重要性

波动率的期限结构对远期曲线的形状和动态变化有直接影响，因为短端变化较快，而后端则较稳定。从交易台的角度来看，选择适当的瞬时波动率期限结构至关重要，因为波动率和隐含波动率之间的任何不匹配都可能导致定价错误和 Theta 流失（由于不完善的对冲策略）。

无视萨缪尔森效应并假设波动率为常数，即 B－S 隐含波动率的定价模型，往往导致包含触发器或触发条件的到期损益定价错误，这些触发器或触发条件比标的合约的到期要早得多。这些触发器离合约到期越近，两种定价方法（常数 B－S 隐含波动率与瞬时波动率）之间的差异越小。

对瞬时波动率期限结构形状非常敏感的对冲结构包括障碍期权、互换期权、可展期结构、目标赎回结构、百慕大可展期结构、自动赎回结构以及日历价差期权。

5.8　本章小结

期货和标准期权等香草型产品是市场数据的来源，通常集中反映在远期曲线和波动率曲面中。但是，仅有这些数据对非标准产品定价是不够的。对于非标产品，还需要额外的假设和推断。金融工程师不断寻求将远期曲线和波动率曲面的历史行为参数化，用于预测其未来的动态。随着时间的推移，不断增加新的参数来解释新的行为，使定价模型变得越来越复杂。本章我们介绍了一些流行的期限结构模型，旨在复制诸如历史上观察到的均值回归现象、萨缪尔森效应和便利收益（根据库存理论）。我们也关注到此类动态模型的实施和校准，以匹配可观察的标准产品价格。在以下章节中，我们将解释波动率曲面的动态变化对奇异对冲产品估值和风险管理的影响。我们还将讨论这些产品在压力情况下的行为，如在市场波动和 2008 年信贷危机期间发生的事件。

第 6 章

奇异结构对冲和波动率动态变化

你可以骗某人一时，但不可能骗所有人一世。

——鲍勃·马利①

在奇异衍生品交易中，通常量化做市商相对于估值能力有限的客户处于优势地位。但即使是那些老练的交易员，有时也会因为动态对冲出错而招致损失。在执行奇异衍生品交易后，交易员需要与其他交易对手进行香草型衍生品交易来复制组合，组合的构建完全取决于交易员对市场动态变化假设的准确性。有时，市场比交易员更聪明，这说明交易员提出的一些假设是不必要或不充分的。

在上一章中，我们介绍了由香草型产品构成的高级对冲结构。同时，还讨论了各种嵌入在互换期权和可展期互换结构中的提前到期期权。在过去十年中，燃料对冲越来越多地使用复杂的对冲策略，这反映了大宗商品衍生品市场的成熟、流动性的提高、与对冲相关的知识积累以及定价和风险管理能力的提高。奇异商品衍生品呈现越来越普及的趋势，有对冲者和对冲交易商两方面的原因。奇异结构对于对冲者的吸引力主要来自它可以灵活调整到期损益，能够适应大多数燃料消费者面对的现实世界的复杂约束。使用香草型结构进行对冲的高成本也促使对冲者考虑采用复杂结构以及利用其商业模式中固有的期权特性来提高对冲的经济性。

① 鲍勃·马利（Bob Marley，1945—1981），牙买加音乐家，雷鬼音乐的开创者。——译者注

在燃料对冲中使用奇异衍生品并非没有风险。2008 年金融危机期间，市场流动性突然消失，伴随着燃料价格下跌和燃料价格波动的加剧。当时极端的市场条件是对 2006 年以来非常流行的奇异对冲结构的压力测试。许多亚洲燃料对冲者使用杠杆奇异结构，遭受了重大损失。但由于当时全球媒体关注的焦点在信用衍生品的巨大损失上，对此关注较少。少数燃料对冲者表现较好，因为他们称职的燃料对冲团队和执行高管团队对全球燃料市场的结构变化保持警惕，及时重组了在新的市场条件下不再处于最佳状态的奇异对冲结构。

在这一章中，我们将深入研究一些最流行的奇异结构、使用这些衍生品的理由以及企业对冲者和结构性产品交易台双方的风险。我们将深入讨论波动率曲面动态变化的影响。针对这些奇异结构，比较不同的波动率模型及其适当性，以便从定价和动态风险管理角度更好地理解其复杂性，同时给出商品奇异结构背后的逻辑。在讨论建模之前，我们先介绍前一章中讨论的可展期互换的变体。

6.1 可展期期权结构

在前一章中，我们引入了可展期互换，探讨了它作为普通香草型互换替代品的吸引力，以及零成本对冲结构的经济性。同时，我们还研究了远期曲线动态变化对这些结构估值和风险管理的影响。互换期权可以看作是广义可展期结构的一个特例。可展期结构是指交易对手有权但没有义务将现有对冲结构展期或者进入新对冲结构的双边交易。就互换期权而言，标的是香草型互换。现在我们把定义扩展到标的包括期权组合的情况。

6.1.1 可展期领式结构

可展期领式结构（Extendible Collar）是用展期方法来改进领式结构行权价的一种结构。可展期领式结构交易的要素如例 6.1 所示。请注意，由结算金额的计算方法可以看出这是一种杠杆结构。

例 6.1——杠杆可展期领式结构

交易双方：	客户和银行：
WTI 价格：	纽约商品交易所 WTI 原油首行期货合约（月平均值）
生效日：	交易日后下个日历月开始
到期日：	生效日 +1 年
终止日：	到期日 +2 周，视展期条款而定
名义数量：	每月 50,000 桶
计算期：	从生效日期开始至最终到期日的每个日历月
付款日：	每个计算期结束后 2 周
展期条款：	在展期日，银行有权通知客户将交易再展期 6 个月
展期日：	到期日
看跌期权行权价：	50 美元/桶
看涨期权行权价：	68 美元/桶
结算金额：	根据展期条款，在每个计算期的付款日： （1）如果 WTI 价格 < 看跌期权行权价，客户支付 1.5 × 名义数量 × [看跌期权行权价 – WTI 价格] （2）如果 WTI 价格 > 看涨期权行权价，客户收名义数量 × [WTI 价格 – 看涨期权行权价]

在这个可展期领式结构中，对冲方购买名义数量的看涨期权，并卖出 1.5 倍名义数量的看跌期权。此外，还出售将交易延长 6 个月的权力。

6.1.2 可展期“三腿”结构

与可展期领式结构类似，可展期“三腿”结构（Extendible Three – Ways）的要素如例 6.2 所示。

例 6.2——杠杆可展期“三腿”结构

交易双方：	客户和银行
WTI 价格：	纽约商品交易所 WTI 原油首行期货合约（月平均值）
生效日：	交易日后下个日历月开始
到期日：	生效日期 +1 年
终止日：	到期日 +2 周，视展期条款而定

续表

名义数量：	每月 50,000 桶
计算期：	从生效日开始至最终到期日的每个日历月
付款日：	每个计算期结束后 2 周
展期条款：	在展期日，银行有权通知客户将交易再展期 6 个月
展期日：	到期日
看跌期权行权价：	50 美元/桶
看涨期权行权价：	62 美元/桶
封顶价格：	77 美元/桶
结算金额：	根据展期条款，在每个计算周期的付款日： （1）如果 WTI 价格 < 看跌期权行权价，客户支付 1.5 × 名义数量 × [看跌期权行权价 − WTI 价格] （2）如果封顶价格 > WTI 价格 > 看涨期权价格，客户收名义数量 × [WTI 价格 − 看涨期权价格] （3）如果封顶价格 < WTI 价格，客户收名义数量 × [封顶价格 − 看涨期权价格]

在前面两个交易结构中，客户在第一年（即保证期）享受有吸引力的对冲价格。对冲结构在保证期内增强收益的价值相当于可展期期权的价值（见图 6.1）：

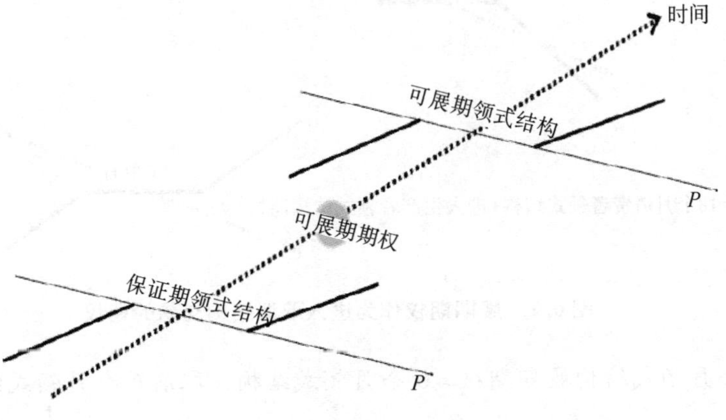

图 6.1　可展期领式结构的保证期和展期期权

PV(保证期增强领式结构) - PV(零成本领式结构) = PV(展期期权)

可取消结构可以看作可展期结构。可展期结构和可取消结构在经济上是相似的，只是交易要素的语义有所不同。由前面的可展期结构示例可知，我们可以开发经济上相同的可取消领式结构。

6.1.3 可取消 - 可展期的平价关系

前面给出的可展期领式结构可以分解如下：

12 个月保证的消费者领式结构 + 进入 6 个月消费者领式结构的期权

这等价于下面的可取消领式结构：

= 18 个月保证消费者领式结构 + 在 12 个月后终止交易的期权

在 12 个月后终止交易的期权相当于进入 6 个月可取消领式结构的期权（见图 6.2）。请注意，此处显示的期权归对冲交易对手（银行）所有。展期期权也可以看作：

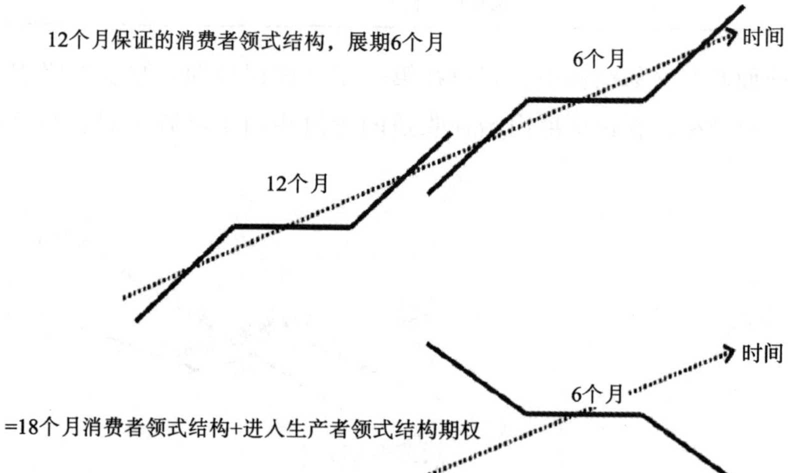

图 6.2 展期期权作为进入取消结构交易的期权

6 个月领式结构展期期权 = 6 个月领式结构 + 取消 6 个月领式结构的期权

↑ 标的交易　　↑ 取消交易的期权

因此，对消费者领式结构：

$$\text{消费者领式结构展期期权} = \text{消费者领式结构期权} + \text{进入生产商领式结构的期权}$$

由上述可展期期权结构的分解可知，在对可展期结构期权定价时，可以将其看作期限等于整个期限（包括可展期期限）的标的结构期权和可取消期权（进入抵消交易的权利）。对可展期领式结构来说，取消结构为相应的生产商领式结构。稍后我们将在百慕大可展期结构期权定价中使用这个结论。

6.1.4　可展期期权结构定价

假设展期期权的标的是由标准香草型期权组成的一个月度领式结构序列，则展期期权标的的 PV 由下式给出：

$$PV_{ext}(t) = \sum_{n=1}^{N} W_{c,n}C(t_n, K1) - W_{p,n}P(t_n, K2)$$

其中，C（t_n，K）：t_n到期行权价为 K 的看涨期权在时刻 t 的价格；

P（t_n，K）：t_n到期行权价为 K 的看跌期权在时刻 t 的价格；

Wc，n：第 n 个月看涨期权的权重；

Wp，n：第 n 个月看跌期权的权重。

由可用的市场数据（远期曲线和标准的波动率曲面）和 B - S 框架可以为这些标准期权定价。标的的 PV 为：

$$PV_{ext}(t) = \sum_{n=1}^{N} W_{c,n}BS\_C(t_n, K1) - W_{p,n}BS\_P(t_n, K2)$$

展期期权仅在PV_{ext}(展期日)为正时行权。假设利率与燃料价格恒定或不相关，可展期领式结构未贴现价是到期损益的风险中性期望：

$$P = E\{\max[0, PV_{ext}(\text{展期日})]\}$$

$$= E\{\max[0, \sum_{n=1}^{N} W_{c,n}BS\_C(t_n, K1) - W_{p,n}BS\_P(t_n, K2)]\}$$

在展期日，展期期权的损益是远期价格 Fn（t）和隐含波动率曲面的函数，其中包括领式结构行权价的隐含波动率$\sigma_n(t, K1)$和$\sigma_n(t, K2)$。展期期权的价格必须考虑远期曲线和波动率曲面的动态变化。

为了能够更好地理解市场动态变化对可展期领式结构期权定价的影响，我们可以考虑展期期权的标的只有一个月度领式结构而非一系列领式结构的简单例子。展期期权在展期日到期，标的领式结构在领式结构到期日到期（见图6.3）。正如我们在上一章中讨论的，可展期领式结构期权对远期动态变化与互换期权类似，也很敏感。

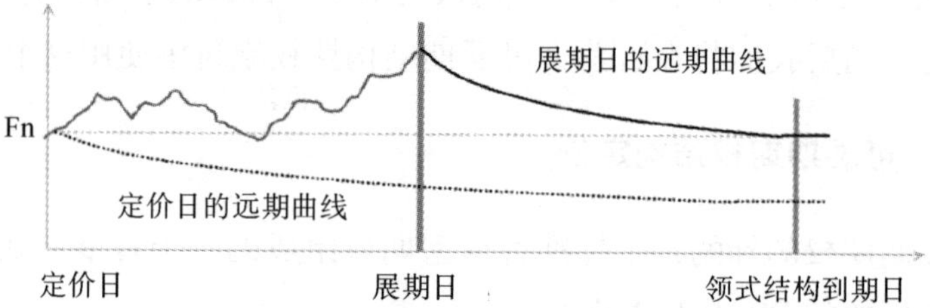

图6.3 可展期领式结构时间线和远期曲线动态变化

由于远期曲线不能平行移动，展期期权的到期损益和行权决定是基于相关的远期价格，它的波动率比首行合约低。对于互换期权，在展期日远期的终端方差是定价中要考虑的最重要的因素。同样，Vega 接近于零的领式结构价格的行为与互换相似。在这种情况下，展期期权的价值由定价日到展期日的远期波动率决定。

展期期权和萨缪尔森效应：为了强调提前到期对互换期权定价的影响，我们在第5章中讨论了萨缪尔森效应。提前到期对其他奇异产品的定价也有影响，商品交易员和结构设计者往往忽视这一点。对提前到期的影响缺乏洞察力，可能导致定价错误和风险管理不当。例如，燃料对冲者通常要求不同的商品交易公司报价，对价格进行比较。如果某些交易员使用快速、简单的定价方法，报价可能会有很大的差异。盲目信任黑匣子定价工具而不了解其工作原理，可能会导致价格差异，这种差异往往会被其他老练的参与者和燃料对冲者套利。

在上述示例中，展期期权的标的如下：

$$WcBS\_C(t_{collar}, K1) - WpBS\_P(t_{collar}, K2)$$

以上领式结构的 Vega 可以为负或为正，而这取决于杠杆和远期价格相对于行权价的在值程度。假设上述标的领式结构在当前远期价格下的 Vega 为正，我们看萨缪尔森效应对展期期权价格的影响（见图 6.4）。

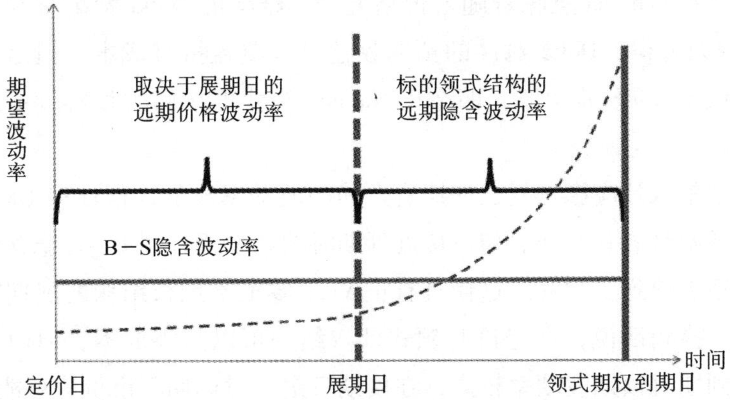

图 6.4　可展期领式结构波动率

互换期权定价高度依赖于至行权日前的远期波动率。同样，对于可展期领式结构来说，领式结构的净现值也会随 Delta 的变动而变动。在领式结构行权价非常接近的情况下，领式结构盯市值的行为就像互换。在这种情况下，展期期权的价格取决于至展期日远期的终点方差，其平均波动率为：

$$\sigma_{\text{initial}}^2 = \frac{1}{(\text{展期日} - \text{定价日})} \int_{\text{定价日}}^{\text{展期日}} \sigma_F^2(\tau)\, d\tau$$

在展期日之前远期移动的波动率由上式定义。这个初始波动率对于确定展期日领式结构期权的在值状态非常重要，是领式结构定价中的关键因素。

一旦展期日的远期锁定，领式结构的净现值主要由展期日至到期日的终点方差决定。在展期日领式结构预期隐含波动率的计算公式如下：

$$\sigma_{\text{implied}}^2 = \frac{1}{(\text{领式结构到期日} - \text{展期日})} \int_{\text{展期日}}^{\text{领式结构到期日e}} \sigma_F^2(\tau)\, d\tau$$

瞬时波动率期限结构的形状表明，相应的远期隐含波动率高于 B－S 波动率。这意味着，对于 Vega 为正的领式结构，即使在定价日对冲结构是零成本，可展期领式期权结构也可以是远期实值，这是由于在临近到期时预期波动率较高，领式结构的远期价值为正。即：

$$[WcC(t_{\text{collar}}, K1) - WpP(t_{\text{collar}}, K2)_{\text{展期日}}] > [WcC(t_{\text{collar}}, K1) - WpP(t_{\text{collar}}, K2)_{\text{定价日}}]$$

由正 Gamma 的收益来补偿的 Vega 为正的零成本期权结构通常伴随负的持有成本，正 Gamma 意味着随着价格变动，结构的 Delta 发生有利变化。根据 B－S 框架可得，Delta 对冲的预期收益可以覆盖持有成本。但是，如果价格波动率低于 B－S 波动率，那么正 Gamma 头寸再平衡的收益就不足以弥补持有成本。

受萨缪尔森效应影响，长期期货合约的波动率较低，这使得 Gamma 再平衡策略在开始时盈利不佳。随着接近到期时波动率飙升到 B－S 隐含波动率之上，这一短板得到了弥补。这使具有正 Vega 零成本期权结构的展期期权变为远期实值。换句话说，在定价时领式期权结构可以是零成本，但由于展期期权在接近到期时预期波动率较高，在展期日定价时远期盯市价值可能为正。

和其他做对冲的公司一样，航空和航运公司倾向于交易起始拥有良好经济性的结构，排斥带持有成本的结构。对冲交易商并不提供免费午餐，在这些结构中，对冲交易商通常持有波动率多头（正 Vega）头寸。换句话说，公司对冲者通过出售期权来获得增强的对冲条件。例如，考虑一个零成本杠杆领式结构，其中看跌期权的名义本金是看涨期权的两倍。对冲交易商是做多波动率的，这种领式结构上的任何展期期权（具有正 Vega）都可能是远期实值（当在展期日定价时）。

展期期权和远期偏度动态变化：对于无杠杆可展期领式结构，如果行权价十分接近，标的领式结构的 Delta 接近于香草型互换，其价格则会对展期日前远期价格的终端方差非常敏感。相反，当行权价相距足够远时，标的无杠杆领式结构的 Delta 明显低于香草型互换，尤其是当看跌和看涨期权均是虚值的情况下，远期波动率动态变化则成为可展期领式期权结构定价中的一个重要因素。

如图 6.5 所示的例子中，在定价日，期限为领式结构到期日的看跌和看涨期权的隐含波动率分别为 σ（定价日期、K1）和 σ（定价日期，K2）。在定价日波动率曲面隐含的风险逆转接近于零，但随着展期期权到期日的临近，平值期权波动率上升，风险逆转［σ(展期期权到期日，K1）－σ(展期期权到期日，K2)］也变得显著。波动率曲面形状的这种变化影响到期损益，在展期期权定价和风险管理中需要谨慎考虑。

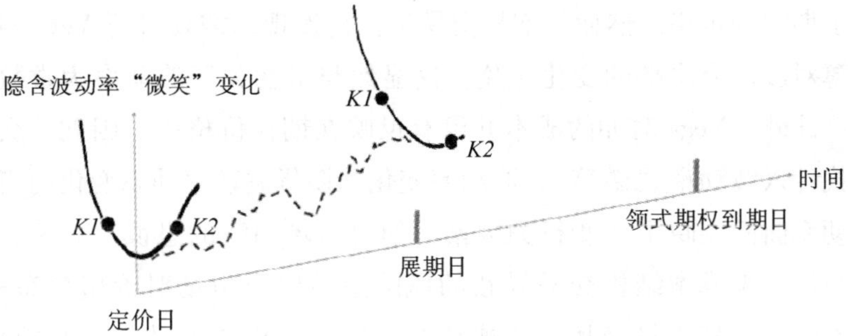

图 6.5　远期偏度/“微笑”动态变化

当日期从定价日移动到领式结构到期日时，领式结构的价格也会根据转移密度（价格收益率的概率分布密度）变化。在定价日转移密度有隐含波动率“微笑”的特性。正是这种转移密度决定了香草型期权在定价日的价格。同样，从展期期权到期日到领式期权结构到期日，转移密度具有远期“微笑”的特性（取决于远期价格）。换言之，在定价日观察到的波动率“微笑”反映了市场参与者在定价日对领式结构到期时价格分布的看法。但市场参与者对价格分布的看法会随着时间变化而改变，因此在展期期权到期时观察到的“微笑”（远期“微笑”）反映了当时期权市场隐含的价格分布。

无套利定价需要严格校准模型参数，以适应定价日的波动率曲面。然而，对展期期权定价的合理方法，需要对标的合约在展期期权到期日的远期偏度作出假设，特别是由于波动率曲面随着价格的变动而变化时。换句话说，问题是随着价格的变动，波动率曲面是保持不变还是随着市场参与者对市场条件的反应而变化。

示例中，领式结构的到期损益对展期期权到期时的风险逆转非常敏感。更重要的是，风险逆转与远期价格之间的相关性对展期期权的到期损益分布影响重大，从而影响其价格和风险指标。因此，理解风险逆转与远期价格是正相关还是负相关至关重要。

6.2　波动率模型

Black - Scholes 模型在波动率为常数的假设下，由 Delta 对冲的预期成本推导出了期权的价格。然而，期权交易员往往发现还需要进行 Vega 对冲，使交易账簿对波动率水平的变化免疫。这显然与最初关于波动率为常数的假设相矛盾。此外，Vega 对冲的成本并没有反映在期权价格中。因此，交易员还需要寻找计入波动率“微笑”、波动率变化和期货波动率动态变化的模型。

波动率曲面反映了一些行为因素，如对市场崩溃的恐惧、短缺、技术支持和阻力位，零成本结构交易导致的风险逆转以及市场对价格分布的预期。其他基本因素包括市场摩擦、非连续交易以及价格与波动率之间的相关性。更精细的定价模型用拟合技术将这些因素整合到波动率曲面中，以解释其动态变化。最著名的方法包括：随机波动率模型和局部波动率模型。

随机波动率模型。由于 B－S 假设的模型经常导致奇异期权定价和风险指标不准确，因此需要使用更高级的模型。随机波动率模型试图解释波动率“微笑”和肥尾分布，这些分布是不同标准偏差分布的混合体。

由前述可知，B－S 模型假定价格是随机性的唯一来源。价格的随机行为被认为是正常现象，波动率是恒定的。在随机波动率模型下，波动率也视为随机性的来源。在 B－S 模型下，具有价值 V 的衍生品仅使用由标的资产组成的复制组合进行即时对冲。然而，在随机波动率模型下，需要由标的资产 S 和对波动率敏感的另一个价值 V′的资产组成投资组合。由此产生的投资组合是：

$$V - \Delta S - \Psi V'$$

Δ 和 Ψ 是使投资组合即时无风险所需的 S 和 V′量。这意味着以下条件：

$$\text{Delta 中性}: \frac{\partial V}{\partial S} - \Delta - \Psi \frac{\partial V'}{\partial S} = 0$$

$$\text{Vega 中性}: \frac{\partial V}{\partial \sigma} - \Psi \frac{\partial V'}{\partial \sigma} = 0$$

随机波动率模型通常假设一个均值回归随机方差 υ 和平方根扩散（$\sqrt{\upsilon}$项）：

$$d\upsilon = \beta(\alpha - \upsilon)dt + \omega\sqrt{\upsilon}d\,z_{\upsilon}$$

其中，υ：瞬时方差；

α：方差的长期均值；

β：方差的均值回归速度；

ω：方差的波动率，通常被称为波动率的波动率（Vol of Vol）。

在现货价格遵循如下几何布朗运动：

$$dS = S\mu dt + \sqrt{\upsilon} S\, dz_S$$

两个布朗运动是相关的，相关函数为：

$$E[dz_S d z_\nu] = \rho dt$$

历史波动率较好地支持波动率均值回归假设。例如，几十年来，石油价格的历史波动率一直保持在一定的范围内。如果波动率不是均值回归，目前的波动率水平可能会高得多。方差与现货价格之间的相关系数是描述波动率“微笑”的参数。这个相关系数也称为杠杆参数，通常为负值，这表明价格下跌与波动率上升（杠杆效应）存在相关性。

方差均值回归过程需要确保方差为正。理论上，这个过程的布朗路径是连续的。这意味着方差在到达零值之前不能出现负值。一旦方差等于零，扩散停止，严格正参数 α、β 将使方差恢复为正。根据费勒（Feller）条件可知，为了避免方差为零的情况，α 和 β 需要足够大：

$$\beta\alpha > \frac{\omega^2}{2}$$

如果满足费勒条件，向上漂移足够（$\beta\alpha$ 足够大），模拟方差永远不会触及零。

然而，在现实世界中，过程模拟是不连续的。数字模型需要离散化，因而步长需要足够小，以避免出现负方差的情况。我们将在下文讨论局部波动率时，再讨论波动率模型。

6.3　基于障碍期权的结构

障碍期权是一类与标准香草型期权非常相似的奇异衍生品，但是当价格达到一定水平时就会被终止或激活，这个触发特性使其成为结构化产品的重要组成模块。最受欢迎的障碍期权是敲出和敲入期权。

6.3.1 敲出和敲入期权

根据结算惯例或障碍观察期，敲出期权（KO）有美式和欧式期权。欧式结算（固定结算日期）通常更受欢迎，而美式障碍期权则在观察期更受欢迎。它们的到期损益类似于香草型看跌和看涨期权，差别在于如果价格达到预定水平（障碍价位），期权提前终止。敲出期权有许多类型：向上敲出看涨期权（up - and - out calls）、向下敲出看涨期权（down - and - out calls）、向上敲出看跌期权（up - and - out puts）以及向下敲出看跌期权（down - and - out puts）。

向上敲出看涨期权的障碍价位通常高于行权价；否则，该期权将毫无价值（见图6.6）。同样，向下敲出看跌期权的障碍价位通常低于行权价水平（见图6.7）。

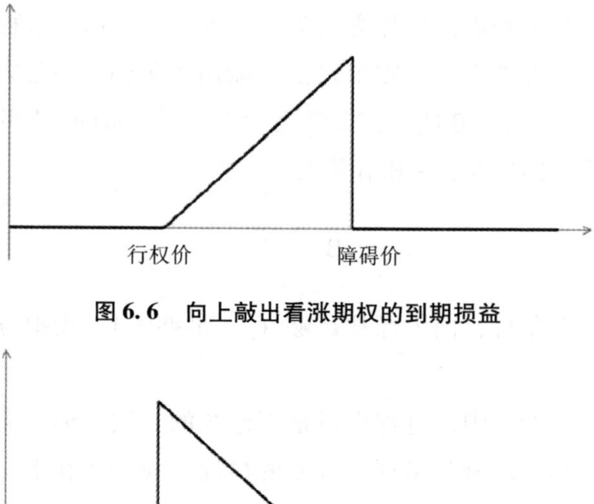

图6.6 向上敲出看涨期权的到期损益

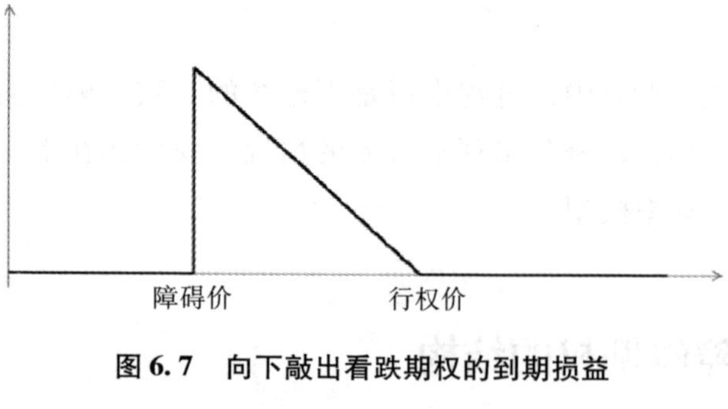

图6.7 向下敲出看跌期权的到期损益

敲入（KI）期权类似于香草型看跌和看涨期权，但是仅在价格达到预定水平（障碍价位）时才生效。换句话说，只有在价格达到预定价格水平（障碍价位）时，才会支付相应香草型期权的到期损益。KI期权类型包括向上敲入看涨期权（up - and - in calls）、向下敲入看涨期权（down - and - in calls）、向上敲入看跌期权（up - and - in puts）以及向下敲入看跌期权（down - and - in puts）。

在向上敲入看涨期权中，障碍价位通常高于行权价（见图6.8）；否则，该期权就相当于香草型看涨期权。同样，向下敲入看跌期权的障碍价位通常低于行权价（见图6.9）。

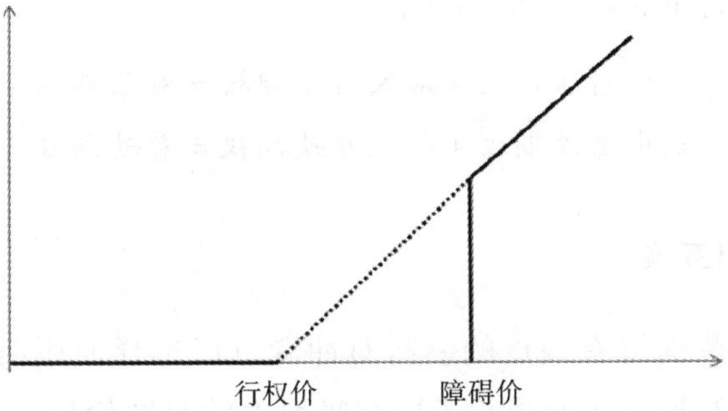

图6.8 向下敲入看涨期权的到期损益

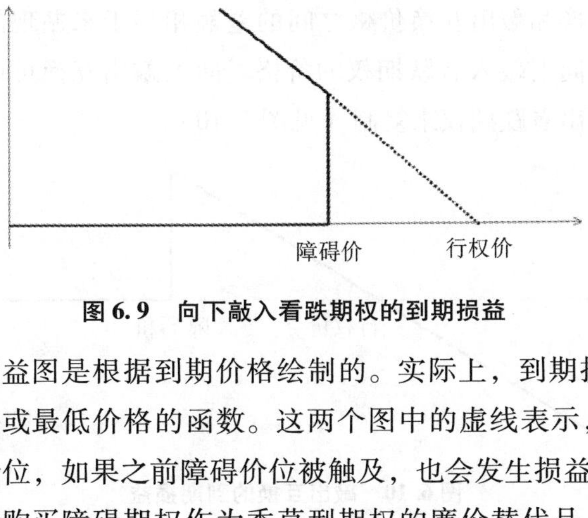

图6.9 向下敲入看跌期权的到期损益

上述到期损益图是根据到期价格绘制的。实际上，到期损益是到期时的价格和最高价格或最低价格的函数。这两个图中的虚线表示，即使到期时的价格低于障碍价位，如果之前障碍价位被触及，也会发生损益。

燃料对冲者购买障碍期权作为香草型期权的廉价替代品。如果对冲者对市场范围有自己的看法，他/她可以购买敲出看涨期权，这是比香草型看涨期权更便宜的替代品。相反，如果他/她担心当他/她出售看跌期权来为购买期权融资会立即造成损失时，对冲者可以选择出售敲入看跌期权，这为他/她提供了缓冲。只有在价格跌破障碍水平时，才会发生损失。

其他基于障碍期权的对冲结构包括敲出互换（KOswaps）、安全气囊（air-bags）、敲入敲出（knock in - knock outs，KIKOs）和累计期权（accumulators）。

6.3.2 敲入和敲出期权的关系

敲入和敲出期权通过标的期权紧密相连。将敲出和敲入障碍期权放在一起时，障碍效应在组合头寸中相互抵消，即敲入和敲出期权组合与行权价和障碍价位相同的标的香草型期权相同。

敲出看涨期权 + 敲入看涨期权 = 看涨期权

敲出看跌期权 + 敲入看跌期权 = 看跌期权

6.3.3 敲出互换

对市场波动范围持有观点的燃料对冲者可以选择使用向上敲出的互换，而不使用香草型互换，从而受益于更有吸引力的对冲价格。如果从未触及障碍，敲出互换的到期损益与香草型互换相同。敲出互换固定价格低于现行互换价格。现行互换和敲出互换价格之间的差额相当于未贴现的向上敲入看涨期权的价格减去向上敲入看跌期权的价格。向上敲出互换可以用向上敲出看涨期权和向上敲出看跌期权来复制（见图 6.10）。

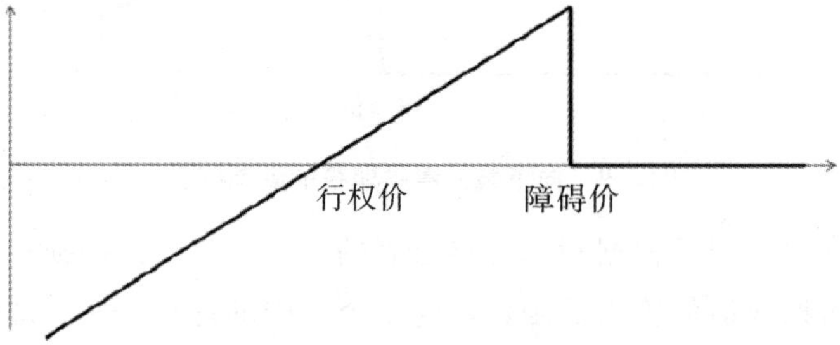

图 6.10 敲出互换的到期损益

对敲出互换的主要批评是，在燃料价格大幅上涨的情况下对冲被终止，对冲者在急需对冲的时候没有对冲。

6.3.4　安全气囊结构

燃料对冲者会经常跟随着市场走势及时调整对冲策略，通过择时和调整风险暴露来创造价值。安全气囊是零成本结构，只要不触及障碍价位 B，在价格低于互换价格的情况下，对冲者仍可获得缓冲保护。如图 6.11 所示的安全气囊结构可以通过以下工具复制。

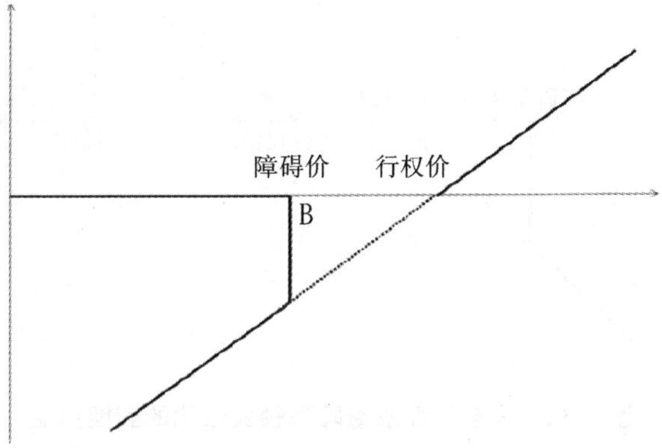

图 6.11　安全气囊结构的到期损益

- 一份固定行权价的看涨期权 - 一份固定行权价的敲入看跌期权；
- 一份固定价格互换 + 一份敲出看跌期权。

零成本安全气囊互换的固定价格高于现行互换价格。互换的价差用于购买敲出看跌期权融资。

6.3.5　双重障碍结构和敲入与敲出组合

双重障碍结构（KIKO）包括两个障碍期权：敲入障碍期权和敲出障碍期权。如果敲入障碍期权被触发而敲出障碍期权未被触发，这些期权将产生损益。即使敲入障碍期权被触发，敲出障碍期权仍然有效。

敲入和敲出期权的一个流行组合是安全气囊双重障碍结构，它结合了安全气囊和敲出看涨期权的特征，如图 6.12 所示。这个结构类似于领式结构，只是用敲入看跌期权和敲出看涨期权来替代领式结构中的看涨和看跌期权。敲入看跌期权比香草型看跌期权更安全，因为它给对冲者提供了一个安全垫，价格在这个范围内波动时对冲者不会有任何损失。

这个结构中的敲出看涨期权比普通香草型看涨期权便宜。节省的费用可以覆盖安全气囊的成本和改善看涨、看跌期权的行权价。下式概括了双重障碍结构与典型领式结构的关系。

消费者双重障碍结构 = 消费者领式结构 + 敲出看跌期权 − 敲入看涨期权

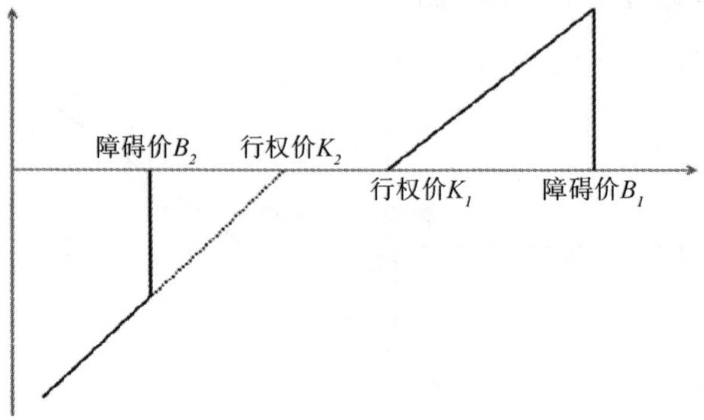

图 6.12　安全气囊双重障碍领式结构的到期损益

双重障碍结构的行权价通常更有吸引力，因为买入敲入看跌期权的价格明显低于卖出敲出看涨期权的价格。

6.3.6　累计结构

在前面介绍的基于障碍期权的结构中，一旦障碍被触发，期权将被终止，持有人收益为零。一些对冲者可能认为这种二元损益特性不公平，尤其在期权存续期内的大部分时间里价格保持在敲出价位之下，但在到期前因价格大幅波动而被敲出的情况时，其二元损益特性的不公平尤为显著。为了降低这种影响，引入了累计结构，以便将损益计算扩展到期权到期前的整个期间，而不是仅仅在期权到期日，如图 6.13 所示。

例如，在累计互换中，每日到期损益类似于香草型互换，条件是没有发生敲出事件。正如“累计”这个名字，只要未发生敲出就可以每日累计损益，并在付款日一次性支付。

累计结构可以用一系列在不同日期到期但在同一日期付款的敲出期权进行复制。

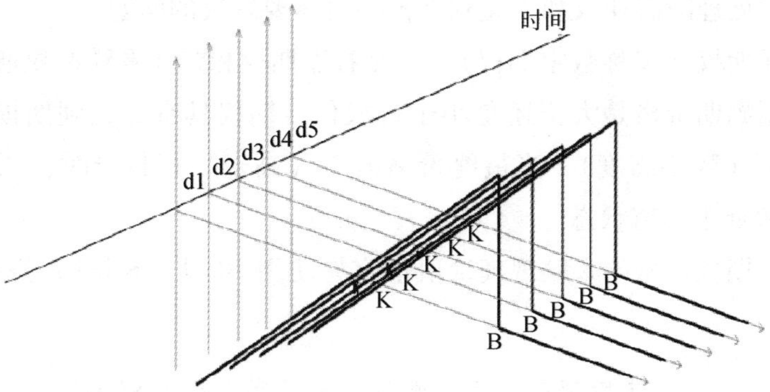

图 6.13　累计互换结构的到期损益

6.3.7　欧式或亚式障碍期权

与其他资产类别（如外汇或利率）相比，燃料价格波动率很高。希望使用障碍期权的燃料对冲者通常担心价格突然飙升会增加敲出的概率。为了降低这种风险，他们更愿意使到期损益和敲出事件都基于到期时的价格，即仅在到期时才观察障碍价位。这明显降低了障碍事件发生的概率，因为敲出不再是基于在期权期限内达到的最高（或最低）价格。

另一种常见做法是障碍事件基于每月平均价格。每日原油价格可能波动非常大，油价突然飙升可能导致障碍被触发。在这种情况下，每日交易量可能只占整个交易量很小的一部分。因此，当市场操纵成本相对触发障碍的损益较低时，就会产生对低流动性窗口期间每日价格被操纵的担忧。

为了消除这些顾虑，对冲交易通常以每日收盘价的月平均值作为障碍价位。平均效应将短期峰值的影响降至最低，并使价格操纵代价高昂。

6.3.8　障碍损益和非线性——二元期权和复制

与香草型产品不同，障碍结构是非线性的，因为它们具有二元特征。例如，在向上敲出看涨期权中，一旦价格触及障碍水平，到期时损益额立即从高（障碍价 - 行权价）降至零。这种非线性行为是金融工程师在定价障碍期权和管理相关风险时面临的一个挑战。对欧式二元到期损益的讨论，有助于我们理解处理障碍期权和二元到期损益时需要解决的问题。

二元期权（又称数字期权）：二元看涨期权和二元看跌期权通常是欧式期权，根据到期价格是大于还是小于行权价，期权具有二元到期损益，为零或固定金额（数字高度）。当最终价格低于（高于）行权价时，二元看跌（看涨）期权处于实值状态。

二元期权价格的未贴现理论值很容易使用 Black - Scholes 公式中 $N(d_2)$ 计算：

$$未贴现的二元看涨期权 = 数字高度 \times N(d_2)$$
$$未贴现的二元看跌期权 = 数字高度 \times N(-d_2)$$

在实践中，很少使用上述理论公式对二元期权定价。衍生品的风险中性定价反映了动态复制（或动态对冲）产生的损益。当接近到期时如果价格接近障碍，基于理论 B - S 模型的二元到期损益的动态对冲变得极具挑战性。我们用过度对冲复制来说明这个问题。

过度对冲复制：当对衍生品定价时，金融工程师假定市场是动态完备的（任何衍生品都可由可交易的资产复制），然后，根据这种动态复制的损益来给出风险中性价格。然而，这种方法的内在假设是有足够的证券，并可以连续交易。在现实生活中，这些可交易资产的数量并不是无限的，交易也是不连续的，交易成本是存在的。这导致了不完美的复制，留下残余风险，这通常会被计入衍生品的价格中。

对于二元损益，随着价格接近障碍和二元期权接近到期，二元期权的 Delta 变得极高。当市场流动性成为约束时，Delta 对冲的风险很大，而且代价高昂。

我们以价值 1,000,000 美元的 WTI 二元期权为例，行权价为 100 美元/桶，隐含波动率约为 20%。二元期权 Delta 在到期前一年和到期前一天的 B - S 理论价如图 6.14 所示。

在到期前一天，价格变化 1 美元/桶，Delta 变化可以超过 140,000 桶。考虑到市场流动性，这种风险的动态对冲成为一项棘手、复杂、成本很高的工作。

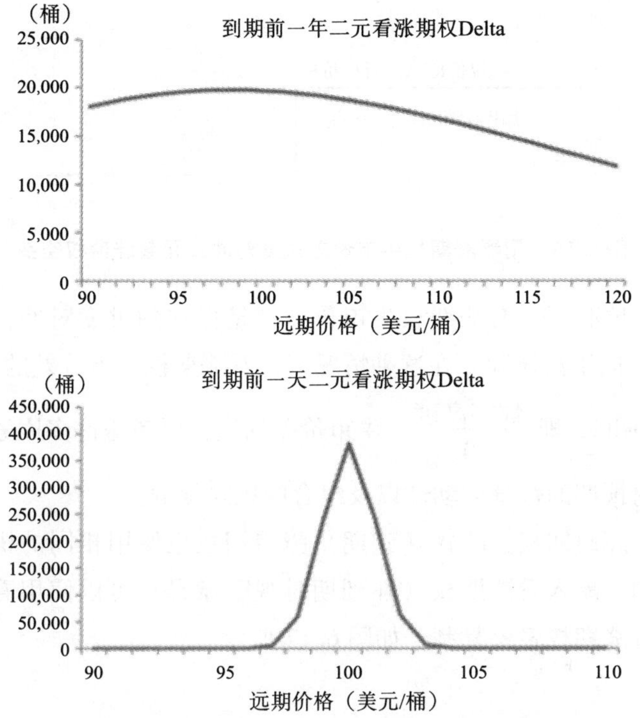

图 6.14　到期前一年和到期前一天二元看涨期权的 Delta

解决这个问题的一个方法是用看涨期权牛市价差来对冲二元期权。当交易员买进二元期权时，通常把它作为看涨期权牛市价差定价，行权价为 K 和 K + Δ，如图 6.15 所示。看涨期权的名义本金等于$\frac{\text{数字高度}}{\Delta}$。

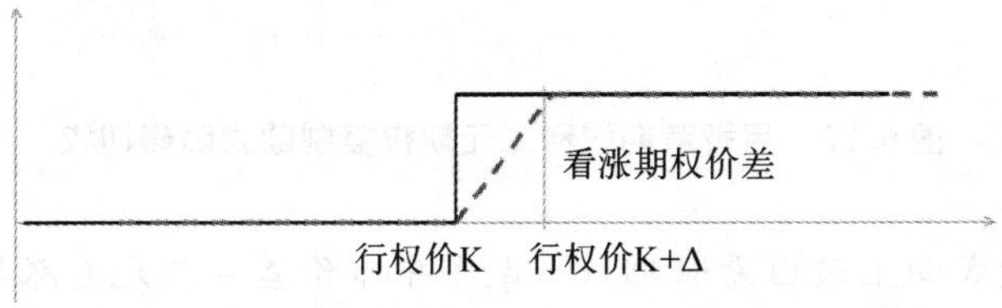

图 6.15　用看涨期权牛市价差过度对冲二元看涨期权多头

当卖出二元看涨期权时，他们通常会使用行权价为 K – Δ 和 K 的看涨期权牛市价差，如图 6.16 所示。

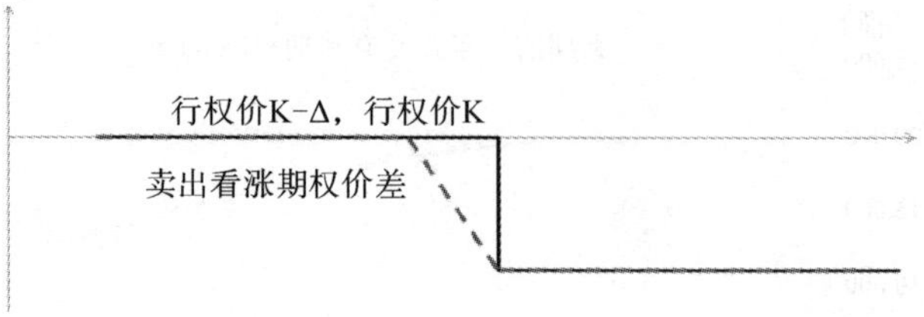

图 6.16 用看涨期权牛市价差过度对冲二元看涨期权空头

在这两种情况下，看涨期权牛市价差都是保守的过度对冲，可以选择价差 Δ 足够宽，以平滑风险。在这种情况下，看涨期权牛市价差的 Delta 永远不会大于最大 Delta，即 $\frac{\text{数字高度}}{\Delta}$。牛市价差的选择要考虑许多因素，包括标的在交易期限内预期的每日流动性以及组合的风险限额。

复制到期障碍期权：欧式（到期）障碍期权也使用相同的机制进行定价和对冲。例如，敲入看涨期权（在到期时观察障碍）可以使用看涨期权牛市价差和二元看涨期权轻松复制，如图 6.17 所示。

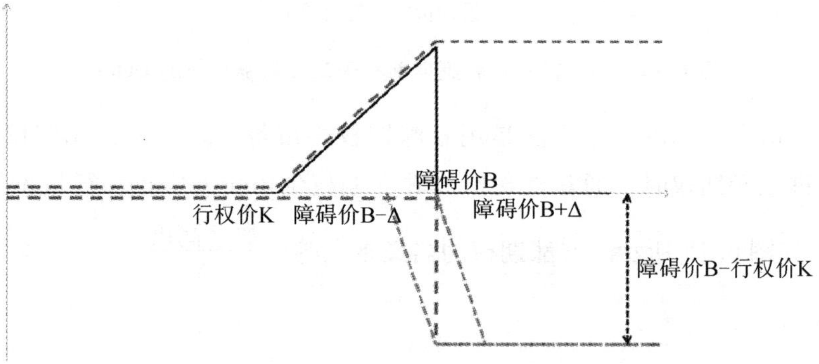

图 6.17 用香草期权和二元期权复制欧式障碍期权

- 做多欧式向上敲出看涨期权 = 做多牛市价差 - 二元看涨期权。

  通过做多一份行权价为 K 的看涨期权、做空 $\frac{B-K}{\Delta}$ 份行权价为 B - Δ 的看涨期权、做多 $\frac{B-K}{\Delta}-1$ 份行权价为 B 的看涨期权复制。

- 做空欧式向上敲出看涨期权 = 做空牛市价差 + 二元看涨期权。

通过做空一份行权价为 K 的看涨期权、做多$\frac{B-K}{\Delta}+1$份行权价为 B 的看涨期权、做空$\frac{B-K}{\Delta}$份行权价为 $B+\Delta$ 的看涨期权。

6.4 反射原理

反射原理是 B－S 框架下用于障碍期权风险中性定价的重要方法，该框架假定价格波动率为常数。之前我们讨论过用 B－S 框架计算二元期权理论价值的方法，同时还给出了到期时价格在行权价之上和之下结算的概率。我们还要考虑基于未触及障碍价的二元期权的到期损益（到期损益为二元，具体取决于该期权是否曾经触及过障碍价）。这种到期损益的价格取决于触及障碍价的概率。

图 6.18 为反射原理示意图。在 M 点触及障碍价后，虚线路径的实现概率与实线路径相同，即布朗运动意味着，对于每一条触及障碍价 M 并在到期时结算价低于 M 的路径，同样有一条可能的路径触及障碍价 M，并在到期时结算价高于障碍价。这表明，触及障碍价的概率是到期时结算价在障碍价之上概率的两倍。这一原理大大简化了障碍期权估值。一次触及障碍价二元期权的价格是欧式二元期权价格的两倍。

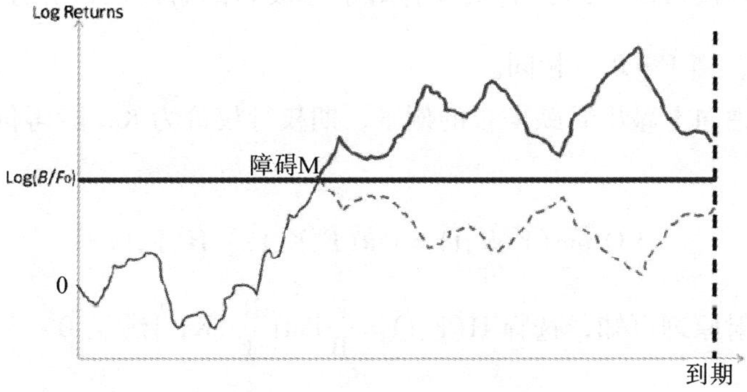

图 6.18 反射原理示意图

需要注意的是，上述观察表明，触及障碍价的概率仅取决于到期时的价格分布。这个重要简化源于 B - S 框架的假设，即同质性和市场有效性（即在整个期限中对数收益率的变化是常数，向下移动和向上移动的概率相同）。

6.4.1 Black - Scholes 框架下的障碍期权

对障碍看涨和看跌期权来说，到期损益是到期时内在价值和障碍触发事件的函数。此类到期损益的定价取决于到期时损益的分布以及到期时发生障碍事件的概率。

在 Black - Scholes 框架下找出一个简单的障碍期权定价方法的解决方案是用香草型期权静态复制障碍期权。除了价格触及障碍价后价值为零，障碍期权的行为就如同香草型期权。例如，敲出期权的价格低于香草型期权的价格 V(F,t)，我们可以将敲出期权写成：

$$\text{KO option}(F,t) = V(F,t) - H(F,t)$$

如果未触及障碍价，到期时 H(F,t)毫无价值，因为到期时敲出期权的价值等于香草型期权。但如果触及障碍价，H(F,t)应等于香草型期权的价值，即 V(B,t) - H(B,t)。H(F,t)也应该满足 Black - Scholes 方程（即 B - S 方程）。为此，我们应运用期货衍生品的反射原理。

反射原理指出，如果 V(F,t)是 B - S 方程的解，则 $FV\left(\frac{B^2}{F},t\right)$也是它的一个解。这个转换可以帮助我们从现有解中生成新的解。F 和$\frac{B^2}{F}$分别位于障碍价 B 的两侧，当 F = B 时相同。

我们考虑向上敲出看跌期权的例子，期权行权价为 K、障碍价为 B，B 高于 K：

$$\text{KO put}(F,K,t) = \text{Put}(F,K,t) - H(F,t)$$

根据反射原理可知，选择 $H(F,t) = \frac{F}{B}\text{Put}\left(\frac{B^2}{F},K,t\right)$满足 B - S 方程，但同时也满足：

- 如果从未触及障碍价，F 仍低于 B，$\text{Put}\left(\frac{B^2}{F},K,t\right)$到期价值归零，到

期时：

$$KO\ Put(F,K,t)=Put(F,K,t)$$

- 如果期货价格触及障碍价，$H(B,t)=\frac{B}{B}Put\left(\frac{B^2}{B},K,t\right)=Put(B,K,t)$。

到期时：

$$KO\_Put(F,K,t)=0$$

因此，B－S 框架下向上敲出看跌期权（UOP）的价格是：

$$UOP(F,K,t)=Put(F,K,t)-\frac{F}{B}Put\left(\frac{B^2}{F},K,t\right)$$

同样，我们可以得出向下敲出看涨期权（DOC）在障碍价格 B 低于 K 情况下的价值：

$$DOC(F,K,t)=Call(F,K,t)-\frac{F}{B}Call\left(\frac{B^2}{F},K,t\right)$$

UOP 和 DOC 的估值相对简单，因为当发生敲出时，基础香草型期权没有内在价值。对于向上敲出看涨期权（UOCs）或向下敲出看跌期权（DOPs）来说，复制更棘手。

对于向上敲出看涨期权，我们首先使用香草型期权定义到期损益，然后将反射原理应用于香草型损益，如果价格触及障碍则抵消香草型支出；如果价格未触及障碍，则在到期时满足香草型损益条件。

到期时，向上敲出看涨期权的到期损益可以写成：

$$UOC(F,K,B,T)=Call(F,K,T)-Call(F,B,T)-(B-K)DC(F,B,T)$$

其中 DC 表示二元看涨期权。

我们定义香草型期权的到期损益为：

$$V(F,K,B,t)=Call(F,K,t)-Call(F,B,t)-(B-K)DC(F,B,t)$$

将反射原则应用于上述到期损益：

$$H(F,t)=\frac{F}{B}\left\{Call\left(\frac{B^2}{F},K,t\right)-Call\left(\frac{B^2}{F},B,t\right)-(B-K)DC\left(\frac{B^2}{F},B,t\right)\right\}$$

我们可以验证，如果 F 从未突破障碍，H(F,t)没有内在价值，到期一文不值。我们还可以看到，随着 F 接近 B,H(F,t)接近于 V(F,K,B,t)。

我们可以得到结论：

$$\begin{aligned}UOC(F,K,B,t)&=Call(F,K,t)-Call(F,B,t)-(B-K)DC(F,B,t)\\&\quad-\frac{F}{B}\left\{Call\left(\frac{B^2}{F},K,t\right)-Call\left(\frac{B^2}{F},B,t\right)-(B-K)DC\left(\frac{B^2}{F},B,t\right)\right\}\end{aligned}$$

向下敲出看跌期权的价格也可以由类似的方式得到。

6.4.2 看跌－看涨期权对称关系

大多数衍生品专业人士都熟悉看涨－看跌期权平价关系，但看涨－看跌对称关系并不经常使用。这是一个简单的关系，不仅有助于简化 B－S 框架下障碍期权的到期损益，而且还给出了关于障碍期权静态对冲的简单方法：

$$F\ Call\left(\frac{B^2}{F},K\right)=K\ Put\left(F,\frac{B^2}{K}\right)$$

$$F\ Put\left(\frac{B^2}{F},K\right)=K\ Call\left(F,\frac{B^2}{K}\right)$$

到期时：

$$F\ Call\left(\frac{B^2}{F},K\right)=\max(B^2-KF,0)=K\max\left(\frac{B^2}{K}-F,0\right)$$

Put－Call 对称关系有助于大大地简化上述到期损益。例如：

$$UOP(F,K)=Put(F,K)-\frac{K}{B}Call\left(F,\frac{B^2}{K}\right)$$

$$DOC(F,K)=Call(F,K)-\frac{K}{B}Put\left(F,\frac{B^2}{F}\right)$$

$$\begin{aligned}UOC(F,K,B)&=Call(F,K)-Call(F,B)-(B-K)DC(F,B)\\&\quad-\left[\frac{K}{B}Put\left(F,\frac{B^2}{K}\right)-Put(F,B)-(B-K)\frac{F}{B}DP(F,B)\right]\end{aligned}$$

这些简化的静态复制不仅可以轻松定价障碍期权，而且还提供了使用基本欧式香草型期权复制组合的细节。

6.4.3　Black – Scholes 框架下障碍期权盯市分析

尽管障碍期权在未被敲出时类似于香草型期权，但随着市场条件的改变，它们的盯市（MTM）行为也有所不同。为了更好地了解障碍期权的盯市行为，我们考虑一个 1 年期 WTI 期货合约的向上敲出看涨期权（UOC），期权在 1 年内到期，行权价为 100 美元/桶，敲出障碍价为 140 美元/桶。隐含波动率假定为恒定（20%），年利率 1%。

为了理解向上敲出看涨期权（UOC）价格与远期价格之间的关系，我们使用之前详细讨论过的解析公式计算不同远期价格下期权的盯市价值，如图 6.19 所示。

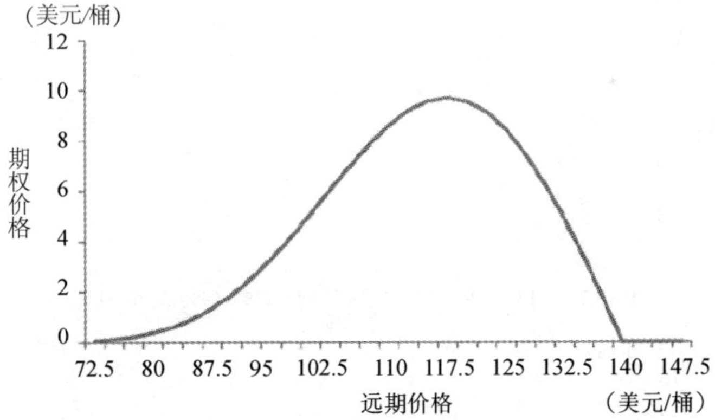

图 6.19　向上敲出看涨期权价格与远期价格的关系

与香草型看涨期权相比，当期货价格远离障碍时，敲出看涨期权的价格接近香草型看涨期权的价格，如图 6.20 所示。向上敲出看涨期权（UOC）的 Delta 也非常接近香草型看涨期权，但随着现货价格越来越接近障碍，敲出看涨期权和香草型看涨期权的价格开始背离，敲出看涨期权的 Delta 开始下降并变为负值。

此外，与香草型期权不同，向上敲出看涨期权（UOC）价格不是波动率的递增函数。障碍期权的 Vega 取决于波动率水平。随着波动率水平的增加，敲出期权持有方成为波动率空头，如图 6. 21 所示。

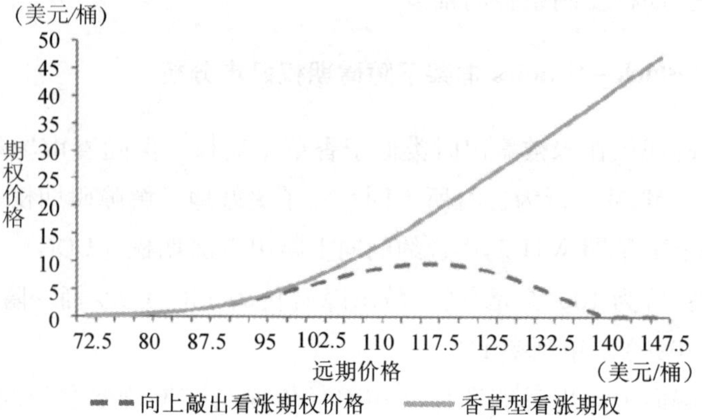

图 6. 20　障碍期权和看涨期权价格与远期价格的关系

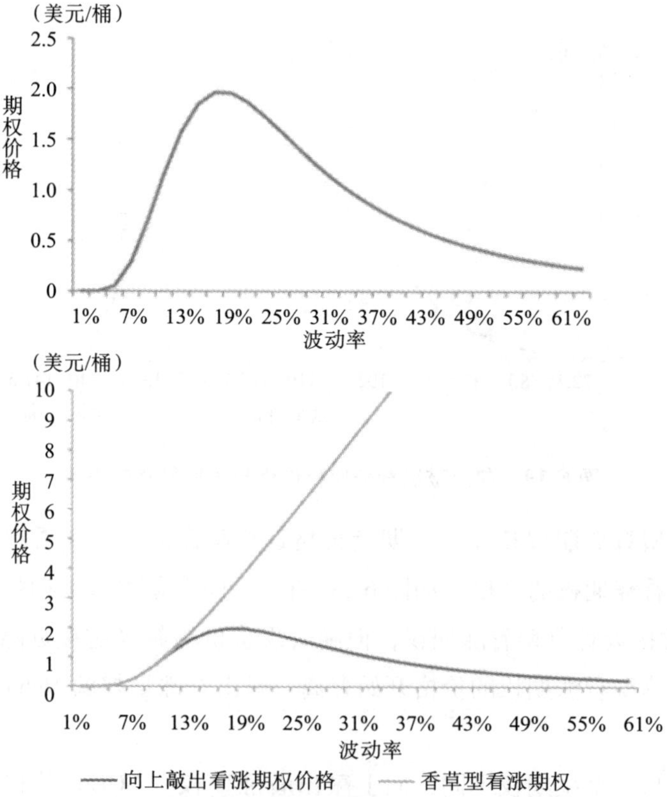

图 6. 21　障碍期权和看涨期权价格与波动率的关系

做多向上敲出看涨期权（UOC）并不一定意味着做多 Vega。随着价格临近障碍，Vega 变为负值。Vanna 是一个重要的障碍期权希腊字母。障碍期权报价中常见的一个错误是，做市商假设期权价格是波动率的递增函数，这导致他/她偶尔报出的买入价高于卖出价。在简单的障碍结构中，做市商这种错误相当明显，但是当交易结构比较复杂或包含更多特征时，此类定价错误很难被发现。

6.4.4　现实约束下的障碍期权定价和风险管理

总的来说，交易最多的奇异期权是用数值方法，如蒙特卡洛模拟、树或偏微分方程（PDE）来定价的。用解析公式为奇异期权定价，同时进行风险管理并非易事，如果不得不这样做时，金融工程师和量化师会将问题近似和简化处理。常用的简化方法包括关于市场行为和条件的假设，这些假设和条件与现实生活中观察到的实际情况相去甚远。

前面我们对障碍期权定价时，使用的 B－S 框架就假设波动率是常数。在现实生活中，波动率是随机的，这种随机性带来的风险需要得到补偿。用 B－S框架下给障碍期权估值时，没有考虑随机波动率所要求的溢价。此外，该框架假设交易是连续的，并且没有考虑交易成本。考虑到这两个事实，连续动态对冲对于许多奇异期权来说成本非常高，而且不切实际。在运用障碍期权的情况下，交易员为了节省交易成本，并不频繁进行对冲组合的再平衡，而是采用过度对冲技术来尽量降低再平衡的频率。交易员不能将定价与管理结构性产品风险的方式分开。在现实生活中，交易员报价时会考虑过度对冲的成本和动态对冲的频率。

根据障碍期权的情况我们发现，当障碍敲出特性叠加到香草型期权时，显著改变了期权定价和风险特征。如前所述，向上敲出看涨期权（UOC）的对冲会非常具有挑战性，因为如果障碍价被触及，期权的内在价值会突然切换到零。早些时候曾讨论过，当价格接近障碍价且期权即将到期时，障碍期权的 Gamma 是很大的负值。当价格接近障碍价时，Vega 也是负数。在障碍价附近，波动率的随机性对盯市值有巨大影响。如果当价格接近障碍价时波动率激增，动态 Delta 对冲的成本将变得非常高。当价格在障碍价附近时，波动率水平和远期波动率“微笑”很重要，因为它们直接影响障碍触及的可能性和触及障碍价时香草型期权的终止价值。

虽然市场参与者寻找障碍期权定价捷径的做法看起来很有诱惑力，像B－S假设波动率不变一样，但这种方法是存在缺陷的。Black－Scholes 等模型的问题在于它们仅使用一个波动率参数，很难适应整个隐含波动率曲面。障碍期权对行权价和障碍价上的隐含波动率都很敏感。人们可以考虑使用两个隐含波动率的组合来定价敲出期权，但这也不起什么作用，因为期权价格不是波动率的单调函数（如前所示）。即使障碍期权市场有流动性，并且有价格信息可用，也不可能像香草型期权那样得出障碍期权的隐含波动率。

香草型看涨期权价格作为隐含波动率的单调函数使我们有可能从期权的市场价格中得出隐含波动率。障碍期权的情况并非如此。在前面讨论的向上敲出看涨期权（UOC）的例子中，如果期权价格过高，则没有任何解。但是，当期权价格低时，却得到两个解：σ_1 和 σ_2，如图 6.22 所示。如果我们选择 σ_1 作为隐含波动率，Vega 是正的，但如果我们选择 σ_2，Vega 是负的。Delta 也存在同样的问题（因为敲出期权的 Vanna）。因此，这两个解并不等同，使用其中任何一个来对冲头寸都可能导致承担额外风险的发生。

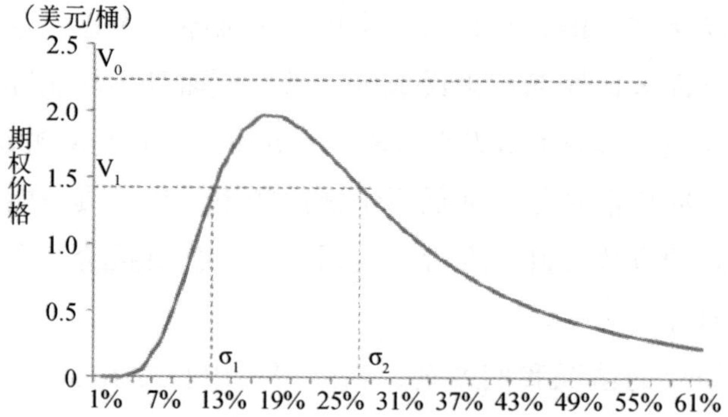

图 6.22 障碍期权的多重 B－S 隐含波动率

在 B－S 框架下，用欧式期权组合得到障碍期权价格和静态复制如下：

$$\text{KO call}(F,K,t)=\text{Call}(F,K,t)-H(F,t)$$

上式的逻辑是，持有一个期权组合，组合的到期损益和香草型期权相同，但是如果价格触及障碍价则价值为零。有了这个期权组合，一旦障碍价被触及，交易员会被迫立即将整个组合平仓。理想情况下，复制组合的平仓费用为零：Call(B,K,t) - H(B,t) = 0。但在现实生活中，波动率不是恒定的，不平坦的隐含波动率曲面可能需要一些平仓成本。障碍期权的价格应考虑这些成本。从定价的角度来看，交易员应该选择静态复制组合，以便在敲出时将平仓成本最小化。

在障碍价上的平仓成本对远期“微笑”非常敏感。即 Call(F,K,t) - H(F,t)的价值是隐含波动率“微笑”的函数。所以，平仓成本取决于对价格接近障碍价时波动率“微笑”的预期。就像基于展期期权的结构一样，障碍期权取决于条件转移密度，它反映了在不同时间点和不同价格水平下市场参与者对到期价格分布的看法。

6.4.5　期货首行合约的障碍期权

障碍期权通常与期货近月合约或首行合约的算术平均价挂钩。这导致根据首行合约观察障碍是否触及，而期权的到期损益却是基于更长期限的合约。除了之前讨论的波动率曲面和远期偏度动态变化问题外，这类期权还具有与远期曲线动态变化相关的额外复杂性。

对于向上敲出看涨期权（UOC）来说，快速波动的首行合约增加了被敲出的机会，而长端合约的稳定性意味着当首行合约触及障碍价时，标的香草型期权可能仍然相对便宜（与首行合约的香草型期权相比）。交易台的数字风险（在发生敲出时）低于障碍价和行权价之差，如图6.23所示。对于向上敲出看涨期权（UOC）持有方而言，基于首行合约的敲出大大增加了敲出的可能性。

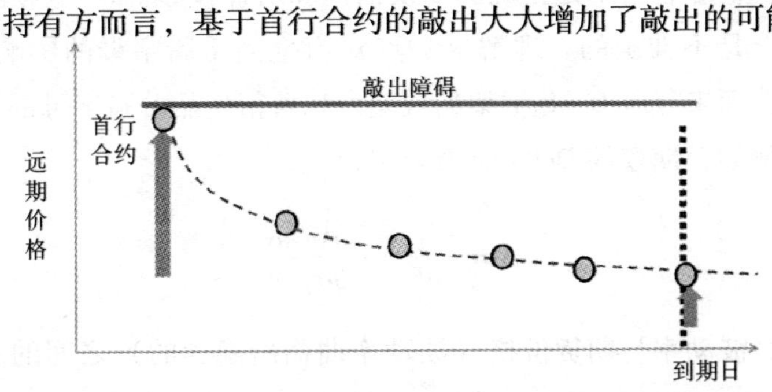

图6.23　远期曲线动态变化对向上敲出看涨期权的影响（其中障碍观察基于首行合约）

对于向下敲出看涨期权（DOC），快速移动的首行合约价格增加了实值期权被敲出的可能性，见图 6.24。

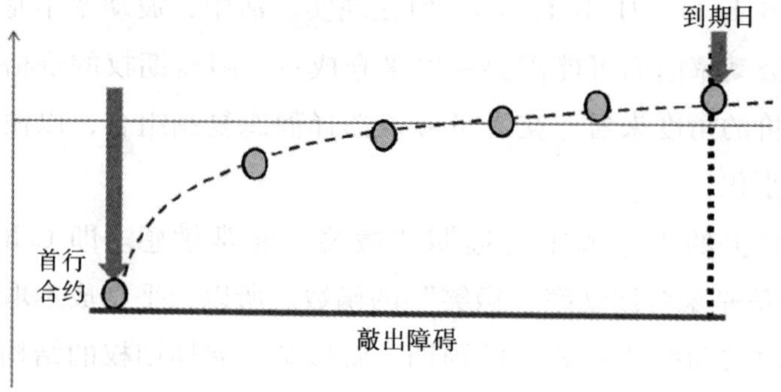

图 6.24 远期曲线动态变化对向下敲出看涨期权的影响（其中障碍观察基于首行合约）

直觉上，这种障碍期权的行为就像是基于两个高度相关的标的——长期限合约用于确定到期损益，滚动的首行合约用于决定敲出。长期限合约的终端方差由市场 B－S 隐含波动率决定，但滚动首行合约的终端方差，平均来看与首行合约的波动率相当，它通常是远期曲线中波动率最高的合约。

下面结合局部波动率模型继续讨论波动率模型。

6.5 局部波动率模型

正如第 5 章所讨论的，交易员们一致同意使用 Black－Scholes 模型来为香草型期权报价，尽管它不是正确的期权估值和对冲模型。B－S 模型给出的无套利复制组合是不准确的。理解这一点对衍生品希腊字母的影响十分重要。使用波动率曲面来克服 B－S 框架的缺陷意味着衍生品希腊字母的计算方法也需要调整。例如，期权的 Delta 应当调整为：

$$\Delta = \frac{\partial V_{B-S}}{\partial F} + \frac{\partial V}{\partial \sigma}\frac{\partial \sigma}{\partial F}$$

这表明，波动率与期货价格（波动率曲面所隐含的）之间的关系带来了增量风险。

由于随机波动率模型的复杂性以及交易台在校准模型参数到市场波动率曲面时所面临的困难，从业者在不显著损害定价准确性的情况下，通常会寻求更简单的波动率模型。局部波动模型将波动率作为价格的确定性函数。局部波动率可以看作在一定价格水平下随机波动率的条件预期。

局部波动率模型源于期权价格和期货价格风险中性概率密度函数的关系。假设期货价格风险中性概率密度为已知函数 D(p)，行权价为 K、期限为 T 的看涨期权的价格如下：

$$C = \int_K^{\infty} D(F,T)(F - K)\,dF$$

由此，得到风险中性概率密度：

$$D(K,T) = \frac{\partial^2 C}{\partial K^2}$$

如图 6.25 所示的蝶式期权中，dK 为无限小。

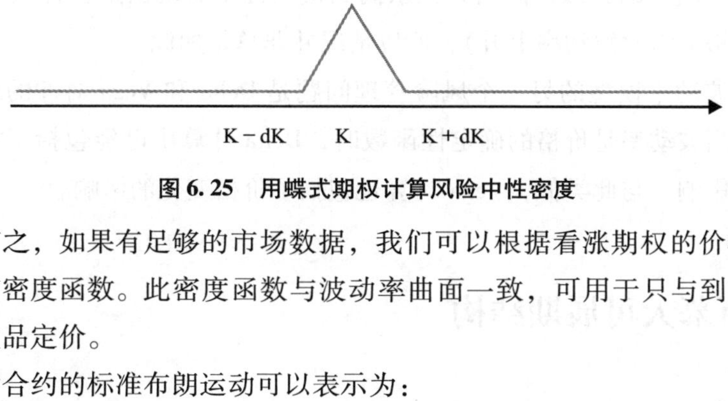

图 6.25　用蝶式期权计算风险中性密度

换言之，如果有足够的市场数据，我们可以根据看涨期权的价格来构建价格分布密度函数。此密度函数与波动率曲面一致，可用于只与到期分布有关的衍生品定价。

期货合约的标准布朗运动可以表示为：

$$\frac{dF}{F} = \sigma(F,t)\,dz$$

布朗运动扩散产生的价格分布与期权市场隐含的（风险中性密度，如前所述）价格应当相同。由于布朗运动方程主要取决于所选择的函数 σ(F,t)，因此我们需要为布朗运动选择波动率函数，以获得确切的终端价格分布。为此，局部波动率模型（如 Dupire 建议的那样）定义了独特的局部波动率函数 σ(F,t)：

$$\sigma^2(K,T)=\frac{2\frac{\partial C}{\partial T}}{K^2\frac{\partial^2 C}{\partial K^2}}$$

此公式可以直观地理解为：

$\frac{\partial C}{\partial T}$是无限小时间窗口的看涨期权日历价差；

$\frac{\partial^2 C}{\partial K^2}$是蝶式价差（与行权价十分接近）。

波动率曲面上的隐含波动率可看作从起始日的初始远期价格开始，在到期日以行权价 K 终止的所有价格路径局部波动率的平均值。这可以解释为什么当价格变动时，局部波动率的移动速度比隐含波动率快，因为隐含波动率是局部波动的平均值。当价格变动时，局部波动行为会影响远期偏度。由此产生的远期偏度动态变化也与股市中观察到的杠杆效应（当股票下跌时波动率上升）所暗示的类似，但因为大宗商品市场经常表现出逆杠杆效应（当大宗商品价格上涨时波动率上升），所以情况并非总是加此。

局部波动率模型的另一个风险管理问题是 Delta 和 Vega 对冲的组合。换句话说，当波动率是价格的确定性函数时，Delta 计算中已经包括了波动率变化的部分影响。与此类似，Vega 计算也包括了价格变化的影响。

6.6 百慕大可展期结构

百慕大可展期结构类似于前文中介绍的一次性可展期结构，但它赋予展期期权持有者多次展期的权利，可以定期行权。期权持有者有机会定期重新评估交易的盈利能力，如果认为交易不再有利，则有机会退出交易。如果百慕大可展期结构持有者在指定时间不行使展期权，则该交易终止，展期权也随之丧失。

图 6.26 所示的例子中，百慕大可展期领式结构可在四个预定日期展期。每次展期时，交易对手都会被锁定在标的交易中，将交易延长到下一个展期

日。如前所述，这种可展期结构也可以表示为可取消交易（见图 6.27）。除了只能在特定日期行权外，百慕大可取消期权类似于进入抵消交易的美式期权。

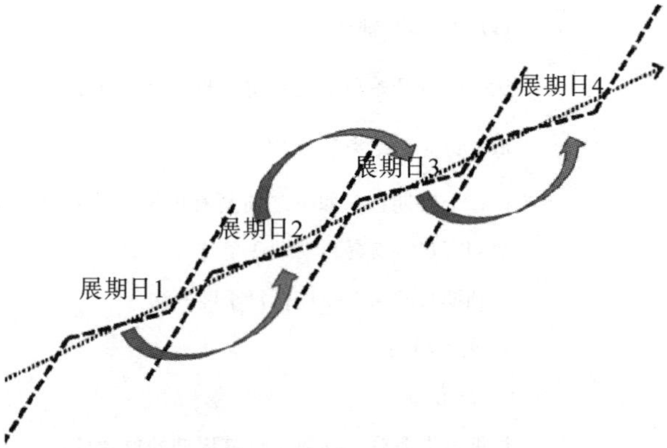

图 6.26　百慕大可展期领式结构中的多个展期期权

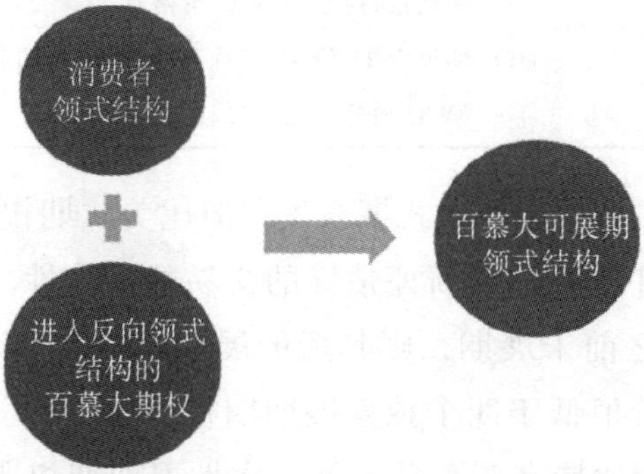

图 6.27　百慕大可展期领式结构可分解为一个领式结构和一个进入反向领式结构的百慕大期权

百慕大可展期领式结构的示例交易要素见例 6.3。

例 6.3——百慕大可展期领式结构交易

交易双方：	客户和银行
WTI 价格：	纽约商品交易所 WTI 原油首行期货合约（月平均值）
生效日：	交易日后下个日历月开始

续表

到期日：	生效日 +1 年
终止日：	到期日 +2 周，视展期条款而定
名义数量：	每月 50,000 桶
计算期：	从生效日开始至最终到期日的每个日历月
付款日：	每个计算期结束后 2 周
展期条款：	在每个展期日，如果之前所有展期日均行使了展期权，银行有权通知客户将交易再展期 3 个月
展期日：	自到期日起 4 个季度，每季度一次
看跌期权行权价：	50 美元/桶：
看涨期权行权价：	67 美元/桶
结算金额：	根据展期条款，在每个计算周期的付款日： （1）如果 WTI 价格 < 看跌期权行权价，客户支付名义数量 ×（看跌期权行权价 − WTI 价格） （2）如果 WTI 价格 > 看涨期权行权价，客户收取名义数量 ×（WTI 价格 − 看涨期权行权价）

一般来说，百慕大期权比欧式期权贵，但比美式期权便宜。在例 6.3 中，有四个展期日，允许持有人重新评估标的交易的经济性。但是，展期期权是相互关联的，如果之前未展期，则其后的展期期权将自动丧失。由此可见，百慕大展期期权的价值低于四个独立展期期权价值之和（见图 6.28）。这反映了百慕大展期期权比持有四个独立的一次性展期期权所受的约束更强这一事实。

相比之下，与只有一次取消机会的交易相比，百慕大展期结构在选择退出交易的时间方面具有更大的灵活性（见图 6.29），即百慕大可展期结构比下列最有价值的一次性可取消结构更有价值：

- 2 年期领式结构，可在第 12 个月末取消；
- 2 年期领式结构，可在第 15 个月末取消；
- 2 年期领式结构，可在第 18 个月末取消；
- 2 年期领式结构，可在第 21 个月末取消。

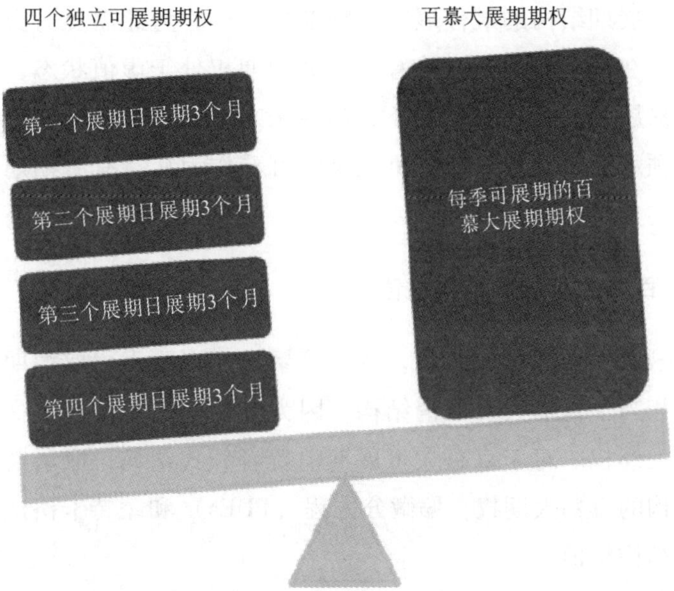

图 6.28　每季可展期的百慕大展期期权与四个独立可展期期权比较

百慕大可展期结构的持有人需要使用某些标准来决定是否将交易展期。如果事先知道这些标准，他/她可以根据行权标准对百慕大可展期结构进行估值。百慕大期权的卖方可能不同意买方的估值，特别是在他/她认为设定的行权标准是次优的情况下。

图 6.29　每季可展期的百慕大展期期权与价值最高的可取消期权估值比较

百慕大可展期结构的最佳展期策略非常重要，为此需要对交易进行精细分析。例如，在某些情况下，持有人的展期期权处于虚值状态，但最佳策略可能是将交易展期。在这种情况下，如果未来展期期权的时间价值较高，期权持有人必须承受负的现金流。负现金流可看作为从持有展期期权中获利而付出的成本。

6.6.1 百慕大可展期结构估值

对于百慕大可展期结构估值，我们将聚焦于百慕大可取消期权。百慕大可展期结构相当于百慕大可取消结构，因为取消期权只不过是一个进入抵消交易的百慕大期权。对于百慕大可展期消费者领式结构，取消期权是进入生产商领式结构的百慕大期权。偏微分方程（PDEs）和蒙特卡洛法可用于对百慕大可展期结构估值。

用偏微分方程（PDEs）对衍生品定价时通常用倒推法。定价从衍生品到期时的损益开始，在倒推过程中，根据沿路径上产生的现金流的贴现值生成价格 F，由此计算相应的衍生产品价值。就百慕大期权而言，衍生品的价值是交易延续的价值，因此它通常被称为“延续价值”。行权决策是基于“延续价值”，将它与取消期权（也称为“退出价值”）的价值进行比较。在这种情况下，“退出价值”是取消期权的内在价值，即剩余期限内生产商领式结构的净现值。

百慕大可展期结构定价最流行的数值方法是蒙特卡洛模拟，辅之以 Longstaff 和 Schwartz 提出的最佳行权策略。

6.6.2 Longstaff – Schwartz 方法和行权边界

蒙特卡洛模拟是一种前瞻数值方法，在不了解最佳行权策略的情况下，无法用于百慕大期权估值。如前所述，行权策略需要考虑“延续价值”，即继续交易的价值，并将其与退出交易的价值即“退出价值”进行比较。Longstaff 和 Schwartz 通过将“延续价值”表达为当前价格（或互换价格）的函数，将倒推估值法引入了蒙特卡洛模拟。有了这个函数，就可以根据展期日的模拟价格计算延续价值，根据延续价值做出行权决策，运行蒙特卡洛模拟就很容易。

（1）延续价值函数

为了理解延续价值函数的定义方法，考虑衍生品V（如看涨期权）。衍生产品的价格可以看作所有模拟到期损益贴现后的平均值。现在考虑模拟不同起始价情况下的到期损益。我们尝试通过回归分析来找到一个函数来拟合到期损益与初始价格。期权价值作为价格的函数可以用贴现后到期损益的最佳拟合曲线来近似得到（见图6.30）。理想情况下，对于每个价格P，回归值接近于起始价格为P时到期损益的平均值。

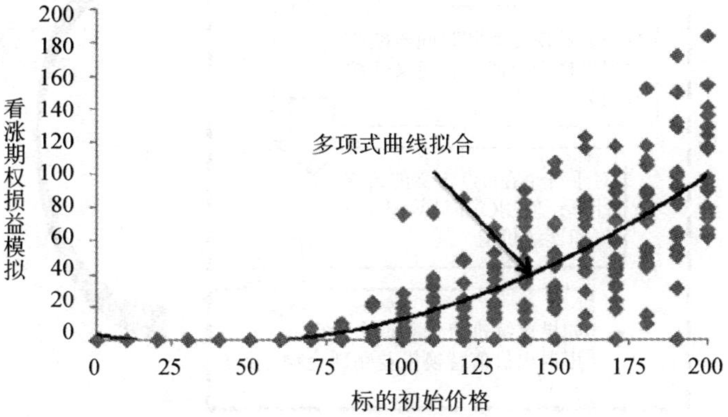

图6.30　基于不同初始价格的模拟看涨期权价格（行权价 =100）

Longstaff – Schwartz 方法使用类似方法来定义延续价值函数（如多项式函数），他们将时间点 T + 1 的损益与 T 时的价格进行回归。考虑到贴现效应，在进行回归前先将损益贴现到时间点 T。Longstaff – Schwartz 方法见图6.31。

（2）行权边界

我们讨论了延续价值可以近似由一个市场价格的函数得到。行权决定是基于可观察的市场数据并遵循某些标准。这些标准通常是可观察市场数据在指定范围内。例如根据行权边界定义行权策略，只有在价格低于/高于行权边界时，才能行使展期期权。但行权策略也可以基于其他变量，如互换价格或期权组合的价值（如选择适当的香草型期权的 Black – Scholes 价格）。在这种情况下，需要相应地对延续价值进行回归。

最重要的是，要证明行权策略是最佳策略几乎是不可能的。使用次优行权策略来竞买百慕大可展期结构是一种保守的方法。Longstaff – Schwartz 方法

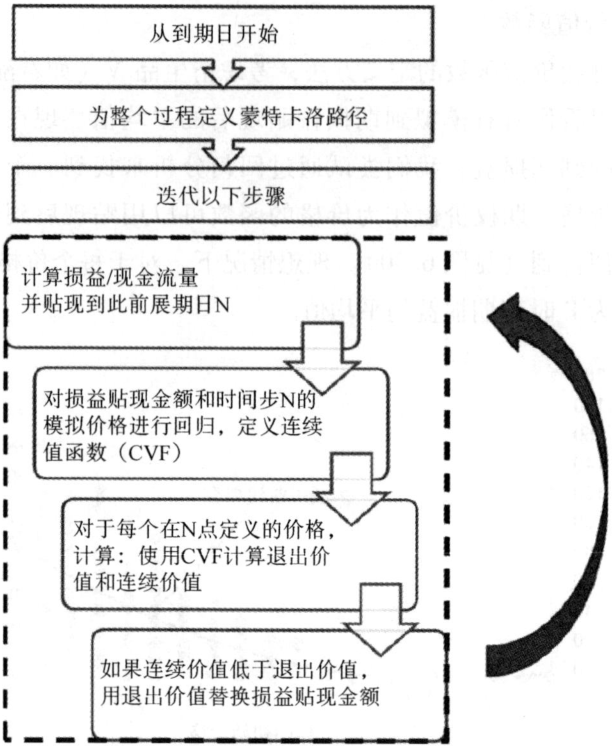

图 6.31 Longstaff – Schwartz 方法

已被证明具有非常好的行权边界，但是它仍然是次优的，因为它过于简化并且行权标准中考虑的市场参数数量有限（通常不包括所有远期曲线和波动率曲面数据）。交易员非常乐意买入百慕大可展期结构，但当被要求卖出这些结构时，他们常常避而远之。其背后的原因是：次优的行权边界给出了保守的买入价，但却给出了激进的卖出价。

(3) 对冲者的次优行权

一些交易台可能向不成熟的客户出售百慕大可展期结构，希望他们以相对于交易台使用的与复杂策略相比次优的方式行权。当此类期权行权过早或错过最佳行权日期时，期权卖方相对于他的估值模型会立即实现收益。公司对冲者很少购买百慕大可展期期权。但如果购买了，他们可能缺乏适当的工具来估值和作出最优行权决策。有时行权决定是由商业因素推动的，包括与交易本身经济性无关的因素。如一个情景是公司有一个取决于外部因素的或有项目，它进入一个可取消结构来对冲项目的商品成本。如果项目被放弃，对冲者可选择取消结构，因为已不再需要对冲。另一个情景是，公司对冲者进入一个可展期交易，需要提供现金保证金来进行展期交易或在交易展期后立即发生现金流损失（现金流出）。如果对冲者资金流动性受到限制，他可能不会选择将交易展期。这种做法忽略了展期期权的价值（期权价值仅取决于市场参数）。在这种情况下，期权持有人应将交易平仓来收回期权的价值，而不是让它过期变得一文不值。

6.6.3　可展期与自动赎回结构

自动赎回结构（Auto - callable）是在指定日期价格达到预定水平时自动终止的交易。它与障碍结构非常相似，除了敲出只在指定的观察日和通常每个敲出日的障碍水平不同外。

百慕大可展期/可取消结构的定价在很大程度上取决于行权边界选择。Longstaff - Schwartz 方法帮助定义了行权边界，给出了每个展期日终止交易的价格范围，价格超出这个范围时应当终止交易。这个行权边界定义为每个展期日的可取消期权的行权价。一旦行权边界确定，可展期结构的定价就与自动赎回结构相同。我们可以将可展期结构作为自动赎回结构来定价，寻找不同展期日自动赎回障碍$\{B_{t_i}\}$的组合来使可取消期权的价值最大化。可展期结构的这种手工定价方法要简单得多，结果非常接近 Longstaff - Schwartz 方法给出的结果。这种方法有时通过将自动赎回行权价［使用多项式函数 $B(t_i)$］参数化实现自动化，借助蒙特卡洛模拟，计算每个参数化的自动赎回价值，然后选择自动可赎回价值最高的参数。

对于展期期权持有人而言，自动赎回是对展期期权一个有趣的过度对冲，因为当市场条件改变时，他/她总可以改变自动赎回行权价的参数，这是给了他/她额外的期权。换言之，如果交易员已经将可展期结构按自动赎回结构录入了风险管理系统，则估值是保守的。交易员可以重新计算最佳的自动赎回行权价，当找到更优的行权价组合时，交易账簿将立即产生利润。

通过再优化过度对冲产生的收入并不与期权卖方（通常是公司对冲者）分享，这对公司对冲者来说是不幸的，因为他们只是在开始时获得了与初始参数化过度对冲结构（自动赎回）相对应的权利金。这在商品市场很常见，因为许多市场参与者不熟悉此类交易的估值和对冲方式。为了收回部分给交易对手的权利金，以增加交易文件的复杂性为代价，公司对冲者可以选择自动赎回结构而不是百慕大可展期结构。

为了更好地解决这个问题，公司对冲者应该将定价复杂性转换为交易文件问题。结构产品交易员和金融工程师通常通过使用静态过度对冲来给复杂结构报价，而不是寻求快速廉价的法律缓冲措施。这种做法是可以理解的，因为他们不愿意向客户透露交易秘密。在这种情况下，对冲者将在法律上承诺可展期，而他/她只是在最初得到了自动赎回的补偿。这与将二元期权作为看涨期权牛市价差定价的情况相同。在这种情况下，对冲者最好直接交易看涨期权牛市价差。不幸的是，许多对冲者为图省事选择将交易打包为可展期结构。与自动赎回结构的文档相比，可展期结构的条款更加简洁。

6.6.4 百慕大可展期结构和远期偏度

在讨论一次性可展期结构估值和风险管理时，我们着重强调了远期偏度动态变化的重要性。对百慕大可展期结构来说，这个问题更复杂，因为到期损益的路径依赖程度更高。在一次性展期的情况下，我们只关注展期日的远期偏度，感兴趣的是远期偏度与价格的相关性。在展期日，价格的条件偏度对展期日的损益（风险逆转的现值）有直接影响。

就百慕大可展期结构而言，展期日的损益既取决于偏度，又取决于后续展期日的远期偏度。这是因为到期损益包括后续展期期权的期望价值。我们寻找的是特定日期以价格为条件的远期偏度和以路径为条件的远期偏度。例如，百慕大可展期领式结构的价格取决于该日期以价格为条件的远期偏度（风险逆转），以及可展期结构所有先前展期日的远期偏度。

就波动率模型而言，局部波动率和随机波动率模型各有优缺点。重要的是要注意每个模型的局限性，并根据手头的结构灵活选择保守的方法。许多交易员和金融工程师认为，只要将模型校准到观察到的产品市场价格就可以保证模型的质量和准确性，这是最常见的陷阱。

坦率地说，将模型校准到可观察到的香草型产品价格可以保证以下两点：

（1）对香草型期权组合无套利定价的能力；

（2）保住金融工程师的工作，因为校准后模型的缺陷很难发现。

为了说明这一点，我们首先考虑模型校准到期货和期权的方式，这里的期权主要是欧式期权。对于路径依赖型产品，差异来自模型的假设和方法。调整模型以匹配波动率曲面或其他约束，有时会引入不切实际的路径依赖关系，从而显著影响结构的定价和风险管理。例如，当结构对远期偏度动态变化不敏感时，局部波动率模型非常准确。然而，它在预测波动率曲面的动态时不可靠，通常会给出错误的远期偏度预测。局部波动率模型预测的远期偏度往往不大。当价格上升或下降时，预测的远期偏度可能与市场观察到的行为相反。这不仅会导致定价错误，还会导致奇异期权的不当对冲。

相比之下，随机波动率模型给出的远期偏度形状与最初观察到的偏度相似，然而却与局部波动率模型不同。随机波动率模型可能并不总是“无套利”。仅仅假设波动率为随机变量，就可能由于缺乏波动率工具（如波动率互换）带来“不完备性”，如果不同时交易波动率/期权和标的期货，就无法复制结构。

为了了解远期偏度与价格的相关性，下面我们将讨论大宗商品市场的杠杆率和逆杠杆效应及其在燃料奇异对冲结构定价和风险管理中的重要性。

6.6.5 商品市场的逆杠杆效应

股票市场的“杠杆效应”是指隐含波动率与股票价格之间存在负相关关系。这主要是由于市场对股价下跌的排斥及厌恶情绪。当股价开始下跌时，恐慌情绪在投资者之间蔓延，他们寻求退出或对冲下行风险。受这种避险情绪的影响，期权价格随着股票价格的下跌而转化为更高的隐含波动率。商品市场通常存在相反的关系，称为“逆杠杆效应”。大宗商品市场是由现货对冲者推动的，他们更关心现货商品短缺的情况。这种效应也与便利收益的不对称性有关。

在第5章中，通过将现货价格高波动与便利收益联系起来，简要讨论了便利收益作为一种期权的概念，同时还提到，与持有纸货合同相比，便利收益可看作为持有现货资产中的期权所支付的权利金。大多数消费者在现货上是天然的空头，这意味着他们也做空了其中的期权并为此支付权利金。权利金转化为便利收益，也与商品价格波动率有关。一般来讲，商品价格、便利收益和波动率存在正相关关系。

我们来看杠杆和逆杠杆效应在数学上是如何建模的。我们使用定常方差弹性（CEV）模型，通过在布朗运动过程中添加一个参数来复制这个行为。

对于期货合约，定常方差弹性模型如下：

$$dF_t = \sigma F_t^{\gamma} dZ$$

根据参数 γ 的值，可以产生杠杆或逆杠杆效应，该方程可以写为：

$$\frac{dF_t}{F_t} = \sigma F_t^{\gamma - 1} dZ$$

这清楚地表明，如果 γ 小于 1，期货合约的波动率与期货价格（杠杆效应）负相关；如果 γ 大于 1，定常方差弹性模型给出逆杠杆效应。

“反馈效应”是指价格与波动率之间因果关系逆转的现象（波动率的变化导致价格变化）。这可以用投资者和资产管理公司的行为以及他们对市场波动的反应来解释。现代投资组合理论（MPT）和历史均方差分析方法已成为大多数投资经理的规范，在商学院和金融教育项目上广泛讲授。作为一种营销工具，许多金融产品营销人员利用这种简单、落后的框架进行市场投资。这种框架的应用意味着具有低历史收益率和高波动率的资产被系统性地从投资组合中剔除，取而代之的是较高夏普比率（历史收益率与波动率之比较高的）的资产。换言之，当波动率上升时，投资者要求按比例获得更高的收益，并从其投资组合中剔除夏普比率较低的投资。反馈效应表明，“杠杆效应”下的因果关系是可以逆转的。

在过去的十年中，石油市场曾出现过与杠杆效应相符的行为。其中一个是投资者对石油挂钩产品的兴趣增加，并将商品作为一种新的资产类型进行营销。商品指数，特别是原油权重较高的指数，开始流行起来，这些指数被列入投资组合。这导致原油价格也受到来自投资组合管理技术的反馈效应的影响。

下面我们讨论目标赎回结构，它与可展期结构一直是商品市场上最受欢迎的奇异结构之一。

6.7　目标赎回结构

“目标赎回”一词不是特指某种对冲结构，而是在常规对冲结构（如互换、领式结构、“三腿”或期权组合）上添加一个特征。这一概念来自投资产品，在企业对冲中被借用。目标赎回特征就是设定向交易对手支付金额的上限，一旦向交易对手累计支付的金额达到了目标，整个交易立即终止。例 6.4 为目标赎回领式结构的条款。

例 6.4——目标赎回领式结构

交易双方：	客户和银行
WTI 价格：	纽约商品交易所 WTI 原油期货首行合约（月平均值）
生效日：	交易日后下个日历月开始
到期日：	生效日 +1 年
终止日：	到期日 +2 周，视敲出条款而定
名义数量：	每月 10,000 桶
计算期：	从生效日期开始至最终到期日的每个日历月
付款日：	每个计算期结束后 2 周
看跌期权行权价：	50 美元/桶
看涨期权行权价：	60 美元/桶
结算金额：	根据敲出条款，在每个计算周期的付款日： （1）如果 WTI 价格 < 看跌期权行权价，客户支付名义数量 ×（看跌期权行权价 - WTI 价格） （2）如果 WTI 价格 > 看涨期权行权价，客户收取名义数量 ×（WTI 价格 - 看涨期权行权价）
敲出条款：	当向客户支付金额累计达到目标利润（30 美元/桶）时敲出

目标赎回特征通常被添加到序列衍生品交易中。在上面的例子中，目标赎回被添加到每月领式结构中。目标赎回是基于看涨期权的损益，一旦看涨期权的累计收益达到 30 美元/桶，整个结构将提前终止。上述条款和条件并不完整，因为它没有提供目标赎回结构提前终止时最后结算的详细信息。事

实上，根据计算前一次付款的方法，有两种类型的目标赎回。

1. 全额目标赎回：如果发生敲出，最后付款将根据标的衍生品损益全额支付。在上述领式结构的情况下，最后一笔付款是看涨期权的到期损益。

2. 精确目标赎回：如果发生敲出，最后付款将进行调整，以使付款总额完全等于目标，而不会超过它。

公司对冲者通常使用目标赎回结构，目的是获得零成本结构，其水平优于相应香草型结构的市场价格。目标上限通常适用于对冲者。从银行的角度来看，目标赎回交易的支付是有封顶的，但收益不止于此。这种收益的不对称性转化为期权，权利金以改进固定价格或行权价的形式给予对冲者。

这种交易在新闻中一直被描绘成零和游戏，当市场对公司对冲者不利时，便会想当然地认为银行的处境会更好。实际上，在这种情况下银行在目标赎回结构中支付的款项十分可观。这些言论是对衍生品交易的误解。相反，奇异结构交易台将这种交易视为双赢策略。交易员通常动态对冲头寸，并通过出售看跌期权来对交易账簿进行免疫，防范隐含波动率和远期价格的变化。平均而言，即使公司对冲者出现亏损，完全动态对冲的目标赎回结构也不会从市场价格变化中获利。由于信用风险增加以及相关的信用对冲和融资成本增加，当客户的盯市价值为负时，银行交易台实际上承受着压力。交易台对初始（交易日）保证金更感兴趣，实际上很乐意看到目标赎回交易被敲出，因为这可以释放信用额度，用于与客户进行新的交易。这与累计结构非常相似，累计结构对于奇异结构交易台来说非常有利可图，因为敲出意味着反复交易，带来更高的利润。

也就是说，企业对冲者应该意识到杠杆交易（如目标赎回）和敲出结构所固有的风险。正如在累计结构和双重障碍结构中讨论的那样，使用这类结构进行对冲有两个问题，一个是在最需要对冲时，对冲却被敲出了；另一个是不对称支出所固有的杠杆作用。

6.7.1 目标赎回结构与2008年崩盘

过去十年的石油市场牛市是由情绪推动的。由于市场主流声音唱多大宗商品的“超级周期”，吸引投资者进入原油挂钩产品。这导致石油价格上涨，迫使航空公司通过对冲交易来管理成本。这种既恐惧又贪婪的行为是由一些主要银行的分析师煽动的，他们讨论了出现重大供应中断情况下 WTI 价格达到 200 美元/桶的可能性。由于争论主要集中于油价是否进一步上涨，许多航空公司在没有认真考虑油价下跌可能的情况下匆忙进行了对冲交易。

由于目标赎回等不对称期权结构的条款具有极高的吸引力，以及在 2007—2008 年趋势市场中的良好表现，对冲部门过度使用了这类对冲结构。企业对冲者也不怎么关心目标赎回结构的长期前景，因为他们预期交易在 1 到 4 个月内会被敲出。一些企业对冲者对市场有非常短期的要求，要求目标水平足够低，如果油价保持不变，交易在 2 至 3 个月内退出。如果对冲者进入目标赎回领式结构交易的看涨期权为实值 10 美元/桶，设定 30 美元/桶的目标赎回上限，则在市场价格不变的情况下 3 个月内就可以退出。随着敲出步伐的加快，这些结构在趋势市场里更具吸引力，增加了对冲者的自信。

到了 2008 年下半年，WTI 价格开始暴跌，2008 年 12 月达到了34 美元/桶的水平。在抛售开始时，大多数对冲者预计市场会恢复，但随着下跌趋势开始形成，一些对衍生品比较熟悉的航空公司决定重组这些交易，当时盯市价值的敏感性仍然可控。事实证明，这是一个非常明智的决定。其他观望的航空公司受到了盯市价值加速损失的不利影响，因为当现货价格跌破看涨期权行权价和敲出可能性降低时，这些交易表现出巨大的 Gamma（即目标赎回结构的盯市价值随着价格的下降而加速下降）。

随着 MTM 每日亏损的增加，许多在对冲银行拥有信贷支持附件（CSA）的公司客户不得不缴纳高额的保证金，这影响了他们的现金管理。设法重组了目标赎回交易的对冲者受影响较小，因为他们在 Gamma 效应开始之前设法改变了风险状况。一些对冲者甚至在出现巨额亏损前将交易平仓了。

随着雷曼兄弟的违约，信贷危机进一步加剧，形势进一步恶化。在原油价格暴跌的同时，重组交易的对冲者迫切需要与对冲银行合作并迅速做出响应。然而，违约银行的客户不能轻易重组对冲交易，在之后的银行交易组合清算期间，他们不得不直接与债权人打交道。

危机发生后，一些进行了奇异结构和目标赎回结构交易并遭受损失的燃料对冲者拒绝支付这些交易的费用，并指责对冲交易商误导销售了这些衍生品。这些对冲者提出的主要论点包括将这些交易定性为投机交易，认为这些交易不是真正的对冲，超出了代表对冲者与银行打交道的个人授权或能力。在一些案件中，特别是锡兰石油公司（Ceylon Petroleum Corporation）的案件中，这些论点被法院推翻。

2008 年的失败引发了关于交易结构的讨论，并促使银行和企业对冲者就对冲交易的适当性、法律效义以及降低交易对手风险的方法制定新的指引。其中一项建议是关于对冲交易中杠杆的使用。

6.7.2 定义杠杆

在讨论风险时，“杠杆”一词被大量使用，但在制定指引时，合规部门和监管机构发现很难制定出明确而又切实的定义。在商品对冲中，许多公司对冲者和银行根据买入或卖出期权的数量来定义杠杆。例如，在领式结构的情况下，如果看跌期权的名义本金是看涨期权的两倍，则该结构被描述为两倍杠杆。许多对冲准则使用此类定义来限制对冲交易的杠杆。这种杠杆定义可能会带来严重误导，给人一种虚假的安全感。

标的期权的名义本金本身并不是杠杆指标。例如，1 年期 ×1 年期可展期互换，名义本金在下行和上行方向相同，但可展期结构的盯市价值与卖出看跌期权相似，因为只有在互换价格低于互换期权行权价时才会展期。当可展期互换处于深度虚值时，它的行为几乎和 1 年期杠杆互换相同。因此，只用名义金额定义杠杆是有缺陷的。在确定杠杆率时，还应考虑期限的选择和到期损益的不对称性。

所有衍生品均具有杠杆作用，因为相对于期初投资，他们提供了超高收益或亏损的可能。期货是杠杆工具，期货交易要求的保证金只是名义金额的一小部分。顾名思义，期权是杠杆工具，因为它允许按名义数量计算收益，远远高于权利金投资，是收益不对称的典型例子。在目标赎回的情况下，收益的不对称性是非常明显的。在之前讨论的例子中，客户的最高收益为 30 美元/桶，如果看涨期权超过平值 10 美元/桶，可以在 3 个月内达到目标。然而，客户还做空了 24 个月的敲出看跌期权。为了简单理解起见，我们考虑一个交易，客户收到的权利金相当于每月名义数量乘以 30 美元/桶，并卖出

24 个月度看跌期权。此交易相当于以 1.25 美元/桶的价格出售 24 个月度敲出看跌期权。从客户角度看，此交易优于目标赎回结构。由以上分析我们得出结论，在进入目标赎回领式结构时，公司客户最多以 1.25 美元/桶的价格卖出了 24 个月度敲出看跌期权。他/她的最佳情景使这个交易成为杠杆交易。

诚然，当看跌期权的名义数量分布在较长期限时，从现金流角度来看，可以更好地管理每月的损失。然而，银行对签署 CSA 进行衍生品交易越来越坚持。签署 CSA 后，市场波动使杠杆交易（以及卖出期权）的盯市价值巨幅波动，这需要提交大量的保证金。对冲期限越长，用现金支付保证金的要求就越难满足。在这种情况下，对冲者将不得不借钱来弥补其长期对冲操作的损失。

6.7.3　目标赎回结构的定价和风险管理

目标赎回结构通常使用蒙特卡洛模拟定价，是一种向前看的累计的结构。对于每个模拟路径，计算交易实现的收益，直到交易到期或累计收益金额达到目标赎回上限为止。

目标赎回结构可以分解为做多“目标赎回敲出”看涨期权牛市价差和做空“目标赎回敲出”看跌期权。这里需要注意的是，看跌期权的敲出是基于看涨期权的收益。目标赎回结构的参数设置通常以敲出概率最大化为原则。敲出概率最大化伴随着杠杆的增加。2007—2008 年，许多目标赎回结构使用的敲出概率在 85% 到 90% 之间。为此，目标赎回结构的期限将设计成长达 2 年或 3 年，看跌期权的名义本金加了 2 倍的杠杆。

为了使目标赎回结构零成本，目标赎回敲出看涨期权和敲出看跌期权的价值应该相等。如果不考虑贴现的影响，未贴现敲出看涨期权的价值在以下范围内：

$$\text{Prob(KO)} \times \text{Target cap} < \text{TAR KO call} < \text{Target cap}$$

例如，如果敲出概率 Prob(KO) = 90%，目标上限 Target cap = 30 美元，则未贴现敲出看涨期权的价值在每桶 27 ~ 30 美元的范围内。

目标赎回看跌期权的价值范围难以确定。其最明显的边界是：

$$\text{TAR KO put} < \text{Put}$$

在上行方向“看涨期权行权价 + 目标上限”处添加一个障碍，可以进一步缩小这个边界。换言之，如果每月价格达到“看涨期权行权价 + 目标上限”，目标赎回看跌期权也会被敲出：

$$\text{TAR KO put} < \text{KOcall strike} + \text{cap put}$$

看跌期权敲出的可能性随着价格的下跌而降低，这使目标赎回结构更像卖出一系列看跌期权。当价格接近看跌期权行权价时，看跌期权存续概率上升使 Gamma 上升，目标赎回结构的希腊字母加速变化。举个例子，我们设想价格下跌4 美元/桶，看跌期权的存续概率从10% 上升到20% 。其效果接近于看跌期权的名义本金翻倍。4 美元/桶的价格下跌不仅使我们更接近看跌期权行权价，而且具有“杠杆”效应。

目标赎回结构的价格对远期曲线形状非常敏感。与现货价格相比，深度反向的远期曲线提高了长期限看跌期权的实值程度，而且当现货价格处于高位时，提前退出的可能性更大。这使得目标赎回结构的条件看起来非常有吸引力。

6.7.4 均值回归陷阱

有人说“趋势是朋友”，我们说“友谊就是给予和接受”。

在大宗商品市场，均值回归会将过去拿走的东西还回来。在过去十年里油价一直波动不定，几个月内上涨 100 多美元/桶，但参与者的行为没有改变。我们有必要回顾和分析目标赎回结构的吸引力是如何被趋势夸大的。

在第 5 章中，我们讨论了萨缪尔森效应和远期曲线的动态变化。我们知道，燃料等均值回归型市场具有快速移动的前端和比较稳定的远端期限结构。这在2007 年至2008 年6 月的牛市中得到了验证。随着燃料价格走高，反向市场结构加剧，根据首行合约价格进行估值时，对冲结构的经济性被提高。由于首行合约价格处于上升趋势，目标赎回结构不断被敲出，对冲者争先恐后地重新进入目标赎回结构。他们被目标赎回策略的历史表现、大多数石油分析师的乐观看法以及近期的高敲出概率（见图 6. 32）所鼓舞。

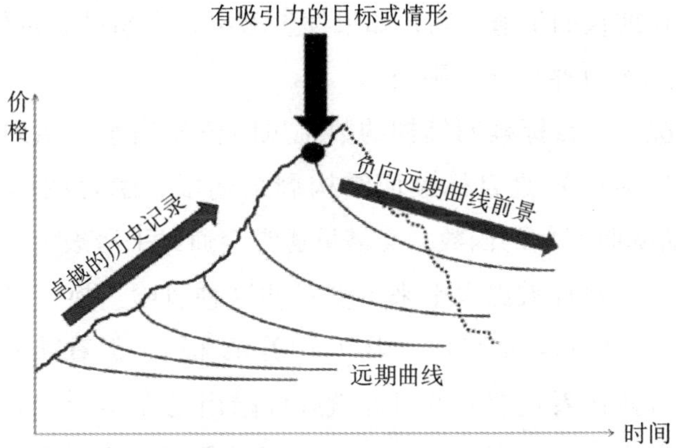

图 6.32　历史表现和定价方法影响对冲结构的吸引力

价格越高，反向程度越深，这有助于构建有吸引力的零成本目标赎回结构，使行权价远低于当前现货价格。最重要的是，如果价格趋势性较强或保持区间震荡，较高的前端价格意味着结构会被快速敲出。

2008 年出现的这种情况可以与常态反向市场固有的正滚动溢价相类比。在这种情况下，远期价格较低并不暗示前景负面，而是表明生产商有显著的对冲活动，正如第 5 章所解释的那样。然而，反向结构并不一定是常态反向结构。在反向期限结构下也有可能有常态升水结构。2008 年的反向结构实际上伴随着消费者对冲活动的增加，使常态反向假设不太可能出现。相比之下，投机者的需求非常强劲，他们通常是做多首行合约。这表明，当时深度的反向结构主要是由投资者需求驱动的，而不是由生产商的对冲驱动。因此，滚动溢价没有基本面的支持，也不太可能持续下去，相反，价格必定会恢复到均值。有吸引力的目标赎回结构对冲条款是在反向远期曲线前景下对进入的交易的一种补偿。随着趋势的继续，反向程度加剧，对冲结构变得更有吸引力，进而螺旋夸大了均值回归的影响。

6.7.5　目标赎回结构和交易风险

从交易台的角度看，与障碍期权类似，目标赎回结构的动态对冲是个严峻的挑战。当目标赎回结构被敲出时，所有期权都会消失。当累计收益接近上限且现货价格在看涨期权行权价附近时，不连续性的影响更为明显。在这种情况下，看跌期权的价值很高，如果发生敲出，交易员会将他/她的看跌期权空头头寸（动态对冲组合）平仓。

在这种情况下，目标赎回结构的数字风险值相当于一系列看跌期权。数字的高度（数字风险）是目标赎回结构剩余期限、隐含波动率和远期偏度（敲出时的波动率曲面）的函数。交易员通常会通过平滑敲出效应（如二元期权的情况）或移动目标敲出水平来过度对冲这种风险。换言之，看涨期权的收益基于交易条款中指定的目标上限（30 美元/桶），但看跌期权的敲出基于较低的目标（即敲出看跌期权的对冲就好像敲出是在累计收益达到低于约定上限的价值时发生一样）。例如，过度对冲可能假设敲出发生在累计正收益达到 29 美元/桶（而不是商定的 30 美元/桶）时。

在目标赎回结构动态对冲中，远期曲线动态变化具有深远的影响，特别是在敲出由远期曲线的前端驱动，而敲出数字高度由远期曲线后端驱动的情况下。除了这些挑战之外，当涉及 Vega 对冲时，维系偏度和现货价格之间的关系的代价可能非常大。随着首行合约价格下跌，敲出概率降低，使交易账簿看跌期权多头头寸加大，交易员需要卖出看跌期权以维持 Vega 中性。但是，当首行合约价格上升时，交易账簿目标赎回看跌期权的 Vega 空头头寸加大，更有可能被敲出。然后，交易员回购一些看跌期权。交易员可以通过交易平值期权来对冲 Vega，但这使他/她暴露在偏度风险之下。他/她可以通过交易与最初出售的看跌期权行权价相同的看跌期权进行完美动态对冲。这个策略的盈亏取决于偏度和现货价格之间的相关性，它的一个衡量指标是 $\frac{\partial \text{Skew}}{\partial \text{Spot}}$。换言之，如果在现货价格上涨时看跌期权的隐含波动率下跌，则动态对冲成本高昂，在目标赎回结构定价时需要考虑这个成本。

目标赎回结构定价的另一个问题是波动率模型的选择。考虑到路径依赖性以及敲出时损益对条件分布的敏感性，随机波动率模型是一个不错的选择。然而，由于敲出可能发生在交易的早期阶段，对短期限波动率曲面的拟合程度非常重要。随机波动率模型对短期限“微笑”的波动率曲面拟合较差，因为随机波动率扩散及其初始变化可能不足以反映陡峭的“微笑”，这需要使用非常高的 Vol - of - Vol（波动率的波动率）参数。

6.8 盯住行权价和盯住 Delta

前文中我们曾讨论过隐含波动率与现货价格的关系，以及波动率曲面形状的变化，并提到了局部波动率和随机波动率曲面。我们从定价角度讨论了远期偏度及其对可展期结构、障碍期权和目标赎回结构价值的影响。然而，这种关系也影响到希腊字母的计算，实际上，市场盯市价值变化与希腊字母所隐含的任何差异都会使交易账簿面临重大的残余风险。金融市场从业者主要用两种方法来描述波动率曲面与价格变化的关系——盯住行权价和盯住 Delta。

6.8.1 盯住行权价

这个模型比较简单，因为它假设期权的隐含波动率不随标的价格的改变而变动。因此，盯住行权价模型又称为“懒惰交易员”模型，用来描述这种方法固有的自满情绪。也就是说盯住行权价方法假设期权的隐含波动率与价格不存在相关性。在负偏度的情况下，这种方法与上升趋势市场中观察到的贪婪行为是一致的，平值期权被廉价售出而不担心市场下跌。

此模型的含义如下：

- 平值（ATM）波动率随波动率曲面的偏度或“微笑”移动；
- 由于$\frac{dV}{dS}=0$（即隐含波动率对价格变化不敏感），香草型期权的 Delta 等于由 Black - Scholes 模型导出的 Delta：

$$\frac{dV}{dS}=0\Rightarrow\Delta_{stickystrike}>\Delta_{Black-Scholes}$$

6.8.2 盯住 Delta 或在值程度

这个模型假设当价格变化时平值（ATM）波动率不变。一般来说，假定波动率曲面是“盯住 Delta”意味着当标的价格变动时，Delta 值一定的期权，其价值与标的价格水平无关。在负偏度的情况下，为了保持平值（ATM）期权波动率不变，需要提高所有行权价期权的波动率。这表明：

- 平值（ATM）期权波动率与价格水平无关；
- 固定行权价波动率的变动方向与偏度/“微笑”所隐含的方向相反，例如，在负偏度的情况下，某个行权价上的波动率随着价格上涨而上升。
- 由于$\frac{dV}{dS}>0$，偏度为负，香草型期权的 Delta 高于由 Black - Scholes 模型导出的 Delta：

$$\frac{dV}{dS}>0\Rightarrow\Delta_{stickydelta}>\Delta_{Black-Scholes}$$

“盯住行权价”和“盯住在值程度”的概念是风险管理和盯市价值（MTM）敏感性依赖所使用估值模型的一个好例子。前面介绍了局部波动率模型和随机波动率模型，我们在局部波动率模型中假设局部波动率是价格的确定性函数。因为 Vega、Delta 和 Gamma 的计算不准确，我们假定波动率和价格之间存在刚性关系，对风险管理有重大影响。例如，当计算价格敏感性 Delta 时，计算结果包括了部分波动率敏感性 Vega。这是因为如果价格发生变化，模型会自动改变波动率。计算 Vega 时也存在同样的问题。相比之下，在随机波动率模型中，波动率和价格之间不存在刚性关系，校准以后可以产生符合实际的希腊字母和盯市价值（MTM）敏感性。

6.8.3 Gamma/Theta 比

我们把自己放在一个奇异期权交易员的位置，假设刚完成例 6.5 中的目标赎回领式结构（TAR）交易。

例 6.5——目标赎回领式结构示例条款

期限：	24 个月
看涨期权行权价：	58 美元/桶
看跌期权行权价：	50 美元/桶
目标：	20 美元/桶
每月数量：	100,000 美元/桶
当前现货价格：	72 美元/桶

如果价格保持在 68 美元/桶之上，交易员将在 2 个月内支付总计 2,000,000 美元后交易终止。这意味着交易员需要找到一个适当的动态对冲方法来收回期权权利金。动态对冲组合包括卖出期限长达 24 个月的看跌期权。复制组合中每个看跌期权的名义本金反映了提前敲出的概率。目标赎回结构的零成本定价表明，用看跌期权来对冲的收入平均为 2,000,000 美元。这里的问题是，交易员卖出的是长期限的看跌期权，而目标赎回结构（TAR）交易可能在 2 个月内敲出，他/她需要收回已支付的钱。

在交易开始时，交易员卖出了足够多的期权来对冲 Vega。如果价格保持不变，敲出概率将随着时间的推移而上升，交易员需要买回看跌期权。敲出发生时，他应该已经买回之前出售的所有看跌期权。根据这一策略，收回支付给交易对手的 2,000,000 美元的唯一方法是高价出售期权并在 2 个月后低价买回。在反向曲线情况下，如果过了一个月后现货价格仍保持不变，交易员可以获得滚动收益［因为他/她在对冲目标赎回结构（TAR）时做多期货］，但我们这里的重点是 Vega 和从期权买卖中赚取的权利金。

长期限看跌期权和预期敲出时间在期限上的差异往往导致 Vega 对冲不能确保 Gamma 中性。卖出期权的负 Theta 有助于交易台收回支付的部分款项，而残留的正 Gamma 也可以通过 Delta 再平衡交易获得额外收入。

期权所有者拥有正 Gamma 和负 Theta。Theta 可以看作拥有 Gamma 的成本。一般来说，正 Gamma 头寸通过 Gamma 交易（Delta 再平衡）产生利润。如果实现的波动率足够高，Gamma 交易产生的利润可以覆盖或超过 Theta（持有期权的成本）。相比之下，期权卖方的 Theta 为正，希望实现的波动率较低，这样他的期权动态对冲（Gamma 交易）成本就不会超过收到的权利金。

持有 Gamma 常见的一个问题是期权行权价的选择。与平值期权相比，虚值期权的 Theta 和 Gamma 更低。因此，人们更愿意选择虚值期权和更高的名义本金，使其与平值期权的 Gamma 相当。这里需要考虑这一策略的成本问题。

交易员通常用 Gamma/Theta 来表示 Gamma 的成本，也就是拥有一个单位 Gamma 需要的 Theta。期权的 Theta 是隐含波动率的函数，在深度偏度的情况下，与平值期权相比，虚值看跌期权非常昂贵。在结构化对冲解决方案中，交易员在做多 Gamma 时应持续跟踪其 Gamma/Theta 比，以确保不会突然为持有 Gamma 付出高昂的代价，尤其是在波动率曲面形状发生变化时。为了说明这一比率的重要性，我们考虑领式结构的情况，其中交易员做多看跌期权、做空看涨期权。如果偏度非常陡，看跌期权的隐含波动率远高于看涨期权，则在某些情况下（当价格接近看涨期权行权价时），交易员会发现自己同时处于负 Gamma 和负 Theta。对于目标赎回结构，所有的残余 Gamma 都需要用这种方式来分析，以确保目标赎回结构中做多看跌期权的 Gamma 不会因为波动率曲面形状的变化而变得更昂贵。

关于 Vega 对冲的另一个问题与提前到期期权有关。对于简单的提前到期期权，交易员只需交易标准香草型期权就可以对冲 Vega。在这种情况下，通过持有提前到期期权多头和标准香草型期权空头，交易员实现 Vega 中性。然而，随着时间的流逝，提前到期期权接近到期，残余 Gamma 开始快速上升。提前到期期权与标准期权由于期限的差异，它们 Gamma 的上升并不匹配。任何在与长期限期货合约挂钩的敲出结构或行权边界，都会产生类似的残余 Gamma，而这种残余 Gamma 很难通过 Vega 对冲来抵消。

6.9 本章小结

奇异结构交易在估值和风险管理方面值得大家高度重视。在这一章中，我们讨论了大宗商品领域最受欢迎的奇异对冲结构，阐述了其结构、估值和风险管理背后的逻辑。阅读本章后，读者可以从市场风险的角度熟悉这些产品带来的挑战。2005 年至 2008 年，受需求和前台交易员应对需求能力的驱动，这些产品的开发速度惊人，但当时对中台和后台部门的关注较少，尽管他们也曾努力利用过时的能力和临时解决方案来适应产品创新。例如，大部分关注点在新产品的市场风险，而用于开发有效监测和缓释这些产品信用风险的能力和资源不足。在 2008 年金融危机后，在提高控制部门的有效性，使前台工作人员激励措施与总体风险保持一致方面作出了巨大努力。在下一章，我们将研究近年来在信用风险计量、监测和缓释方面取得的一些进展，同时还讨论抵押、信用和融资成本问题，这些都是商品衍生品估值的重要投入。

第 7 章

交易对手风险

看起来不可能的事情总是会发生。

——埃米尔·古姆贝尔①

在前面几章中，我们讨论了燃料消费者使用衍生品对冲燃料价格风险和减少现金流波动的方法。对冲者通过建立对冲头寸来避免损失，但当对冲头寸不完美对冲时，会产生额外的风险，可能产生不想要的结果。交易对手违约风险、残余市场风险、流动性和融资风险都是不想要的风险。在本章中我们将介绍其中的一些风险，并从对冲者和对冲交易商的角度进行讨论。我们将详细讨论交易对手风险，包括信用风险计量方法以及信用风险敞口的监测和管理。

7.1 估值和交易监测的重要性

燃料对冲者和对冲交易商需要随着市场状况的不断变化密切关注他们的交易组合。例如，对冲者和对冲交易商需要确保正确报告交易估值和准确盯市。银行通常承诺定期向客户发送对冲组合的估值，但燃料对冲者不应仅仅满足于依赖银行的估值报告。在理想情况下，对冲者应该有能力独立对交易

① 埃米尔·古姆贝尔（Emil J. Gumbel，1891—1966），德国数学家。——译者注

组合估值。对冲者用的估值工具不必像银行交易员用的工具那么准确，但这些工具应该足够好用，能够捕捉到主要的价格驱动因素，并发现明显的定价错误。这有助于对冲部门建立起相关的技术。2008 年的不幸事件表明，许多对冲者完全依赖银行提出的对冲结构、估值，甚至情景分析和重组解决方案。对冲者的行为表明，大多数企业客户通常只有在他们被要求对交易进行大额付款或提交抵押品时，才开始询问有关交易的盯市价值表现问题。例如，在 2008 年，许多企业客户交易的盯市价值对油价下跌的敏感性感到惊讶，在被要求对其交易提交大额担保品时，对冲者开始担心非线性价格风险。给企业对冲者最好的建议是："如果你不能给它定价，就不要交易它!"

企业客户不应被衍生品交易的复杂性和交易员所用的估值方法吓倒。本书中讨论的定价模型可能使用复杂的数学公式，但企业对冲者不必从头开始构建这些模型。目前，市场上交易的大多数结构，都有可用的工具以提供合理准确的定价。负责对冲的人员只需要对这些模型的运作方式形成良好意识。与数学和物理等学科不同，在评估结构化衍生品方面没有绝对的真理，只有相对估值。这表明，为了给没有流动性的产品估值，最好的方法是使用具有流动性的市场价格，并给予相同的（或大致相同的）收益率。

同样的规则也适用于对冲交易商。交易部门在监控其交易组合并确保正确管理市场风险、操作风险、流动性风险和交易对手风险时需要更加谨慎。

7.2 市场风险管理

在前几章中，我们非常详细地讨论了用标准衍生品的复制组合对市场风险进行静态或动态对冲的方法。我们还强调了市场风险对冲的成本和收入决定衍生品价格的机制。对于交易台而言，香草型衍生品组合比奇异对冲结构的问题要小。具有流动性的香草型衍生品可以在交易开始时背靠背地对冲（与另一个做市商执行相同的衍生品交易），在交易账簿上不留市场风险。相比之下，缺乏流动性的对冲结构，如奇异结构，则需要频繁的再平衡来复制投资组合。

当燃料对冲者用衍生品来管理其价格风险时，风险将转移给对冲交易商，然后由其承担市场风险。很多时候，燃料对冲者需要订制的对冲解决方案，无法仅用标准衍生品来构建。这类交易为对冲交易商带来了市场风险，无法静态缓释，需要在整个交易存续期间经常关注，如图7.1所示。

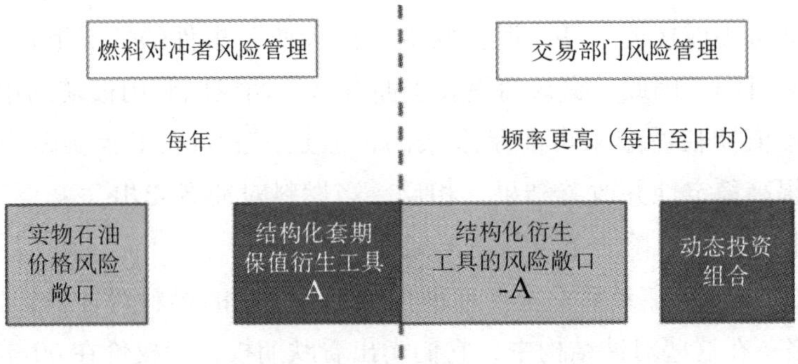

图7.1 对冲者和对冲交易商组合风险管理的频率

与外汇或股票交易商不同，大宗商品交易部门要求市场风险管理工具能够提供每份期货合约价格和波动率“微笑”的敏感性指标。Delta提供了交易组合对每个期货合约的敏感性。同样，Vega提供了投资组合的盯市价值对每个期货合约波动率变化的敏感性。为了实现Delta和Vega中性，交易员最好将Delta和Vega保持在接近零的水平。如果他们不这样做，剩余风险就类似于期货时间价差或期权时间价差。因此，交易员需要非常频繁地交易标准期权和期货来控制这些风险。实际上，交易员会容忍一些剩余的时间价差风险，但要确保总体Vega和Delta接近于零。

交易台还应密切关注波动率曲面形状的风险暴露。他们需要有一个清晰的行权价和障碍图，并减少剩余期权价差，对冲他们的Vega，以尽量减少风险逆转对交易账簿的影响。此外，他们应该经常重新计算模型参数和相关系数，以确保基础模型保持校准良好。

企业对冲者还应积极跟踪市场风险情况，以便清楚地了解预期盯市价值随市场状况变化的波动。这有助于对冲者决定何时重组或退出现有交易。高度敏感性与恰当的情景分析非常适合此情况。

7.2.1 燃料对冲者："彩票"和"大扫除"

燃料对冲者不应等到某个时点才去集中清理对冲账簿，而应密切关注适当的市场机会，不断重新评估和要求对冲交易商重组现有交易。燃料对冲者常见的错误是对"彩票"的自满。这里"彩票"是指深度虚值期权。此类期权的价值非常小或接近于零，但在发生"黑天鹅"事件的情况下持有这种期权非常有利可图。因此，交易商热衷于拥有这类期权以利用极端的市场事件。持有深度虚值期权看起来可能是多余的，但是，正如在工程实践中的做法，冗余可以提高稳定性并改善结果。相反，当燃料对冲者卖出"彩票"时，他们暴露在长尾事件风险之下可能得不到适当的补偿。

例如，在2007年最后一个季度进行衍生品交易的燃料对冲者锁定了1至2年的价格。在这些对冲结构中，它们卖出看跌期权，行权价在60美元/桶至70美元/桶之间。随后，油价在6个月里上涨到了140美元/桶。随着油价的上涨，卖出的看跌期权变得非常便宜，几乎一文不值了，但许多对冲者忽略了将其平仓，或者没有考虑重组它们。不幸的是，当油价在2008年末大幅下跌时，许多对冲者感到意外。伴随着隐含波动率的大幅上升，价格下跌使这些卖出的"彩票"变得非常有价值，导致对冲者的盯市价值出现负值，并提高了相关的保证金要求。

正如第6章所解释的那样，同样的逻辑也适用于障碍期权。随着价格的下跌，向上敲出看涨期权（UOC）的价值越来越接近香草型看涨期权的价值。然而，令人惊讶的是，当市场大幅下跌时，对冲者却要求将敲出看涨期权重组为香草型看涨期权。

另外一个对冲者本可以用最低成本从重组中获益的情况是2008年下半年签订的目标赎回结构交易。随着油价跌至40美元/桶的水平，这些目标赎回结构的价值变得非常接近于卖出看跌期权。对于燃料对冲者来说，这是一个以非常低的成本重组这些交易的良机，可以取消目标上限，或者至少提高目标上限。如果这么做，随着2009年石油市场的回升，对冲者将完全有能力从其盯市价值的快速恢复中获益。

7.2.2 在险价值

除了对对冲投资组合中的交易进行估值并监测其对市场状况变化的敏感性外，还必须使用标准化框架来量化公司承担的风险水平。传统上，市场参与者一直使用在险价值（VaR）统计技术来计量和控制市场风险敞口，以规避无法容忍的损失。

VaR是一个统计量，用三个值来表示：潜在损失金额、发生损失的概率和时间。例如，5%的1周VaR为1,000万美元，表示公司在1周内损失超过1,000万美元的概率为5%。这也意味着，我们可以预期在1周的时间内，潜在损失不会超过1,000万美元，置信水平为95%。换言之，将5%的1周VaR保持在1,000万美元意味着20周的预期亏损为1,000万美元。

有几种方法可以计算VaR，包括：

- 历史法。它基于过往的表现使用统计技术来分析损失。
- 方差法。它基于对收益率的统计分析，通常假设收益率服从正态分布，根据平均收益率和标准差进行估计。
- 蒙特卡洛模拟。

对于到期损益为价格单调函数的简单对冲组合，VaR的计算很简单，就像组合估值一样简单，只需假设价格变动一定倍数（X）的标准差（σ），具体取决于所使用的置信区间。然而，对于比较复杂的组合，特别是那些包括奇异结构的组合，蒙特卡洛法仍然是最实用的数值方法。它涉及模拟大量情景，并根据预测未来价格演变的模型，生成相关时间的盯市价值分布。

7.3 流动性风险

流动性风险主要有两种类型。市场流动性风险是指市场参与者由于没有交易对手而无法交易特定资产的情况。融资流动性风险是另一类流动性风险，与债务到期时的偿还能力有关。融资流动性风险与意外现金流出情况有关，这种情况可能伴随着信用评级的下调，从而限制公司获得融资的能力。其中，重要的是市场流动性风险和融资流动性风险是相互关联的，当市场参与者面临融资问题时，很难找到交易对手，因为这限制了他们投资或持有杠杆头寸的能力。融资能力也取决于抵押品的质量，这使问题更加复杂。如果认为抵押品流动性不足，贷款人通常会打折并要求更高的融资利率。

从市场风险的角度来看，在进行对冲交易之前，需要认真对待流动性风险。对于交易台而言，动态复制标的资产风险的能力取决于以最低成本及时交易标的工具的能力。市场流动性对风险管理能力影响很大。因此，交易者需要平滑其风险，以确保将风险指标限制在基于历史流动性的舒适水平上。前面我们曾以看涨期权牛市价差复制数字或障碍期权的例子来说明这一点。

此外，由于市场流动性风险和市场风险的相互作用，VaR 计算也需要考虑流动性。当风险指标突破某些限制时，交易员被迫再平衡其交易账簿，以将风险恢复到批准的限额内。然而，在流动性不足的情况下，立即解除现有头寸很困难。VaR 计算通常通过假设较长的时间来解决这个问题，这反映了在平仓时必须持有该头寸的风险。例如，如果交易可能需要 1 到 4 天才能解除，则根据 3 天的 VaR 计算每日 VaR，这反映了平仓加权平均时间。当然，缺乏流动性，还伴随着买卖价差扩大和现金短缺导致的资金成本上升的问题。

与可以使用衍生品和其他工具管理的市场风险不同，流动性风险更难缓释。一些技术可以有效地将这种风险转移给对特定流动性风险容忍度更高的交易对手。有这样一个例子，在交易合同中包括一个期权，允许公司将整个交易按盯市价值平仓。这一条款允许公司处置交易，而不必承担平仓成本。这种交易在开始时对对冲者不利，因为交易对手在平仓时承担流动性风险。其他技术涉及使用收益率互换，旨在复制资产的损益，而不必实际持有它。然而，这些技术受限于难以有效地将交易条款写成交易文件，以及难以说服交易对手承担风险来换取某种经济激励。

7.4 交易对手风险

在 2008 年崩盘之前，燃料对冲者和对冲交易商很少监测交易对手风险，只对交易对手的风险敞口进行监控，而没有积极管理这些风险或对他们的风险进行压力测试。2008 年下半年的油价大幅下跌，对大多数对冲交易商是一次压力测试，因为他们的航空公司和航运业客户燃料对冲合同下的负债在不断增加。在另一边，雷曼兄弟的倒闭给对冲者敲响了警钟，他们开始关注对冲交易商的信用质量、交易对手的多元化以及抵押品的处理方式。为了理解交易对手风险监控和缓释技术，我们首先对市场参与者中最流行的交易对手风险计量方法进行探讨。

7.4.1　信用风险与交易对手风险

为了理解交易对手风险敞口，通常与债券或贷款进行对比。当投资者将现金投资于债券或贷款时，其信用风险与损失本金的风险相对应。就衍生品而言，交易对手不是承诺本金金额，而是签订一份双边合同，它参照一定的名义本金。衍生品的名义本金仅用于确定交换现金流的参考。与风险敞口预先确定的贷款或债券相比，衍生品在确定信用风险方面遇到了挑战。当双方按市场公允价格进行衍生品交易时，交易的盯市价值在开始时接近于零。之后，随着时间流逝和市场条件的变化，交易的价值变为正或负。盯市价值为正的一方将面临交易对手风险，因为如果对方违约，他/她将失去盯市价值的收益。与债券持有人的敞口（等于本金）不同，衍生品未来的风险敞口是不确定的，可能为正也可能为负。

交易中在以定期结算的 1 年期 WTI 互换为例。我们根据风险因子模型并假设用蒙特卡洛法模拟未来的 MTM 路径。由图 7.2 可知，所有盯市价值路径从零开始，在所有预定的现金交换完成后均以零结束。

所有这些路径都受到标的资产波动率和名义本金余额的影响，这使盯市价值从零开始，在交易接近到期时随着结算期间结束而回归到零。

当燃料价格上涨时，对冲交易商会产生盯市价值损失，无须担心交易对手风险，但对冲者应担心交易对手风险，因为如果对冲交易商违约，他/她将失去盯市价值收益。同样，对冲交易商只是在有盯市收益时才关注交易对手风险。

基于以上观察，我们用统计方法计量交易在不同时点的预期和潜在信用风险敞口。为了更全面地了解未来不同时点的风险敞口情况，我们用多个时间切片，查看模拟盯市价值的统计数据。对于每一个时间段 T，所有模拟路径在时间 T 的盯市价值构成未来盯市价值的分布，见图 7.3。

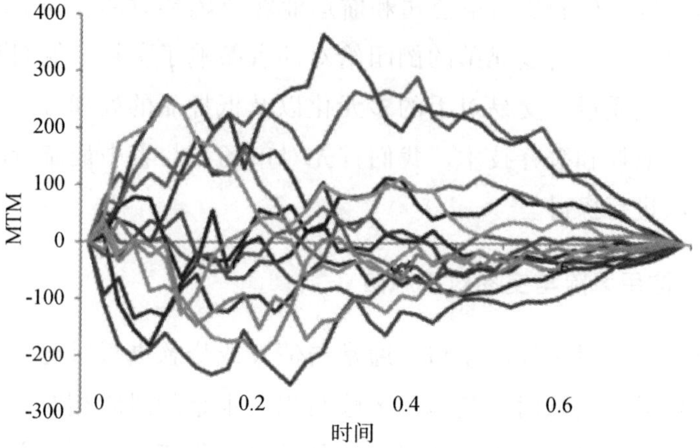

图 7.2 用蒙特卡洛法模拟的未来盯市价值路径

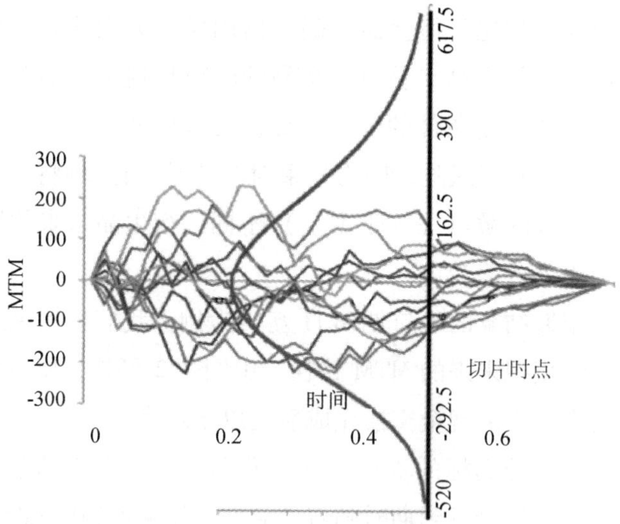

图 7.3 在切片时点 T 盯市价值分布构建

7.4.2 预期敞口

交易对手风险定义为一种信用风险的，其风险敞口由衍生品盯市价值的收益确定。换言之，信用风险是根据现有交易的正盯市价值计算的。排除盯市价值为负的情况，我们可以计算未来任何日期的预期信用风险。我们将预期风险敞口（EE）定义为未来指定日期正盯市价值的概率加权平均值：

$$EE(t) = E\{\max[0, MTM(t)]\}$$

其中，MTM(t) 是模拟路径在未来日期 t 的盯市价值。

这相当于是一个盯市价值看涨期权的未贴现价值，看涨期权的行权价为零，表明只有收益一方面临信用风险。从交易对手方的角度来看，这相当于盯市价值的看跌期权。

7.4.3　潜在未来风险敞口

EE 给出了平均信用风险敞口，但风险敞口可能偏离平均值，达到更高的水平。偏离的程度由盯市价值的可变性决定。为此我们引入潜在未来风险敞口（PFE）作为补充信用风险计量指标，它定义为未来指定日期、指定置信水平下的信用风险敞口。如 2 年期 PFE 为 1,000 万美元、置信水平为 95%，表示公司有 95% 的可能性在 2 年内交易的盯市价值不会超过 1,000 万美元。这同时表明，信用风险敞口达到或超过 1,000 万美元的可能性为 5%。

PFE 概念与 VaR 非常相似，主要有两个区别。首先，PFE 基于正盯市价值（收益），而 VaR 基于负盯市价值（见图 7.4）。其次，VaR 通常计算时间很短（最多 10 天），但 PFE 的计算时间长达 5 年或更长时间。

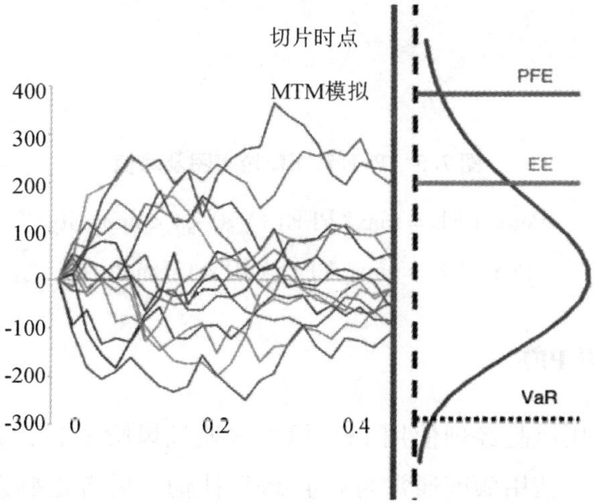

图 7.4　由盯市价值分布得到的 PFE、EE 和 VaR 值

7.5 组合交易对手风险计量

尽管场外交易越来越多地通过中央对手方（CCP）清算，但大部分场外交易仍以双边方式清算。在进行场外交易时，商品交易台需要按照程序和内控要求将交易对手风险保持在可控范围内。在执行新的交易前，交易员必须检查他们是否还有信用额度，这是信贷部门为每个交易对手制定的。信贷部门还监测信用风险指标的演变和交易对手的信用。交易对手的信用风险通常集中用 PFE 和 EE 轮廓图反映，它给出了不同切片时点的 PFE 和 EE，见图 7.5。

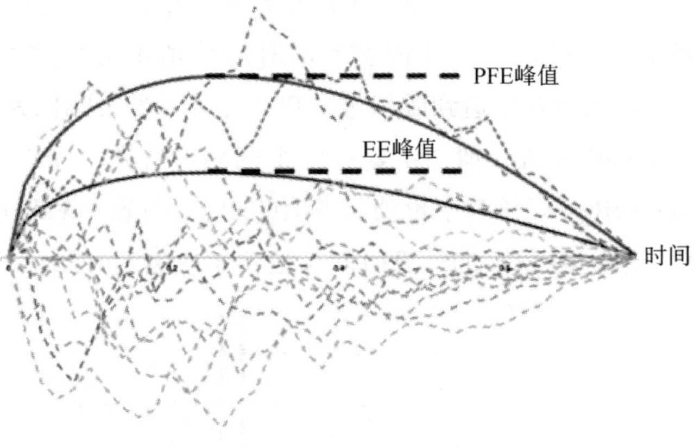

图 7.5 PFE 和 EE 轮廓图及峰值

$$\text{Peak PFE} = \max[\text{PFE}(t)]\ 0 < t < \text{maturity}$$

$$\text{Peak EE} = \max[\text{EE}(t)]\ 0 < t < \text{maturity}$$

7.5.1 峰值 PFE

交易员和信用风险经理使用 PFE 模型来监控风险敞口，并就新交易和重组交易作出决策。信用额度通常与峰值 PFE 挂钩，后者是剩余期限内 PFE 的最大值。换言之，对某交易对手交易组合的峰值，PFE 应保持在信用额度以下。例如，如果某交易对手的信用额度定为 5,000 万美元，只有在新的交易达成后交易组合峰值 PFE 不超过 5,000 万美元的情况下，交易员才可以与该交易对手进行交易。

7.5.2 对 PFE 的常见误解

虽然 PFE 的概念已被使用多年，但如果信用风险经理和专业对冲人员不能预测 PFE 和峰值 PFE 随时间的演变，仍然会遇到问题。下面我们讨论 PFE 统计量使用中的一些常见错误。

（1）把信用限额作为移动目标

交易员和信用风险经理经常错误地将峰值 PFE 视为交易存续期内交易组合 PFE 的静态最大值，没有将其视为随波动率和价格的变化而变化的最大值。例如，确保交易起始时的峰值 PFE 低于 5,000 万美元限额并不能保证 PFE 永远不会超过限额。峰值 PFE 仅在计算时有效，一旦市场条件发生变化，峰值就会改变。在进入新交易之前，交易台通常计算新交易的 PFE，并将它与现有交易组合的 PFE 合并，检查由新交易产生的峰值 PFE 在交易对手信用额度之内。但在第二天早上，如果价格下跌（对于消费者的对冲组合），PFE 和 EE 轮廓发生移动，如果执行交易，峰值 PFE 可能立即超出信贷限额，如图 7.6 所示。

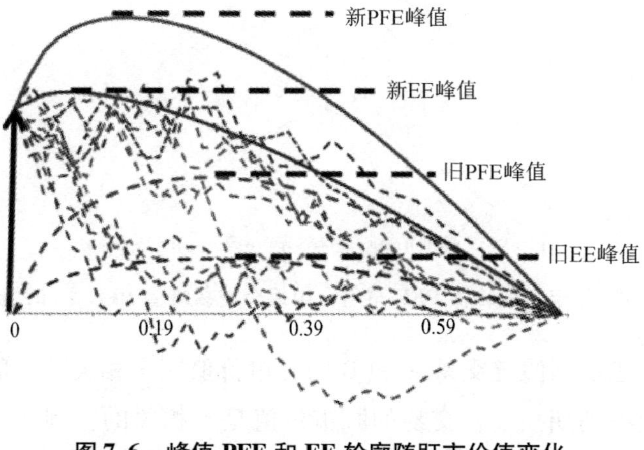

图 7.6 峰值 PFE 和 EE 轮廓随盯市价值变化

峰值 PFE 是一个重要的信用风险计量指标，除非使用适当的 PFE 封顶衍生品，否则它不是静态的。大多数信用风险管理部门的问题是，他们限制新交易执行时的峰值 PFE，但在执行后完全失去对风险敞口的控制，除非有适当的信用对冲。当交易组合的峰值 PFE 增加时，通过调整交易对手的信用额度，以允许操作更多业务。曾经发生过交易组合的 PFE 峰值超过交易对手市值的情况，这是信用风险管理不善的信号。

（2）峰值 PFE 加总和增量

在批准和执行与交易对手的新交易之前，通常会计算 PFE 轮廓。很多时候，商品交易台和信贷团队运行蒙特卡洛模拟来计算新交易的 PFE，并参考内部系统来获取现有组合当前的峰值 PFE。一个常见的错误是假设新组合（包括新交易）的峰值 PFE 是原组合峰值 PFE 和新交易峰值 PFE 的总和。除非 PFE 完全同时达到峰值，否则峰值 PFE 不应以这种方式相加。一般来说，交易组合的峰值 PFE 低于单个交易的峰值 PFE 之和：

$$\text{Peak PFE(trade A + trade B)} \leqslant \text{Peak PFE(trade A)} + \text{Peak PFE(trade B)}$$

如图 7.7 可知每个交易达到峰值时间的重要性。不考虑峰值时间的影响，风险管理人员无法对导致特定时点集中风险敞口的交易进行惩罚，也无法区分在时间上分散风险敞口的交易和扩大风险敞口的交易。

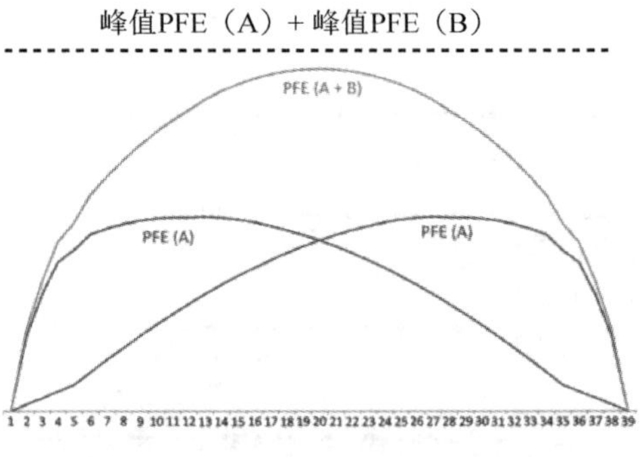

图 7.7　新组合的峰值 PFE 与组合中每个交易峰值 PFE 之和的比较

此外，上述示例假定交易 A 和 B 的盯市价值完全相关。一般来讲，由于标的资产或交易到期损益，交易的盯市价值是不相关的。例如，与不同商品挂钩的衍生品交易的盯市价值并不完全相关。与不同期货合约挂钩的衍生品交易也是如此。与短期限期货合约挂钩的衍生品交易和与长期限期货合约挂钩的另一个衍生品交易组合的 PFE 将略低于两个衍生品交易 PFE 的总和。即使交易挂钩的标的相同，其到期损益也可能不同，可能相互抵消。忽略净额效应（在 ISDA 下适用时）并独立计算新交易的 PFE 是错误的。

$$\mathrm{PFE}(\text{trade A} + \text{trade B}) \leqslant \mathrm{PFE}(\text{trade A}) + \mathrm{PFE}(\text{trade B})$$

交易不应基于其独立的 PFE 来考虑，但风险管理人员应拥有必要的工具来生成增量 PFE 轮廓，用以对应执行新交易前后交易组合 PFE 的差。

7.6　信用敞口优化技术

通过设定静态信用风险敞口限额，可以完全或部分缓释交易对手风险。管理敞口的技术在有效性、复杂度和成本上各不相同。因此，重要的是要从更经济、更快速的实际操作开始，然后逐步引进更复杂的技术来优化。例如，法律文件漏洞特别是那些与双边净额和信贷支持附件有关的问题可以比较容易地被修复。

7.6.1　双边净额协议

净额支付是一种常见机制，用以帮助减少场外衍生品市场的结算和信用风险。净额协议主要有两种类型：净额支付协议和净额终止清算协议。两个交易对手可以签署一份净额清算主协议来规定净额的类型和包括的合约。

净额支付协议将同一货币、同一日期交换的现金流以差额支付来降低结算风险，而净额终止清算协议则有助于降低信用风险敞口，在发生终止事件（如一方交易对手违约）的情况下，以正、负盯市价值相互抵消的方式进行清算。在没有净额清算协议的情况下，违约方的交易对手债权人有可能选择性履约，只要求支付欠他们的款项。终止净额清算协议对信用风险敞口和 EE/PFE 计算有巨大影响。

然而，净额协议有法律风险，需要由专业的金融市场律师处理。例如，在许多优先考虑债权人并认为净额协议对债权人不公平的司法管辖区，净额协议是无法执行的。

7.6.2 信用支持附件

为了使场外衍生品交易的法律文件标准化，希望进入双边交易的市场参与者通常会签署 ISDA（国际互换和衍生品协会）主协议，该协议是双方之间所有衍生品交易的一部分，对术语、结算和抵押品处理作了明确约定。信用支持附件（CSA）是一份法律文件，通常与 ISDA 主协议一起执行。它规定了场外衍生品抵押品在交易对手之间转移的规则，以缓释正盯市价值带来的信用风险。

CSA 中最重要的条款和条件如下：

- 阈值金额，即盯市价值的上限，超出这个上限则需要提交抵押品。当盯市价值超过阈值金额时，盯市价值为负的一方必须提交与盯市价值和阈值之间的差值价值相当的抵押品。例如，如果阈值金额为 1,000 万美元，盯市价值为 1,100 万美元，则需要提交价值 100 万美元的抵押品。
- 合格抵押品。交易对手通常谈判确定可接受作为抵押品的资产。一般使用现金和政府债券，但双方可以选择其他证券，并同意折价，以考虑抵押品流动性和波动率的因素。
- 频率。提交抵押品的频率可以是每天或每周，或双方商定的其他频率。较低的抵押品提交频率可提高运营效率，但会降低信用支持的有效性，因为双方在盯市价值激增和虚值方违约日与抵押品提交日之间存在间隙风险。抵押品提交频率越低，间隙风险越高。

CSA 设定了信用风险敞口上限，是管理信用风险的好方法。然而，这种信用风险缓解方法带来了流动性受挤和抵押融资的问题。

7.6.3 CSA 谈判要点

与其他谈判一样，和银行这样的金融交易对手执行 CSA 从来都不是一件容易的事。这一挑战与谈判权关系不大，主要原因是法律和财务的复杂程度存在差距。企业客户很少使用外部顾问帮助他们与银行谈判协议，即使如此，客户也需要了解 CSA 对其业务的影响，以便告知外部法律顾问他们的要求。

在执行 CSA 之前，燃料对冲者应花时间分析其利弊，并根据其目标和限制条件协商 CSA 条款。以下是一些需要认真考虑的问题。

（1）节约对冲成本

银行通常根据交易对手的信用对预期信用风险敞口收取费用。签署 CSA 后 EE 降低，从而降低燃料对冲者的对冲成本。但是，需要根据 CSA 中固有的其他因素来评估带来的成本节约。

（2）融资流动性问题

航空和航运公司应牢记，当对冲交易的盯市价值变为负值时，CSA 会增加融资需求。潜在融资需求的金额取决于对冲的期限、杠杆、名义数量和标的的波动率。例如，航空公司通常对冲长达 2 年的燃料成本，这表明对冲交易盯市价值的敏感性是基于 24 个月的总量。签署 CSA 后，燃料对冲者需要提交的保证金相当于 24 个月的盯市价值损失。这会产生现金管理问题，因为无法立即获得与燃料成本节省相匹配的收入。在 CSA 谈判时，应该根据公司的融资能力对阈值金额和频率作出妥善安排。

此外，航空或航运公司通常对衍生品对冲交易进行情景分析，这些衍生品通常由对冲交易商/银行以交易单（term sheets）的形式提供。情景分析通常会给出在假设情景下双方衍生品交易项下每月应支付的金额。这个支付金额可能具有误导性，它让燃料对冲者产生了在不利情况下每月需要支付现金的错觉。事实上，签署 CSA 后，燃料对冲者需要提交抵押品，这些抵押品是所有预期月度损失现值的总和。2008 年，许多航空公司不得不提交大量抵押品，这给它们的现金管理带来很大压力，尤其是在资金短缺的情况下。流动性紧缩与资产贬值之间的关联使这一问题更加突出，这些航空公司的财务部门本应对 CSA 下的资金需求进行情景分析。

（3）间隙风险和衍生品希腊字母

CSA 频率用于控制间隙风险（gap risk）。间隙风险是在两个预定抵押品提交日之间盯市价值可能上升的风险。但是，仅靠频率不足以控制间隙风险。潜在的盯市价值变动还受到盯市价值对市场变化敏感度的影响。因此，管理间隙风险时需要同时考虑交易组合的希腊字母。间隙风险还应反映在两个抵押品提交日之间盯市价值的可能变动，以及交易对手违约时变现、清算现有抵押品和交易平仓所需的时间方面。

（4）抵押品再抵押风险

金融机构通常将抵押品再抵押，以尽量降低融资成本。例如，将抵押品用于回购，以获得廉价资金。这种重复使用抵押品的方式似乎最适合金融体系，因为它提高了流动性的同时降低了交易成本，还维持了抵押品质押人对抵押品的所有权。然而，再抵押使抵押品所有权的透明度降低，在违约的情况下，主张所有权会变得比较复杂。

例如，2008 年 9 月 15 日，一家亚洲航空公司的首席执行官惊慌失措地要求紧急会面寻求建议，因为该航空公司根据 CSA 向雷曼兄弟提交了数千万美元的抵押品。该航空公司试图联系雷曼兄弟，但没有人接听电话，因为该银行的许多员工当时可能还有其他更紧迫的问题需要处理。在雷曼申请破产前一个月，油价大幅下跌，导致该公司燃料对冲交易的盯市价值出现巨大的浮亏。许多航空公司必须按照 CSA 的要求提交抵押品。在这种情况下，问题出在担保方（本案中的雷曼兄弟）可能在破产前重复使用或抵押了抵押品。如果市场回升，抵押品的价值可能会超过盯市价值负债。在这种情况下，航空公司由于过度抵押可能成为无担保债权人。

我们从这件事情中应吸取的教训是，在起草 CSA 时要充分考虑这种极端情况的存在或发生。例如，再抵押风险可以通过禁止抵押品再抵押，或对再抵押增加信用评级触发条款来缓释，只有在担保交易对手信用评级高于最低水平时才允许再抵押，否则必须收回抵押品并将其保留在托管人手中。此外，在与银行进行交易时，燃料对冲者最好选择与具有较好客户保护的司法管辖区的实体交易。

（5）单边与双边 CSA

许多航空和航运公司与银行签订单边抵押协议。根据协议，只有燃料对冲者提交抵押品。CSA 可以是双边的，要求双方提交抵押品。双边 CSA 可以是对称的，即阈值金额相同；或是不对称的，阈值金额不同。CSA 的条款和条件在很大程度上取决于双方的谈判能力。从市场经验来看，银行通常设法在协议中占据上风。企业方面缺乏经验导致银行不仅将对他们有利的单边 CSA 强加给客户，而且在对衍生品交易时还无视这些不对称安排。

从银行的角度来看，交易台通常通过背靠背交易，或者与其他银行进行组合复制交易来对冲大宗商品衍生品。银行之间的交易通常是完全抵押的。因此，当燃料对冲者的盯市价值变为负值时，银行必须向背对背交易的对手方提交抵押品。当银行和燃料对冲者之间有单边 CSA 时，银行会从其客户处收到抵押品，帮助补足提交给背对背交易对手方的抵押品。但是，当客户的盯市价值为正时，银行会从背对背交易对手方那里获得抵押品，但根据单边 CSA，银行不会将抵押品提供给燃料对冲者。换言之，这些单边 CSA 是银行廉价资金的来源（见图 7.8）。

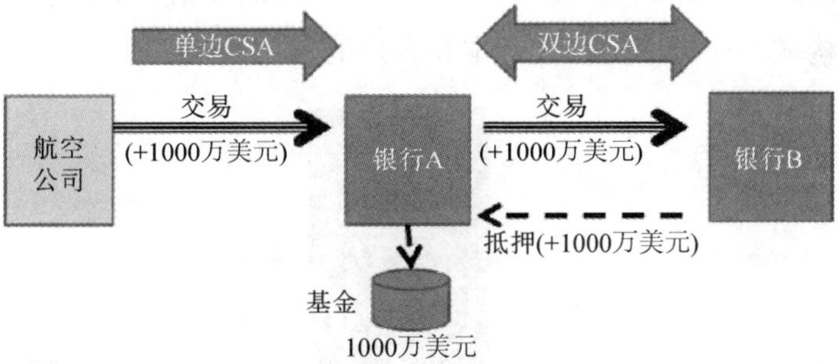

图 7.8　不对称 CSA 是一个资金来源

7.7　融资估值调整

现在，我们来考虑银行与公司客户之间没有 CSA 的情况。当客户的盯市价值为正时，银行获得融资；当客户的盯市价值为负时，银行向背对背交易对手提供融资。过去大多数衍生品用 LIBOR 来贴现，反映了银行以 LIBOR 相互融资的实际。自 2008 年信贷危机以来，情况发生了变化，因为许多银行的融资成本已升至 LIBOR 之上，这反映了银行的信用状况。当客户的盯市价值为负值时，银行必须以远高于抵押品利息的利率融资。由于衍生品融资成本与收益之间存在不匹配情况，迫使许多银行调整衍生品定价的方法。

此前，抵押品利率（CSA 利率）接近 LIBOR，而 LIBOR 是大多数银行的融资利率。然而，随着融资利率开始更准确地反映每家银行的信用，当银行司库给的融资利率超过 LIBOR 时，许多交易台感到很痛苦。银行业普遍存在风险厌恶和流动性紧缩，使银行同业拆借平均利率与 CSA 利率脱钩。

为了更加直观地解释融资估值调整（FVA），我们考虑一个简单的无抵押衍生品的例子，其中客户支付期限为一年的现金流。交易台需要提交相当于现金流净现值的抵押品。在一年后到期时，客户向交易台支付现金流。这相当于向客户提供贷款（见图 7.9）。这笔贷款由银行司库提供。如果交易台与客户是以抵押品为基础进行交易，就不会出现这种情况，因为流动性只是根据 CSA 从一个交易对手传递到另一个交易对手。为了给无抵押的衍生品定价，交易台通过增加此类贷款的成本来调整无抵押衍生品的价格。贷款成本由两部分构成——司库的融资成本和客户的信用风险。

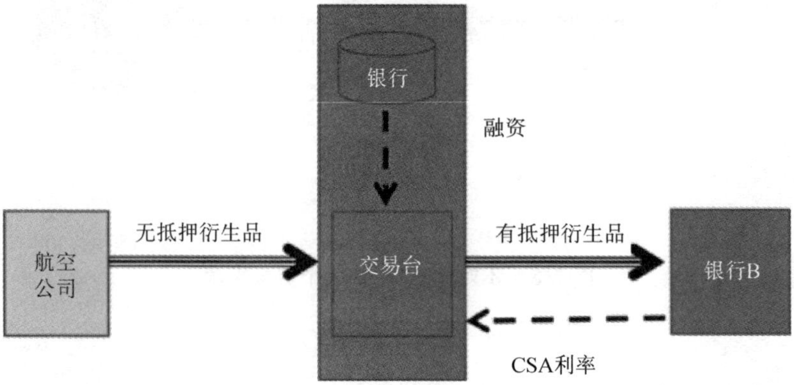

图 7.9 无 CSA 情况下的融资成本

FVA 反映融资成本的影响，是交易台对融资率与 CSA 利率错配要求的补偿。需考虑如下两种情况，为正或为负。简化如下：

$$FVA = FVAcost - FVAbenefit$$

其中，FVAcost 根据预期正敞口（EPE，与 EE 相同）计算，而 FVAbenefit 根据预期负敞口（ENE）计算。

7.7.1 燃料对冲者和 FVA

FVA 对于进入零成本结构的燃料对冲者来说并不是一个大问题，因为只要 EPE 和 ENE 相近，融资成本与融资收益之间的差额往往很小。FVA 在三种情况下变得非常重要。

（1）预期现金流错配

大多数 EPE 和 ENE 相近的结构 FVA 并不高，但是，当结构的现金流存在时间错配时，就相当于借贷，FVA 就比较重要。如一家航空公司出售 12 个月的看跌期权，为购买 6 个月的看涨期权融资。通过优化行权价和名义本金，使结构的初始成本为零。

对冲者的交易对手相当于在 6 个月后收到金额相当于看涨期权到期损益的现金流，并在 12 个月后看跌期权到期时支付现金流（见图 7.10）。交易起始，对冲者交易对手的交易台预计在 6 个月时预付与看涨期权未贴现价格相等的金额，并在 12 个月时收到与看跌期权未贴现价格相等的金额。对冲交易商发现对预期的融资成本收取相应费用是公平的。

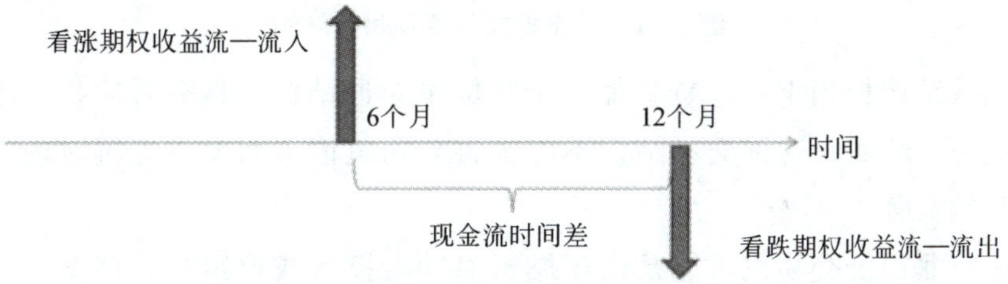

图 7.10　由现金流时间差产生的 FVA

相比之下，如果航空公司选择通过出售 6 个月的看跌期权来为购买 12 个月的看涨期权融资，情况就会逆转，对冲银行的交易台将享受融资收益，而这部分收益很少回馈给燃料对冲者。

（2）交易重组和展期

对冲者经常通过重组他们的虚值交易来推迟付款，等待更好的市场时机。2009 年，许多航空公司通过将交易的期限延长至 2010 年甚至更远，对在 2008 年执行的交易进行了重组。要么通过延长交易期限，要么通过推迟或有现金流来完成。这些交易重组帮助一些航空公司等到了石油市场的复苏，尽管当时的市场状况使这些交易付出了一定的代价。首先，新结构的定价受到当时深度贴水的影响（这反映了流动性的缺乏以及套利者在获得现金和套利交易所需的资金方面面临的挑战）。其次，由于银行对融资成本收取高额费用，延长期限的费用非常高昂。

(3) 非市价交易

产生非市价交易的原因各不相同。一些燃料对冲者在所谓的“预付费结构”中使用相同的衍生品进行对冲和融资。在预付费结构中，燃料对冲者和银行进入虚值对冲结构，对冲者的盯市价值为负。对于对冲者来说，负的盯市价值由银行预付款来补偿，如图 7.11 所示。

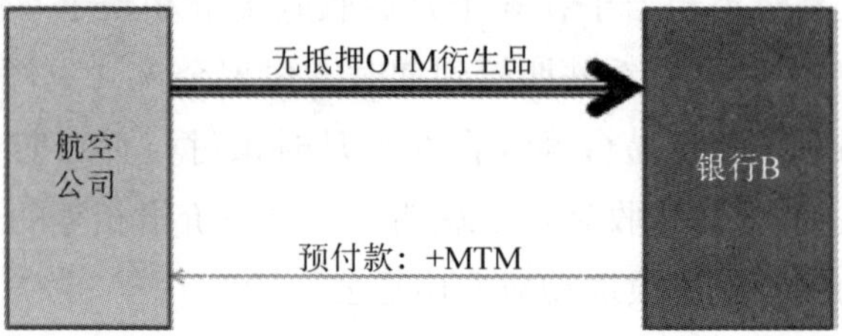

图 7.11 非市价交易或预付款结构

这些结构相当于一笔贷款加一个零成本对冲结构，具有对冲收益净额结算的优势。然而，这种交易结构不应损害公司负债透明度或规避对现有债权人的契约义务。

进行非市价交易也可能是由于燃料对冲者挪盘或重组与其他交易对手的交易。在这种情况下，燃料对冲者的交易可能是虚值，新的对冲交易对手需要考虑融资成本。原有的对冲交易对手从消除信用风险中获益，这种风险敞口的融资成本很高，而且在交易开始时其价格可能没有作为零成本结构计算。

在公平的世界里，如果燃料对冲者要被新的交易对手收取 FVA 费，原来的对冲对手在风险消除后也应向他/她支付 FVA。重要的是，这两个 FVA 可能会有所不同，因为两家银行的融资成本不同。从流动性低的银行转移到流动性更高的银行理应获得 FVA 收益。

7.7.2 FVA 争议

金融市场就 FVA 问题一直在进行激烈的辩论，因为这相当于不是以无风险利率对衍生品贴现，而是计入了银行的融资成本。许多专家认为 FVA 是不合理的，与金融市场的基本理论和原则相悖。这基于投资决策应基于投资机会的风险和收益的事实，而不是基于投资者的财务策略/杠杆。在之前讨论的例子中，一家航空公司可能会发现，从流动性受限的交易对手转向流动性更好的交易对手是反直觉的。

从银行这边来看，FVA 可以看作对成本分摊中组织错误的修正，因为它们设立了一个资金部门负责综合管理融资决策。换言之，司库给所有交易台相同的融资利率，并未考虑交易台的风险。这意味着司库提供的融资利率反映了银行承担的平均风险。例如，如果司库给出的融资利率为 LIBOR + 100 基点，而交易员遇到几乎无风险、收益率为 LIBOR + 30 基点的机会，则交易员无法利用这种无风险机会，尽管这种机会的收益率高于无风险利率。相反，却鼓励交易员进行风险较高的交易。

在整个银行使用统一的融资利差是一种后视策略，违背了有效市场的基本理论，因为这样确定的融资利率依据当前银行账簿上在过去完成的决策和交易。换言之，收取 FVA 费意味着用老交易来给新交易定价，而新交易可能风险更高。如果所有新交易的收益率必须高于融资利率，那么银行将会避开安全的交易，转向风险更高的交易，融资利率应进一步上升。这会导致风险和融资成本交替上升的恶性循环。前视的策略是，如果银行进行风险较低的交易，其融资利差应该收窄。

7.8　交易对手信用风险定价

之前在讨论交易对手风险时，我们曾将衍生品交易中的风险敞口与债券投资的风险敞口进行对比。债券的风险敞口是预先确定的，而衍生品的风险敞口受市场价格波动的影响，所以要用统计方法（EE 和 PFE）计量风险敞口。理性的市场参与者要求为承担风险获得回报。

就债券或贷款而言，信用风险的价格一般由债券收益率与无风险利率之间的利差给出。换言之，如果债券流动性足够高，债券收益率会给出投资者要求的信用风险溢价。对固定收益投资兴趣的增加和对量身定制的信用投资工具的需求，推动了场外信用衍生品市场快速发展，把寻求收益和寻求信用保护的买家聚集在一起。如果信用衍生品可以用来对冲与债券和贷款相关的信用风险，那么这些工具也可以缓释对冲者和对冲交易商面临的交易对手信用风险。

7.8.1 信用衍生品与信用违约互换

信用衍生品允许投资者在不受标的债券或贷款所有权约束的情况下以不同角度表达对信用的看法。这些合约能够实现“纯”信用风险转移，将信用风险与其他风险（如利率风险和汇率风险）隔离开来。最基本、最流行的信用衍生品是信用违约互换（CDS）。

CDS是一种双边场外衍生品合约，可转移在指定时间内参考债务面值损失的风险。参与CDS的双方是：保护买方（信用风险卖方）和保护卖方（信用风险买方）。

CDS交易一旦达成，保护买方就成为信用空头，保护卖方就成为信用多头。CDS合约通过指定参考实体来定义相关信用。只要没有信用事件，保护买方通常每季度向保护卖方支付保护费，卖方同意承担与参考实体相关的信用风险（见图7.12）。

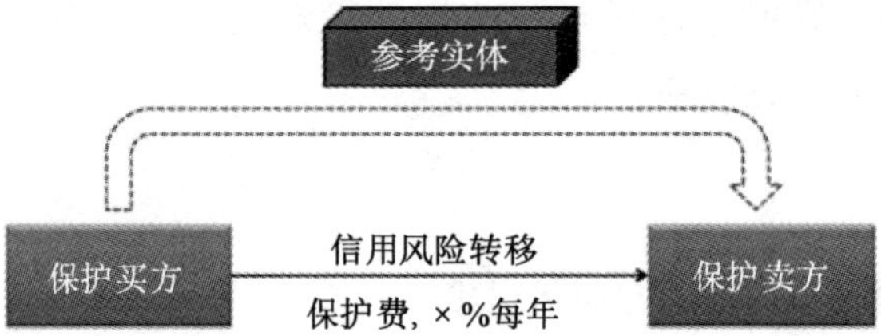

图7.12 没有违约事件情况下CDS的支付

CDS合约最重要的条款和条件见表7.1。

如果发生信用事件，保护买方停止支付保护费并要求赔偿。补偿可以按照CDS合约约定现金结算或实物结算，如图7.13所示。

表7.1 CDS合约的主要条款

条款	定义
参考实体：	信用风险转移的实体
名义金额：	信用保护的金额，例如1000万美元
期限：	信用保护的期限。标准合约在IMM到期日：3月20日、6月20日、9月20日和12月20日

续表

条款	定义
保护费（价差）：	保护买方向保护卖方支付的补偿金，每季支付，但表示为名义的年化百分比
信用事件：	当参考实体触发的合约规定的信用事件。常见信用事件的定义包括破产、未付款、义务违约或加速、拒绝/暂停或重组
结算：	一旦合同被触发，保护卖方，赔偿保护买方因信用事件造成的损失

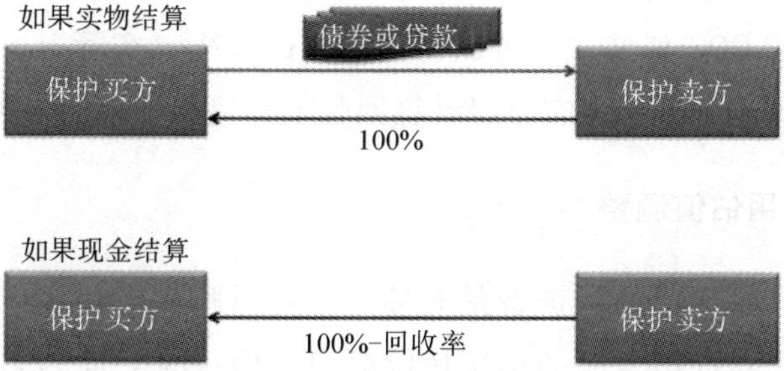

图 7.13　发生信用事件情况下 CDS 合约的结算

如果 CDS 实物结算，保护买方必须交付一篮子可交付债务，其总面值等于名义本金，以换取名义金额的现金。最初大多数 CDS 合约都以实物结算，但随着世界各地场外 CDS 合约数量的激增，一些 CDS 合约的总名义金额远远超过了已发行债券的金额。这表明，如果发生违约事件，保护买方将不得不匆忙购买违约债券。在发生违约事件后，债券的价格可能会上涨，所以，为了解决这个问题，就引入了现金结算，允许通过支付面值和回收率之间的差额来结算 CDS 合约，这通常基于参考实体债务的价格（通常通过拍卖决定）。

信用衍生品中最需要注意的是信用事件定义。最近的希腊危机表明，信用事件定义可能成为争论的焦点，因为陷入困境的一方会努力规避这些事件。信用事件最常见的定义包括破产、无法付款、重组、债务违约、债务加速以及拒绝/延期付款。在购买信用保护前，首先要搞清楚这些法律术语的含义。例如，“破产”是否适用于政府作为参考实体的情况？同样，如何确定“无法付款”？

曾有交易员通过购买 CDS 保护（名义上与其预期风险相对应）来对冲商品衍生品的交易对手风险，但后来才意识到，如果交易对手拖欠衍生品交易的付款，他们购买的 CDS 保护将毫无用处。这主要是因为大多数 CDS 合约根据借来的钱、债券或贷款定义“付款失败”，不包括衍生债权。换言之，如果交易对手继续履行已发行债券和贷款的义务，即使他/她拖欠衍生品合约付款，也不会触发这些 CDS 合约下的信用事件。

某些 CDS 市场流动性相当好，市场对这些实体信用的看法提供了有价值的信息。CDS 利差反映了市场对违约概率（PD）以及违约情况下的预期回收率（RR）的看法。CDS 利差、违约概率和回收率之间的关系十分确定。

如果给出 CDS 利差和回收率，则很容易得到隐含违约概率。同样，如果给出违约概率和 CDS 利差，则可以得出隐含回收率。实际上，CDS 利差在市场上是可以被监测到的，由它可以计算回收率和违约概率的各种组合。

7.8.2 信用估值调整

信用违约互换支付的保护费是对冲与债券风险相关信用风险的成本。同样的概念可用于对冲衍生品的信用风险敞口，但这时对冲的名义本金事先是不固定的。就衍生品而言，风险敞口只能以动态方式对冲。但是，对冲信用风险的成本必须在定价日期（交易开始时）进行核算。如今，大多数银行向企业客户收取 CVA，作为对冲交易对手信用风险的成本。

CVA 是交易对手信用风险的市场价格，可以用蒙特卡洛模拟的盯市价值和 CDS 市场隐含的风险率（违约强度）来估算。假设利率和组合盯市价值不相关，在这种情况下，CVA 的简化计算公式为：

$$CVA = (1 - R)\int_{t=0}^{\infty} D(t) \cdot EE(t) \cdot P(t)_{cpty} dt$$

其中：

R 为回收率；

D（t）为从 0 到 t 的贴现因子；

EE（t）为交易对手违约情况下预期的（正）风险敞口；

P（t）$_{cpty}$为交易对手违约概率密度函数，由生存概率推导得到，通常用解鞋带的方法由不同期限 CDS 利差（CDS 期限结构）得到。

违约概率可从根据以下方面的信息得出：

一是 CDS 利差。如果交易对手在 CDS 市场有交易，这是最佳的方法。实际上，大多数燃料对冲者没有活跃的 CDS 交易。

二是债券利差。在交易对手有发行在外的债券并且交易活跃的情况下，这种替代方案是次优的方案。债券利差近似等于债券收益率和无风险利率的利差。如果担心债券的流动性，可以考虑债券回购利率，因为它包括一些流动性成本。这可以帮助我们将信用利差与无风险利率和流动性溢价分割开来。

债券利差是 CDS 利差很好的近似，因为两者都相对应（理论上）信用风险的价格。两个套利策略可以保证这两个利差收敛：

- 当债券利差高于 CDS 利差时，做多债券 + 购买 CDS 保护；
- 当 CDS 利差高于债券利差时，做空债券 + 卖出 CDS 保护。

第二个套利策略需要卖空债券，通常难以做到，它取决于回购利率，回购利率反映了债券的流动性。因此，CDS 和债券的利差通常为正。当推算违约概率时这点需要考虑。

三是评级机构定义的评级转移矩阵也可用于计算违约概率。

四是由可比公司的 CDS 推算得到违约概率。

计算违约条件下的 EE 需要充分理解违约事件与衍生品标的之间的相关性，这是一项具有挑战性的任务。如果衍生品标的与市场 CDS 不相关，则可以假设违约条件下的 EE 等于本章前面讨论的 EE。

7.8.3　CVA 使用中的常见错误

CVA 的引入改变了衍生品交易的方式，但许多市场参与者并没有积极地去适应新的现实，其原因要么是缺乏认知和对员工进行适当的 CVA 培训，抵制变革，要么是不愿意在新的基础设施和流程上进行投资。以下是 CVA 计算中仍然没有得到很好理解的几个主要问题。这些问题制造了套利机会和次优的结构交易。

- CVA 不应按交易计算，单独对每笔交易收取 CVA 会高估信用成本，CVA 应按投资组合计算，只应收取增量 CVA 费用；
- CVA 的计算应考虑现有的 CSA 和抵押品的性质；
- 交易的价值不再仅是市场条件的函数，交易的价值也取决于交易对手和现有交易组合；

- CVA 计算中的组合效应取决于双边净额的协议和净额协议的可执行性（司法管辖区风险）。

燃料对冲者应充分了解信用成本的驱动因素，以便能够谈判和优化对冲组合在对冲交易商之间分配。

7.8.4 缺口期权和抵押协议

通过签署 CSA，可以显著降低信用成本。信用成本的降低在一定程度上取决于阈值金额和追缴抵押品的频率。当抵押品质量良好、阈值金额接近于零、抵押品追缴频率高时，CVA 最低。如果每天追缴抵押品、阈值金额和最低提交金额等于零，我们则说交易对手是完全抵押的。

许多 CVA 交易台对完全抵押交易不收取任何 CVA 费用，因为他们认为信用风险已降至零。如果平仓风险很大，这与事实严重不符，正如之前在计算 PFE 和缺口风险时所讨论的那样。缺口风险源于这样一个事实，即当交易对手违约时，交易的价值可能在交易台要求客户平仓期间（保证金风险期）变动。与此缺口风险相关的 CVA 可作为缺口期权计算，同时考虑违约与资产价格之间的相关性。当宣布违约导致价格飙升时，这种处理方法尤为重要。

7.9 债务估值调整

债务估值调整的概念（DVA）是 CVA 概念的镜像。当甲乙双方进行交易时，甲方向乙方 CVA 收取费用，以反映对冲因乙方违约风险而产生的潜在损失的成本。但是，甲方也可以在盯市价值为负值时违约。在为交易定价时，甲方在无风险定价基础上增加 CVA 费用，以反映在乙方违约时不会收到付款，但还应扣除在自身违约时没有支付那部分金额的 DVA 收益。

综上所述，DVA 是一种价格折扣，金额等于从交易对手的角度来看的 CVA：

$$\mathrm{DVA} = \mathrm{CVAcounterparty}$$

$$\mathrm{DVA} = (1 - \mathrm{R})\int_{t=0}^{\infty} \mathrm{D}(t) \cdot \mathrm{ENE}(t) \cdot \mathrm{P}(t)_{own}\,dt$$

其中：

R 为回收率；

D（t）为从0到t的贴现因子；

ENE（t）为自身违约情况下预期的负风险敞口；

$P(t)_{own}$为自身违约概率密度函数。

燃料对冲者，包括航空和航运公司，应该熟悉 DVA 的概念，并在谈判新交易或交易平仓时把它考虑进来。在市场最早开始讨论 DVA 时，许多参与者表示不愿意在交易估值中进行这种调整，因为考虑自身违约所带来的利益是违反常识的。在2008年危机之后，许多大型银行在计入 DVA 后报告了数十亿美元的利润。

从交易的角度来看，DVA 概念也具有挑战性，因为交易员发现很难将 DVA 变现。就 CVA 而言，交易台可以购买 CDS 保护来对冲交易对手的风险，CVA 是对冲策略的预期成本。就 DVA 而言，收回这部分价格折扣的唯一方法是出售自己名字的 CDS。但是，银行不能出售自己名字的保护（称为自参考 CDS）。交易台可选择其他可行的方案，例如：销售与银行信用密切相关的 CDS 指数，及回购银行自己的债务。

7.9.1 燃料对冲者和债务估值调整

燃料对冲者在与对冲银行谈判信用费用方面通常成效不大。此外，在银行也和公司对冲者一样存在信用风险的情况下，收取高额信用费用也是不公平的。航空和航运公司很少挑战这项收费，要求银行把 DVA 纳入定价。把银行的 DVA 纳入会降低信用收费。

航空公司不应接受单边 CVA，而应要求使用双边 CVA：

$$\text{双边 CVA} = \text{CVA} - \text{DVA}$$

航空公司还应跟踪与每家银行的 CVA 和 DVA：

$$DVA_{airline} = CVA_{bank}$$
$$CVA_{airline} = DVA_{bank}$$

此外，当航空公司解除与银行的头寸时，他们通常得不到任何 CVA 收益。许多航空公司在交易开始时被收取了 CVA 费用，当他们解除交易时，银行释放 CVA 准备金并结清 CVA 对冲交易，但他们将这些保留作为利润。燃料对冲者很少要求获得其中部分准备金或 CVA 对冲组合的价值。航空公司解除与银行的交易时获得的信用收益就是航空公司的 DVA。

由此，我们以另外一种方式定义 DVA：DVA 是你对另一方负债的贴现解除，只有在解除交易后才能变现。

换言之，如果航空公司持有交易的盯市价值为负，决定解除交易并支付负的盯市价值，则航空公司应享受与从银行账簿中释放的信用成本（从银行角度看为 CVA）的相应贴现金额。

7.9.2 双边 CVA 的情况

如果交易双方不使用双边 CVA，他们就不会就交易定价达成一致，因为双方只需考虑对方的信用费用。双边 CVA 可以帮助跟踪盯市价值，并最大限度地减少解除交易过程中的分歧。航空公司和其他燃料对冲者应推动双边 CVA 的实施和报告，以便在交易解除时跟踪预期贴现金额。如果航空公司发现银行对此有所考虑，他们不应感到惊讶。我们要考虑以下情况。

航空公司以固定价格 X 进行对冲互换，该交易调整后有高达约 100 万美元的信用费用（CVA）。在 WTI 价格大幅上涨后，该航空公司互换的盯市价值为 3,000 万美元。航空公司希望解除交易，并兑现盯市价值收益。在这种情况下，银行可能会向航空公司收取 DVA 费用，这对应银行预期在自身违约情况下的负债。这意味着，如果银行计入了 DVA，航空公司应该在第一天得到一些好处，而不仅是当它有利于银行时。

对冲者还应注意双边 CVA 对定价的影响。信用不良的银行在衍生品定价方面比较冒进，而信用良好的银行由于 DVA 较低，竞争力较低。

7.10 错向风险

当交易对手的风险敞口与其信用质量负相关时，就会发生错向风险（WWR）。当交易对手的风险敞口随着违约概率的上升而上升时，就会出现这种情况。例如，做空 WTI 互换的航空公司会产生错向风险，尤其是在航空公司无法将燃料成本上升转嫁给最终客户的情况下。正向风险（RWR）与错向风险相反。错向风险和正向风险对信用风险计量标准以及 CVA 费用计算影响很大。之前给出的 CVA 费计算式为：

$$CVA = (1 - R)\int_{t=0}^{\infty} D(t) \cdot EE(t) \cdot P(t)_{cpty}\,dt$$

将 EE(t) 定义为违约条件下的预期风险敞口。经常使用的标准 EE(t) 假设风险率和暴露之间不存在相关性。这大大简化了 CVA 计算，但没有考虑错向风险。为了适当考虑错向风险，需要使用条件预期风险敞口（CEE）。

法律和合规部门通常会阻止交易员进行不适合客户的交易。就航空公司而言，做空 WTI 互换被视为不妥当的交易。但在一些情况下，航空公司有理由进入做空燃料的交易，以抵消某些与其他对冲交易商现有的对冲。如果航空公司要减小对冲规模，也会出现这种情况。虽然从航空公司的角度来看，这类交易是合理的，但对交易台来说仍然是错向风险的来源。事实上，违约概率和燃料价格上涨之间的正相关增加了 CEE。此外，信用额度应基于条件 PFE，在错向风险的情况下，PFE 比较高。

7.11 交易对手信用风险对冲

在引入 CVA 时，我们概述交易对手信用风险对冲必须是动态的。这里我们介绍在交易对手风险管理中为动态对冲量身定制的衍生品合约。

7.11.1 或有 CDS

在普通 CDS 中，保护金额是固定的，由名义本金明确规定。它只能作为交易对手风险动态对冲组合的一部分，因为风险敞口是变化的，所以，CDS 不能用于交易对手信用风险的静态对冲。或有 CDS（CCDS）通过将保护金额与衍生品交易的盯市价值挂钩来解决这个问题。例如，为了对冲与甲方进行的互换交易 T 的交易对手风险，可以进入一个以甲方为参考实体的场外 CCDS 交易，其保护的金额由一个与互换 T 条件相同的互换交易的盯市价值决定。

CCDS 保护与两个条件挂钩：信用事件和盯市价值为正。它类似于一个互换盯市价值的敲出期权，敲出事件与交易对手甲违约挂钩。

CCDS 为指定的衍生品交易提供静态对冲，理论上比普通的 CDS 便宜，因为只有在信用事件和市场价格基准高于一定触发值时才发生赔付。在实践中，提供这种产品的交易员使用的参数很保守，这降低了收益。

在错向风险的情况下，CCDS 利差反映了相关性的效应。在错向风险情况下的 CCDS 利差比在正向风险的情况下更宽。

7.11.2 敞口封顶衍生品

通过让交易对手购买虚值期权可以将风险敞口封顶，但燃料虚值期权可能非常昂贵。相对廉价的控制交易 PFE 方法是在交易上加一个目标赎回结构。这可以确保交易对手应付金额的总和永远不会超出目标。

另一个对风险敞口封顶策略的例子是使用第 6 章中讨论的奇异结构，如可取消结构。在交易中加一个百慕大可取消结构，航空公司有权定期在支付预先约定金额的情况下取消对冲交易。在这种情况下，航空公司知道它有权在支付不超过预先约定金额后退出交易，并且交易的盯市价值永远不会超过可取消日期约定支付的金额。

7.12 本章小结

新资本要求金融机构通过 CCP 清算衍生品、执行双边 CSA 或使用信用风险工具来管理信用风险敞口，这给它们带来了巨大的压力。CVA 和 FVA 费用已经转嫁到客户身上，降低了衍生品价格对对冲者的吸引力。为了降低信用成本以保持竞争力，许多衍生品交易商现在试图通过识别净额效应（更改为在组合基础上计算）从 CVA 费用中扣除 DVA，并优化 CVA 计算。在第 9 章中我们将介绍把融资和对冲交易捆绑在一起降低总信用成本及把对冲收益变现的方法。

第 8 章

情景分析

给我六小时砍倒一棵树，我会先花四小时磨斧头。

——亚拉伯罕·林肯

有时为紧急情况制订应急方案是必要的。在燃料对冲中，有时衍生品交易只能在特定情景下提供有限的保护，甚至导致与公司业务上行表现不一致的下行风险。在这一章中，我们研究情景分析。作为一种有用的交易前和交易后工具，它可以帮助衍生品用户更好地理解衍生品结构在各种价格和波动率情景下的行为。在对未来价格变动的假设下，可以用情景分析对产品估值，包括从盯市价值冲击视角和现金支出的视角。这可以帮助我们确定持有某个对冲产品最坏的结果，根据我们的风险偏好和对市场走势的看法选择适当的衍生品合约。

我们不要把情景分析和回测相混淆。回测是根据历史市场价格变动对产品的支出进行估值或计算。情景分析是一种前瞻方法，它帮助衍生品用户观察持有产品的潜在支出。进行情景分析时，应平衡各种价格情景，这样才能得到合理的结果。在情景分析中，历史价格变动可以作为一个情景，但在确定衍生品交易潜在损益时不应给予过高的权重。

我们首先研究香草型产品的情景分析。在理解了价格和波动率情景设定的基本知识后，我们对更复杂的产品和盯市价值进行情景分析。最后，我们从会计角度研究情景分析及其在确定对冲有效性方面的应用。

8.1 香草型产品情景分析

我们从互换产品的情景分析开始。对于仅依赖于单一价格，如指定日期收盘价（子弹型定盘）的衍生产品，情景分析很简单，只需计算不同收盘价下产品的支出。正如我们在前几章所看到的，平均价互换和多次结算的互换在商品市场非常普遍。因此，我们将考虑这种互换，而不是子弹型/欧式香草型产品（他们的定盘价更简单）。使用互换还可以帮助我们考察互换期内价格向不同方向变动的情景。在计算不同价格路径的盯市价值时，以及对路径依赖衍生品估值时，这些情景尤其有用。

我们考虑在例 8.1 中的互换。

例 8.1——WTI 原油互换

标的商品：	WTI 原油
参考价格：	WTI 首行合约每日收盘价的平均值
期限：	2015 年 1 月至 2015 年 6 月（6 个月）
名义数量：	10,000 桶/月
计算期：	每月，包括每月第一个和最后一个营业日
头寸：	多头（买入）
互换价格：	65 美元/桶
结算方式：	亚式（平均价格），每月
结算日期：	每个计算期结束后的第 5 个营业日

可以基于每个营业日的价格进行情景分析，为简单起见，使用月平均价。我们为香草型产品构建三个基本情景：

（1）在交易存续期内标的价格始终有利于互换持有方。

（2）标的价格围绕互换价格波动（即不会在很大程度上偏离交易时的远期价格）。

（3）标的价格变动对互换持有人不利。

对于上述交易，情景分析见表 8.1。

表 8.1　　用于香草型互换的价格情景　　单位：美元/桶

时间	1. 价格变动对持有人有利	2. 价格围绕互换价格波动	3. 价格变动对持有人不利
2015 年 1 月	66	64	63
2015 年 2 月	69	67	59
2015 年 3 月	73	66	56
2015 年 4 月	72	63	52
2015 年 5 月	75	64	50
2015 年 6 月	78	65	48

这些场景用图形表示，如图 8.1 所示。

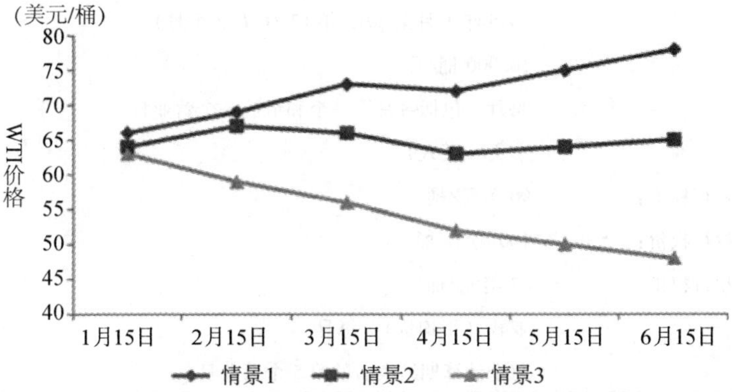

图 8.1　用于香草型互换的三个价格情景

表 8.2 所示为每个情景下的支出和总支出（未考虑贴现的影响）。每月的支出等于该场景下价格与互换价格（65 美元/桶）之差乘以每月名义数量。

表 8.2　　香草型互换在各个价格情景下的支出　　单位：美元

时间	1. 价格变动对持有人有利	2. 价格围绕互换价格波动	3. 价格变动对持有人不利
2015 年 1 月	10,000	(10,000)	(20,000)
2015 年 2 月	40,000	20,000	(60,000)
2015 年 3 月	80,000	10,000	(90,000)
2015 年 4 月	70,000	(20,000)	(130,000)
2015 年 5 月	100,000	(10,000)	(150,000)
2015 年 6 月	130,000	—	(170,000)
合计	430,000	(10,000)	(620,000)

这些情景给出了在各种市场条件下的预期月度支出和总支出。价格情景可以使用历史波动率或市场隐含波动率参数，甚至极端波动率情景来设计，具体根据分析的目的决定。事实上，用于复杂结构定价的蒙特卡洛分析只不过是场景分析的延伸，它假设市场价格服从某种分布，来模拟大量的价格路径。

同样，我们可以对例 8.2 中的“三腿”结构进行情景分析。

例 8.2——WTI 原油“三腿”结构

标的商品：	WTI 原油
参考价格：	WTI 首行合约每日收盘价
期限：	2015 年 1 月至 2015 年 12 月（12 个月）
名义数量：	10,000 桶/月
计算期：	每月，包括每月第一个和最后一个营业日
头寸：	多头（买入）
买入看涨期权行权价：	90 美元/桶
卖出看涨期权行权价：	100 美元/桶
卖出看跌期权行权价：	77 美元/桶
结算方式：	亚式（平均价），每月
结算日期：	每个计算期结束后的第 5 个营业日

这三种情景下结算金额的计算过程可用三张表分别列出（见表 8.3 ~ 表 8.5）。

表 8.3　　情景 1：价格对持有人有利

时间	月度平均价（美元/桶）	买入看涨期权的支付（美元/桶）	卖出看涨期权的支付（美元/桶）	卖出看跌期权的支付（美元/桶）	净支出（美元）
2015 年 1 月	88	0	0	0	—
2015 年 2 月	92	2	0	0	20,000
2015 年 3 月	95	5	0	0	50,000
2015 年 4 月	98	8	0	0	80,000
2015 年 5 月	104	14	-4	0	100,000

续表

时间	月度平均价（美元/桶）	买入看涨期权的支付（美元/桶）	卖出看涨期权的支付（美元/桶）	卖出看跌期权的支付（美元/桶）	净支出（美元）
2015 年 6 月	109	19	-9	0	100,000
2015 年 7 月	115	25	-15	0	100,000
2015 年 8 月	112	22	-12	0	100,000
2015 年 9 月	110	20	-10	0	100,000
2015 年 10 月	103	13	-3	0	100,000
2015 年 11 月	96	6	0	0	60,000
2015 年 12 月	94	4	0	0	40,000
合计					850,000

表 8.4　情景 2：价格在远期价格上下波动

时间	月度平均价（美元/桶）	买入看涨期权的支付（美元/桶）	卖出看涨期权的支付（美元/桶）	卖出看跌期权的支付（美元/桶）	净支出（美元）
2015 年 1 月	88	0	0	0	—
2015 年 2 月	86	0	0	0	—
2015 年 3 月	89	0	0	0	—
2015 年 4 月	92	2	0	0	20,000
2015 年 5 月	93	3	0	0	30,000
2015 年 6 月	89	0	0	0	—
2015 年 7 月	86	0	0	0	—
2015 年 8 月	83	0	0	0	—
2015 年 9 月	80	0	0	0	—
2015 年 10 月	76	0	0	-1	(10,000)
2015 年 11 月	79	0	0	0	—
2015 年 12 月	86	0	0	0	—
合计					40,000

表 8.5 情景 3：价格对持有人不利

时间	月度平均价（美元/桶）	买入看涨期权的支付（美元/桶）	卖出看涨期权的支付（美元/桶）	卖出看跌期权的支付（美元/桶）	净支出（美元）
2015 年 1 月	86	0	0	0	—
2015 年 2 月	84	0	0	0	—
2015 年 3 月	80	0	0	0	—
2015 年 4 月	73	0	0	-4	(40,000)
2015 年 5 月	67	0	0	-10	(100,000)
2015 年 6 月	64	0	0	-13	(130,000)
2015 年 7 月	58	0	0	-19	(190,000)
2015 年 8 月	54	0	0	-23	(230,000)
2015 年 9 月	59	0	0	-18	(180,000)
2015 年 10 月	65	0	0	-12	(120,000)
2015 年 11 月	68	0	0	-19	(90,000)
2015 年 12 月	72	0	0	-5	(50,000)
合计					(1,130,000)

所使用的价格情景如图 8.2。由图 8.2 可知，在交易存续期内商品价格具有均值回归的特征。

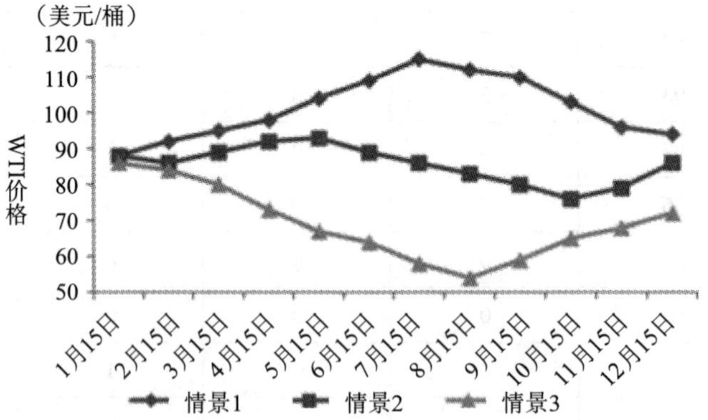

图 8.2 用于“三腿”结构的三个价格情景

也可以用这些情景中的一种或多种情景的组合构建其他情景。例如，可以构建一个情景，价格在头几个月并没有显著波动，然而在年底却大幅上涨。

显然，商品价格有无数种情况，任何有关价格驱动因素或预期价格变动的信息都可以用来设定情景分析方案。如前所述，一个好的情景分析应同时考虑价格和波动率有利和不利的情况。

8.2 路径依赖产品情景分析

前一节研究了情景分析的基本方法，处理了线性产品，构建了价格上涨、稳定或下跌的情景，给出了这些产品在有利和不利情景下的支出。然而，当处理非线性或奇异结构产品时，场景设置就变得很棘手。在对整个组合进行情景分析时，情景设置问题更加复杂。我们以例 8.3 所示的可展期互换为例，开启对路径依赖产品情景设置问题的讨论。

例 8.3——WTI 可展期互换

标的商品：	WTI 原油
参考价格：	WTI 首行合约每日收盘价
名义数量：	10,000 桶/月
保证期间：	2015 年 1 月至 2015 年 6 月（6 个月）
展期期间：	2015 年 7 月至 2015 年 12 月（6 个月）
展期日：	2015 年 6 月 30 日
展期期权：	在展期日或展期日之前，对手方（对冲交易商）有权但没有义务将交易展期至展期期间
计算期：	每月，包括每月第一个和最后一个营业日
头寸：	多头（买入）
互换价格：	80 美元/桶
结算方式：	亚式（平均价），每月
结算日：	每个计算期结束后的第 5 个营业日

可展期互换包括保证期间和展期期间。在保证期间，互换的结算类似于香草型互换，而展期期间取决于交易对手是否行使展期期权。在互换期权行权后，交易在保证期间和展期期间相当于一个香草型互换。因此，在设定这

个交易的情景时，我们需要考虑行权和未行权的情况。互换期权行权是基于行权时的市场条件，在这种情况下是展期期间互换的价值。在进行情景分析时，我们只考虑支出，而不考虑决定行权的市场条件。在下一节我们将考虑市场变量，处理盯市价值情景设置问题。

一种为依赖路径产品设置情景的方法是使用决策树，其中的节点表示期权行权决策点，分支代表各种价格情景。例如，上述交易可以用图 8.3 的决策树表示。这个树只有一个决策节点，即互换是否展期。在这个决策的基础上，可能需要进一步的价格情景。

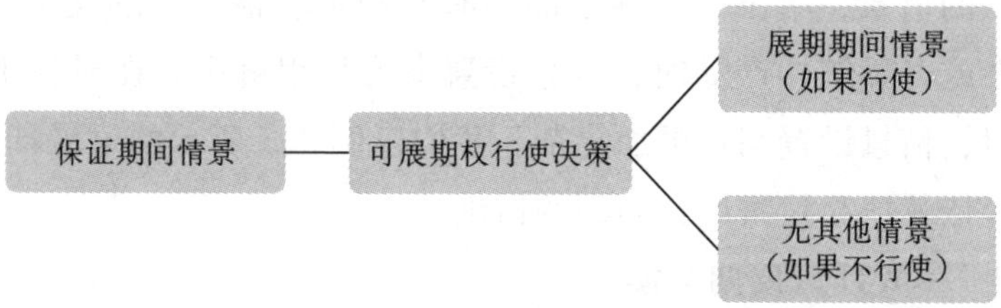

图 8.3 可展期互换决策树

这个决策树中有三个保证期间价格情景（上涨、下跌和稳定，同前）以及代表互换期权行权决策的节点。在互换期权行权日，根据是否行权来决定是否还需要其他价格情景。同样，我们在展期期间也给出三个价格情景。这样总共需要设置九种情景来给出合理完整的支出情景。在实践中，为了便于分析，我们剔除基于远期曲线形状变化假设的某些情景。例如，我们假设远期曲线的形状没有显著变化，就可以剔除保证期间价格上涨的情景。因为如果在行权后盯市价值为负，交易对手是不会行使展期期权的。在基于盯市价值的情景分析中，可以放宽这些假设。

这个产品的部分情景如表 8.6 所示。

表 8.6 中的情景与保证期间香草型互换的情景类似，因为互换不会延长到展期期限内。表 8.7 和表 8.8 为行使可展期期权的情景。

表 8.6 可展期互换情景 1：价格对持有人有利

时间	月度平均价（美元/桶）	可展期互换支出（美元）
1 月 15 日	86	60, 000
2 月 15 日	89	90, 000
3 月 15 日	93	130, 000
4 月 15 日	92	120, 000
5 月 15 日	95	150, 000
6 月 15 日	98	180, 000
展期期权未行权		
7 月 15 日	102	—
8 月 15 日	105	—
9 月 15 日	101	—
10 月 15 日	95	—
11 月 15 日	98	—
12 月 15 日	93	—
合计		730, 000

表 8.7 可展期互换情景 2：价格对持有人不利且展期期权被行权

时间	月度平均价（美元/桶）	可展期互换支出（美元）
2015 年 1 月	86	60, 000
2015 年 2 月	84	40, 000
2015 年 3 月	80	—
2015 年 4 月	73	(70, 000)
2015 年 5 月	67	(130, 000)
2015 年 6 月	64	(160, 000)
展期期权行权		
2015 年 7 月	58	(220, 000)
2015 年 8 月	54	(260, 000)
2015 年 9 月	59	(210, 000)
2015 年 10 月	65	(150, 000)
2015 年 11 月	68	(120, 000)
2015 年 12 月	72	(80, 000)
合计		(1, 300, 000)

表 8.8 可展期互换情景 3：价格稳定在互换价格上下且展期期权被行权/未行权

时间	月度平均价（美元/桶）	当互换被展期的支出（美元）	当互换未被展期的支出（美元）
2015 年 1 月	88	80,000	80,000
2015 年 2 月	86	60,000	60,000
2015 年 3 月	89	90,000	90,000
2015 年 4 月	92	120,000	120,000
2015 年 5 月	93	130,000	130,000
2015 年 6 月	89	90,000	90,000
展期期权行权决定			
2015 年 7 月	86	60,000	—
2015 年 8 月	83	30,000	—
2015 年 9 月	80	—	—
2015 年 10 月	76	(40,000)	—
2015 年 11 月	79	(10,000)	—
2015 年 12 月	86	60,000	—
合计		670,000	570,000

下面我们看另一个重要的路径依赖产品，它的支出不仅取决于当前市场的定盘价，还取决于之前的市场价格。前面介绍的目标赎回结构是这类产品的一个例子。障碍期权也是类似的结构，它的支付取决于过去的市场定盘价格。我们来看例 8.4 中原油目标赎回领式结构的例子。

例 8.4——WTI 目标赎回结构

标的商品：	WTI 原油
参考价格：	WTI 首行合约每日收盘价
期限：	2015 年 1 月至 2015 年 12 月（12 个月）
名义数量：	10,000 桶/月
计算期：	每月，包括每月第一个和最后一个营业日
头寸：	多头（买入）
买入看涨期权行权价：	80 美元/桶
卖出看涨期权行权价：	72 美元/桶
目标利润：	30 美元/桶（300,000 美元）

续表

敲出：	当看涨期权持有方收到的付款金额达到目标利润时交易终止，不再支付任何款项
结算方式：	亚式（平均价格），每月，遵循约定的敲出条款
结算日期：	每个计算期结束后的第 5 个营业日

与可展期互换的展期决定由展期期权持有人做出不同，目标赎回结构的提前终止决定取决于标的资产的价格路径，当达到目标利润时交易自动终止。因此，决策树中的决策节点不是只有一个，而是要在每个定盘日评估交易是否继续。表 8.9 ~ 表 8.11 所示的情景说明了这一点。

表 8.9　目标赎回结构情景 1：价格对持有人有利且提前达到目标利润

时间	月度平均价（美元/桶）	计算每月支出（美元）	计算正累计支出（美元）	每月实际支出（美元）	累计正支出（美元）
2015 年 1 月	86	60, 000	60, 000	60, 000	60, 000
2015 年 2 月	89	90, 000	150, 000	90, 000	150, 000
2015 年 3 月	93	130, 000	280, 000	130, 000	280, 000
2015 年 4 月	92	120, 000	400, 000	20, 000	300, 000
2015 年 5 月	95	累计正支出达到目标利润，结构终止			
2015 年 6 月	98				
2015 年 7 月	102				
2015 年 8 月	105				
2015 年 9 月	101				
2015 年 10 月	95				
2015 年 11 月	98				
2015 年 12 月	93				

由表 8.9 中的情景可知，在价格发生有利于看涨期权持有人的剧烈波动的情况下，结构被敲出、看涨期权持有人获得目标利润。看涨期权持有人不再受益于任何价格变动，这与香草型结构不同。

表 8.10　　目标赎回结构情景 2：价格对持有人不利

时间	月度平均价（美元/桶）	计算每月支出（美元）	计算正累计支出（美元）	每月实际支出（美元）	累计正支出（美元）
2015 年 1 月	86	60,000	60,000	60,000	60,000
2015 年 2 月	84	40,000	100,000	40,000	100,000
2015 年 3 月	80	—	100,000	—	100,000
2015 年 4 月	73	—	100,000	—	100,000
2015 年 5 月	67	(50,000)	100,000	(50,000)	100,000
2015 年 6 月	64	(80,000)	100,000	(80,000)	100,000
2015 年 7 月	58	(140,000)	100,000	(140,000)	100,000
2015 年 8 月	54	(180,000)	100,000	(180,000)	100,000
2015 年 9 月	59	(130,000)	100,000	(130,000)	100,000
2015 年 10 月	65	(70,000)	100,000	(70,000)	100,000
2015 年 11 月	68	(40,000)	100,000	(40,000)	100,000
2015 年 12 月	72	—	100,000	—	100,000

表 8.11　　目标赎回结构情景 1：价格维持在互换水平

时间	月度平均价（美元/桶）	计算每月支出（美元）	计算正累计支出（美元）	每月实际支出（美元）	累计正支出（美元）
2015 年 1 月	88	80,000	80,000	80,000	80,000
2015 年 2 月	86	60,000	140,000	60,000	140,000
2015 年 3 月	83	30,000	170,000	30,000	170,000
2015 年 4 月	81	10,000	180,000	10,000	180,000
2015 年 5 月	76	—	180,000	—	180,000
2015 年 6 月	78	—	180,000	—	180,000
2015 年 7 月	72	—	180,000	—	180,000
2015 年 8 月	70	(20,000)	180,000	(20,000)	180,000
2015 年 9 月	75	—	180,000	—	180,000
2015 年 10 月	81	10,000	190,000	10,000	190,000
2015 年 11 月	83	30,000	220,000	30,000	220,000
2015 年 12 月	84	40,000	260,000	40,000	260,000

对于表 8.10 中的情景，始终未达到目标利润，结算类似于香草型领式结构。

最后，在表 8.11 的情景中，价格在两个方向都没有显著变动。累计收到的付款金额低于目标利润，未触发敲出事件。

8.3 盯市价值情景分析和潜在未来风险敞口

情景分析除了帮助我们理解衍生产品在不同价格条件下的行为外，还可以帮助我们理解不同情景下交易盯市价值的演变。到目前为止，我们只考虑了在不同的价格情景下衍生品的支付。盯市价值分析揭示了在某种假设条件下的交易盯市价值，假设条件包括价格和远期曲线演变、隐含波动率和/或相关性。盯市价值情景分析可用于确定场外交易对手的最大风险敞口，或将来在交易所清算产品的潜在保证金要求。情景分析广泛应用于 PFE 和 EE 的计算，它们对银行和金融机构衍生品业务的资本计算至关重要。

计算交易未来的盯市价值需要对多个市场参数进行假设，并且有很多方法来模拟未来的盯市价值。除了我们之前简要谈到的价格分布假设外，还需要对远期曲线的演进、波动率和协方差作出假设。最常见的方法是假设价格是正态分布的，远期合约是完全相关的。波动率和相关性也假定保持不变，并且根据历史数据计算。

另外，也可用统计方法对价格进行建模，以便考虑其他非正态分布假设。这可以更准确地对价格和其他变量建模，但生成价格情景的复杂性会增加。此外，始终存在未来的市场价格不服从相同分布的风险。第三种方法介于这两种方法中间，即远期曲线不是静态的，而是使用诸如主成分分析等技术建模，这可以描述大多数远期曲线形状。

通过使用足够数量的情景，可以计算交易的 PFE。PFE 定义为在给定置信水平下交易对手的最大风险敞口。在信用风险敞口计算中，通常将置信水平设定为 95%、97.5% 或 99%（取决于对保守性的要求）。因此，一个交易的 95% PFE 表示预期该交易的盯市价值在指定期间内有 95% 的时间不会超过这个水平。通过生成大量场景并计算盯市价值在任一时点的95%分位数，可以得到该时点的PFE。计算每个时点盯市价值的95%分位数就可得到该交易的PFE轮廓。

除了计算交易的PFE外，我们还可以计算交易的EE。EE或EPE是衍生品合约正风险敞口的平均值。使用计算盯市价值时相同的方法生成价格场景，我们可以估算交易的EE。

VaR指标是反映交易或交易组合潜在损失的统计指标。VaR的计算方法与PFE相同，但VaR通常期限较短（最多10天）。但是，对冲者可以使用相同的统计方法得到长期期限的VaR，从交易对手的角度来看它等同于PFE。

8.4 抵押和融资需求情景分析

大多数燃料对冲者和对冲交易商是分别进行衍生品现金流分析和盯市价值分析，很少关注两者之间的联系，即使签署了CSA也是如此。这主要是因为历史上大多数场外对冲交易都是无抵押的。虽然越来越多的银行一直在推动与公司客户签署CSA，但情景分析仍未考虑CSA对对冲现金流的影响。

在航空或航运公司与对冲银行执行CSA时，前台人员直到最近还理所当然地认为CSA附件的细节是后台/运营的事。然而，自2008年金融危机以来，更多的注意力集中在CSA及其经济影响上。事实上，CSA可以看作衍生品合约，在进行情景分析时必须予以考虑。例如，在之前的现金流分析中，只考虑了对冲的衍生品，而没有考虑所需的抵押品。

在进行对冲交易之前，燃料对冲者应进行情景分析，计算所有现金支付，包括CSA下的现金支付（所有具有流动的抵押品计入现金）。这有助于识别资金流动性风险，这些风险可以概括为潜在融资需求，如从交易对手的角度推断PFE一样。如果签署了CSA，燃料对冲者至少应该将其交易的PFE（从对冲银行的角度来看）与其融资能力保持一致。例如，如果航空公司与N个交易对手签署了CSA，则在时刻t的CSA协议下，潜在的资金需求为：

$$\sum_{i=1}^{N}\left[\mathrm{PFE}_i(t)-\mathrm{Threshold}_i\right]$$

这表明，CSA 下的付款可能远高于长期限衍生品交易下的月度付款，因为 CSA 付款（已提交抵押品）是根据所有预期未来付款的现值计算的。

因此，情景分析不仅可用于确定潜在损益，还可用于市场风险、信用风险和流动性风险的管理。下面我们介绍情景分析在衍生品套期会计处理中的应用。

8.5　套期有效性

本节我们介绍套期会计，旨在让读者了解套期会计中涉及的问题。我们在此主要介绍如何利用情景分析来证明套期的有效性。套期会计处理高度依赖司法管辖权和对现行法律和会计准则的解释，很容易受到会计准则定期更新的影响。因此，从业者在采用衍生品套期会计时，应咨询法律和会计领域的专家。

套期会计在美国受《财务会计准则》第 133 号“衍生金融工具和套期活动会计”（SFAS 133）管辖，在国际受《国际会计准则》第 39 号“金融工具：确认和计量”（IAS 39）管辖。一些国家/地区有自己的国际会计准则版本，例如欧盟有自己的 IAS 39 版本。

SFAS 133 和 IAS 39 主要是处理金融工具的公允价值会计和套期会计，虽然两者存在一些差异。公允价值会计是指所有衍生品以公允价值或市值记入公司的账簿（可能与交易之初的价值大相径庭，因为期货和互换等许多工具在交易时成本为零）。公允价值会计可能导致衍生品合约价值与被套期的现货合同价值的不匹配。被套期合同以按账面价值核算，而衍生品合约则每日盯市，这导致人为的收益波动，因为事实上被套期合同价值和套期工具价值的变化应相互抵消。套期会计旨在将衍生品合约的损益与被套期项目的损益进行匹配。为了适用套期会计，必须证明衍生品能够有效抵消被套期合同价值的变化。

套期会计处理可用于公允价值风险敞口、现金流风险敞口或外国净投资。公允价值风险敞口包括现有资产、负债或未来承诺的敞口。公允价值风险敞口和相关套期的损益在收入中确认。现金流风险敞口，是指资产负债表项目或交易未来的现金流变化，而净外国投资风险敞口则与汇率波动导致国外业务价值变化的风险相关。现金流套期和外国投资套期的损益在其他综合收益中报告，并在确认被套期项目现金流时确认收入。

为了使衍生品符合套期会计处理的要求，应明确识别被套期项目的潜在风险，并与指定用于套期的衍生品匹配。需要记录被套期项目与衍生品之间的关系，明确套期目标和策略。还必须证明，预期套期非常有效，即套期现金流可以有效抵消被套期项目的现金流，这种有效性必须得到可靠验证。在进入套期（事前）之前和套期执行后（事后）需要持续证明套期的有效性。

在这方面，情景分析可以用来证明衍生品的有效性。通过匹配被套期项目和衍生品合约的条款（称为“重要条款”方法），可以对套期有效性进行定性评估，或者可以对套期关系的历史数据进行统计分析，也可以对不同价格情景下的套期有效性进行情景分析。财务会计准则委员会（FASB）建议用 80/125 规则验证套期有效性，即衍生品合约的损益应介于被套期项目损益的 80% 至 125% 之间。套期比率的计算公式如下：

$$套期比率 = -\frac{套期工具公允价值变动}{被套期项目公允价值变动}$$

当套期比率在 80% 至 125% 之间时，认为套期是有效的。如果无法追溯证明套期有效性，实体必须停止使用套期会计，除非预期套期关系的破坏是一次性事件，不会影响未来的有效性。

套期比率分析方法的不足是，当公允价值变化较小时，它可能显示套期无效。这个问题的解决方法是使用公允价值的累积变化，而不是用一个时期的公允价值变化。

在确定套期工具与被套期项目之间关系的统计方法中，回归分析和情景分析是最常用的方法。

如前所述，回归分析可以确定被套期项目公允价值的历史变化与假定的套期工具在该期间的关系。用最小二乘法来拟合两个变量（衍生品和被套期项目公允价值变化）。用回归统计量来确定套期的有效性。回归的 R^2 表示套期工具价值变化所解释的被套期项目价值变动。R^2 值超过 80% 表明具有良好的解释能力。这一点得到了 t－统计和 F－统计的证实，它表示回归的统计显著性。回归的斜率与上述的套期比率相似，而 -0.8 到 -1.25 的斜率从套期会计角度分析是可以接受的。

情景分析可用于确定套期工具在不同市场情景下的公允价值。但是，如前所述，如果价格变动不大，则套期比率计算可能会失败。通过使用适当的大量情景，我们可以提高情景分析的可靠性，来判断套期会计是否适用。

8.6　本章小结

在这一章中，我们强调了情景分析在衍生品市场风险及伴生风险（包括信用风险和融资风险）管理中的重要性。我们讨论了衍生品抵押对公司现金管理的影响，展示了在签订 CSA 的情况下，如何将盯市价值分析扩展到模拟衍生品对公司流动性状况的影响。在后面的第 10 章，我们讨论对冲重组案例时会再次讨论这些问题，包括适当性、信用风险、市场风险、CSA、CVA 和融资成本在内的多重因素相互交织的情况，这时情景分析显得尤为重要。

第9章

融资和风险管理：捆绑解决方案

整体大于部分之和。

——亚里士多德

高杠杆航空公司权益的价值可能会因相对较小的损失而被消灭，使贷款人面临贷款/债券违约的风险。前几章我们介绍了消费者用于降低与燃料价格相关风险的对冲策略，包括香草型策略和奇异结构。如前所述，对冲市场风险具有降低股价波动和降低信贷成本的作用。本章我们将研究实际的例子，通过将融资与市场风险对冲相结合来帮助公司兑现商品对冲的收益。在介绍公司如何实现这些协同效应之前，我们需要先回顾航空业中流行的各种融资模式。

9.1 结构化航空融资概述

第1章我们讨论了航空公司的成本和盈利能力。除去飞行成本（包括燃料费用和员工成本），拥有飞机的成本在航空公司成本结构中占很大一部分，尤其是较新的航空公司。我们还指出，按照行业计算投资资本收益率，航空业的资本收益率是最低的，该行业的大多数公司不能赚取其加权平均资本成本（WACC）。此外，航空业长期处于高速增长和供过于求的交替过程中，是一个周期性较强的行业。航空业的资金来源丰富，渠道多样。这既可能是因为政府的参与或隐性支持，也可能是因为过去几年里资产支持融资作为一种融资手段，使用量不断增加。

航空公司有多种融资模式。除了传统的现金和留存收益外，还可以向银行和其他金融机构借款。此外，在过去十年里，特别是在信贷危机之后，航空公司一直在寻找非传统的融资方式，新的投资者也进入了这些市场。航空公司融资的主要来源如下：

（1）现金和留存收益。这是为购买飞机提供资金的最简单手段，同时也是最不可能被使用的。这是由于许多航空公司资产负债表上长期没有大量现金储备，盈利能力低。航空公司在下行周期中也可能会受到高借贷成本的惩罚，因此现金有许多用处，一般不会直接用于购买长期资本资产。

（2）银行债务或融资租赁。航空公司可以从银行获得购买飞机的中期贷款，也可以签订融资租赁合同。银行根据融资租赁合同从航空公司购买飞机，并将其回租给航空公司，以换取每月的租金。在租赁结束时，航空公司保留飞机或以象征性的价格购回。

（3）经营租赁。经营租赁类似于融资租赁，但航空公司在租赁结束时无法拥有飞机。经营租赁由银行或专业租赁公司提供。我们将在下一节中对租约进行详细讨论。

（4）出口信贷机构（ECA）担保贷款。主要是由银行提供贷款，由出口信贷机构担保，如美国进出口银行或法国 COFACE 银行，它们这么做的目的是为了支持当地制造商。这些机构也可以直接贷款给飞机购买方。

（5）制造商支持。制造商通过售后回租等方式为买家提供资金，或通过保证租赁期结束时飞机的残余价值来支持航空公司。

（6）税务租约。这是公司与航空公司签订的租赁合同，目的是从购买新设备的税收优惠中获利。公司只能投资购买飞机所需的部分资金，购买飞机的大部分资金通过融资解决，因此，这种租赁也被称为杠杆租赁。

（7）资本市场融资。航空公司可以通过在资本市场发行债券、增强型设备信托证书（EETC）或资产支持证券（ABS）为购买飞机融资。EETC 是一种证券化产品，深受美国航空公司欢迎。特殊目的实体（SPV）通过这种证券化产品从资本市场筹集资金用于购买飞机，并将其租赁给定期支付租金的航空公司。发行股票也是一种为购买飞机而进行的融资，但通常没有公司使用。

（8）伊斯兰金融。随着中东航空公司的飞速成长，对符合伊斯兰教义的融资需求也越来越大。

据估计，这些融资模式在全球航空金融中所占的份额如图9.1所示。

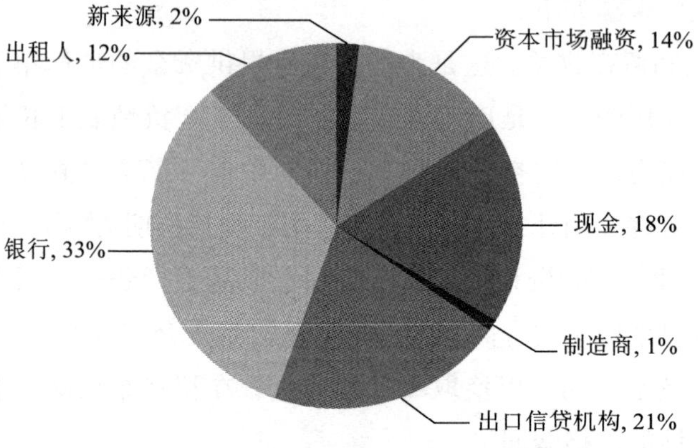

图9.1　航空业各种融资模式的份额（2013年）

现在许多航空公司提供其融资模式的详细分解数据及其机队构成数据。按地区分列，著名航空公司的机队组成（飞机数量）见表9.1。

表9.1　航空公司飞机融资结构

区域	航空公司	自有	租赁		合计
			金融	运营	
亚洲					
	1. 中国东方航空	305（自有+金融）		160	465
	2. 中国国航	242	137	182	561
	3. 阿联酋航空	6	63	128	197
	4. 国泰航空	71	63	58	192
欧洲					
	1. 汉莎航空	562	37	23	622
	2. 瑞安航空	216	30	51	297
	3. 荷兰皇家航空	85	48	113	246
	4. 英国航空	240（自有+金融）		38	278

续表

区域	航空公司	自有	租赁		合计
			金融	运营	
北美					
	1. 美国航空	475	28	467	970
	2. 达美航空	592	94	57	743
	3. 美国联合航空*	431	834		1,265
	4. 美国西南航空	516	164		680

* 包括租赁的运力。

资料来源：2013 年公司资产负债表。

航空金融市场由银行和融资机构、出口信贷机构、经营出租人以及制造商和航空公司组成。

银行贷款既可以是无担保的，也可以是有担保的，贷款利率可以是固定或浮动的。航空公司购买飞机的融资可以由一家银行提供，但通常是由银团提供，费用在各家银行之间根据所提供融资量按比例进行分配。航空融资业务中的一些知名银行见表 9.2。

表 9.2　航空融资市场的主要银行

1	BNP Paribas
2	Crédit Agricole
3	Citigroup
4	Commonwealth Bank of Australia
5	DVB Bank
6	Goldman Sachs
7	J. P. Morgan
8	KfW IPEX – Bank
9	Natixis
10	Bank of Tokyo – Mitsubishi UFJ

主要的出口信贷机构有美国进出口银行、英国出口信贷担保部（ECGD）、法国自由贸易保险公司（COFACE）和德国的欧拉·爱马仕公司。出口信贷机构为在一个国家生产的飞机提供融资，因此，ECGD、COFACE 和爱马仕为

购买空客飞机提供部分融资，融资金额与该国制造商在飞机生产中所占份额成正比，同时它们还为融资提供保险和担保。

飞机租赁公司在公开市场上筹集资金购买飞机，并提供给航空公司。他们通常专注于如空客 A320 和波音 B737 这类主流机型，因为这些是大多数航空公司使用的主要机型，很容易出租。租赁公司可以直接购买新飞机，也可以通过售后回租方式，或在二手飞机市场进行资产交易。租赁公司拥有地域多样化的投资组合，以便更好地适应个别航空市场的周期性。飞机租赁市场由国际租赁融资公司（ILFC）和通用电气资本航空服务公司（GE Capital Aviation Services，GECAS）① 两大租赁商主导，尽管近年来它们所占的市场份额一直在下降。市场上主要的出租人名单见表 9.3。

表 9.3 主要飞机租赁商

1	GECAS
2	ILFC
3	Air Lease Corporation
4	CTT
5	Aviation Capital Group
6	BBAM
7	BOC Aviation
8	SMBC Aviation Capital
9	AWAS
10	AerCap

9.2 航空公司债务和飞机租赁融资

在本节中，我们将进一步研究飞机债务融资机制。如前所述，银行贷款和 ECA 担保的债务和租赁是该行业最主要的融资来源。随着巴塞尔协议 III 新

① 2021 年 3 月 10 日，通用电气宣布将旗下飞机租赁业务通用电气资本航空服务公司（GE Capital Aviation Services，GECAS）出售给全球最大的独立飞机租赁公司 AerCap。——译者注

法规的生效，银行的贷款能力可能会被削弱，租赁在航空融资中所占的份额在未来几年可能会逐年增加。我们首先来看银行定期贷款。

9.2.1　定期贷款

银行和其他金融机构可以为购买飞机提供定期贷款，贷款可以由一家银行提供，大额交易或由银团提供。安排贷款的牵头银行通常是与借款人关系密切的银行。贷款可以是无担保的，但在实践中，大多数贷款是由所购买的飞机担保，并在必要时提供额外的抵押品或增信。银行还可以对购买者的财务指标进行约束，包括偿债比率、债务与股本比率和流动性比率。

提供给航空公司的贷款可以有不同的付款条件，这可以根据航空公司的需要进行客制化。例如，可以在购买飞机之前付款，但需要为贷款设置还款宽限期。航空公司在资产寿命内使用率的不同可能会影响用于偿还贷款的现金流。在这种情况下，名义分期还款计划或净付还款计划可以根据航空公司的要求进行调整。

最常见的贷款还款计划是在贷款期限内等额还款。另一种常见的定期贷款是本金以直线方式摊还。常见的是浮动利率，通常与伦敦银行同业拆借利率（LIBOR）等基准利率挂钩。根据还款的频率和币种，基准参考利率为 1 个月、3 个月或 6 个月。为安排贷款而支付的费用也相当可观，包括文件/设施费、联合代理费以及未提款的费用（承诺费）。以贷款 1 亿美元购买新飞机为例，贷款的主要参数包括金额、还款计划（假定为等额）、利率（固定在 4%）、付款频率（每年）和贷款期限（10 年）。每年年初的余额和年度还款额见表 9.4。

表 9.4　　等额还款的贷款余额和还款金额

年	贷款余额（美元）	还款金额（美元）
1	100, 000, 000	12, 325, 000
2	91, 675, 000	12, 325, 000
3	83, 017, 000	12, 325, 000
4	74, 012, 680	12, 325, 000
5	64, 648, 187	12, 325, 000

续表

年	贷款余额（美元）	还款金额（美元）
6	54, 909, 115	12, 325, 000
7	44, 780, 479	12, 325, 000
8	34, 246, 698	12, 325, 000
9	23, 291, 566	12, 325, 000
10	11, 898, 229	12, 325, 000

对固定或浮动利率的偏好取决于航空公司财务主管对利率的看法。在预期贷款期内利率低于当前远期利率的环境下，司库可选择浮动利率。如果预期利率上升，航空公司可能希望锁定固定利率。除了受到基准利率的影响外，航空公司在融资时还面临经济和信贷条件。因此，进入借贷市场的时机对于航空公司降低借贷成本也很重要。

9.2.2 出口信贷

当信贷市场紧张，银行不愿意向风险借款人放贷时，出口信贷机构担保是有用的。在信贷危机之后，欧洲航空和亚洲经济组织支持的融资是航空公司重要的资金来源。信贷危机后，ECA 将其在飞机融资中的支持份额从总交付量的 15%～20% 增加到 30%～40%。ECA 担保受一项称为大型飞机部门谅解（LASU）的安排管辖。2011 年以前，那些不是大型飞机制造商国家（即美国、英国、法国、德国和西班牙以外的国家）的航空公司是唯一能够获得 ECA 支持融资的国家，虽然这在 2007 年之前不是问题，但信贷危机后，ECA 的融资成本比传统融资便宜得多。这导致在 2011 年修订了 LASU，以降低 ECA 在融资决策中的重要性。此外，对于 2015 年到期的进出口银行章程，美国一直存在不确定性，这进一步降低了 ECA 融资的可行性。2011 年 LASU 要求 ECA 根据信用评级对借款人进行分类，规定这些结构的最低利差和预付款，并定期更新。还要求 ECA 采取基于借款人评级的风险控制措施。LASU 规定的费率示例显示在表 9. 5 中。

美国进出口银行为高达 85% 的美国飞机提供担保。ECGD 也是如此，而 COFACE 和爱马仕只覆盖 85% 飞机成本当中 95% 的本金和利息。最高还款期限为 10 年至 12 年，在特殊情况下，期限可达 15 年。还款通常是按季度偿还。

图 9. 2 描述了由 ECA 支持的融资交易结构示例。

表 9. 5　2011 年 ASU 表 5——截至 2014 年 10 月 15 日的最低保费率（12 年还款期限，资产支持交易）

风险类别	风险分类	最低费率	
		年息差（bps）	预付（%）
1	AAA to BBB -	89	4. 98
2	BB + and BB	126	7. 09
3	BB -	144	8. 12
4	B +	166	9. 39
5	B	185	10. 50
6	B -	195	11. 38
7	CCC	217	12. 38
8	CC to C	222	12. 67

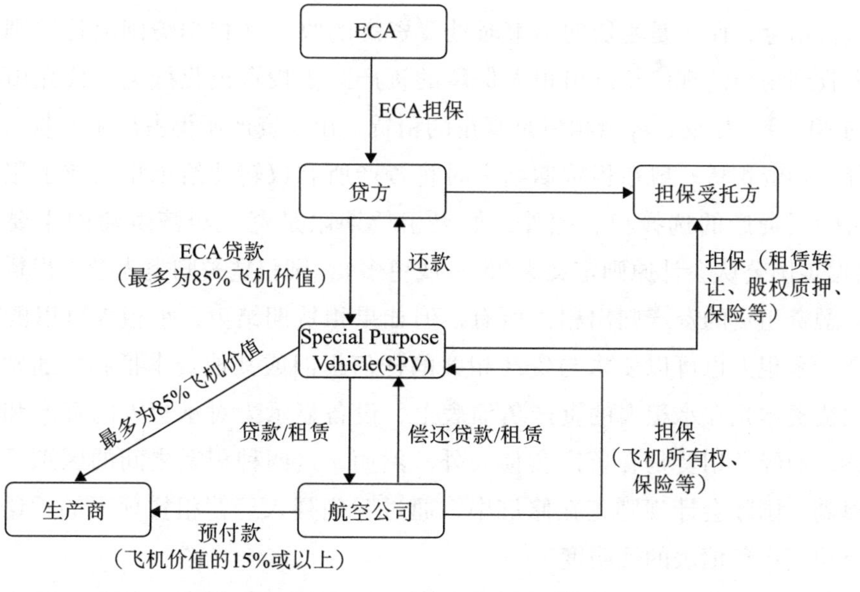

图 9. 2　ECA 支持的融资结构

9. 2. 3　租赁

运输业是以租赁作为融资工具的最大用户之一。乘用车、商用车、铁路、航空和航运都是以租赁作为融资手段的细分行业。租赁融资由专业资产融资公司（出租人）提供，这些公司可以是银行、资本货物制造商或独立租赁融资公司的子公司。租赁可以根据期限与租金进行区分。例如，租借期限通常为两年或更短，而租赁期限通常较长。

租赁的基本原理如下：出租人购买用于租赁的资产并将其出租给承租人获得租金，租金应当覆盖购买资产的资本支出和相关的融资成本，并产生合理的收益。出租人可以直接购买资产，也可以与已经拥有该资产的用户或可以安排购买该资产的一方签订售后回租协议。根据某些租约，设备在租赁期结束时应还给出租人，在一些情况下，承租人保留资产，必要时做一个名义付款。

租赁主要分为融资/资本租赁和经营租赁两种类型。融资租赁是将资产所有权附带的所有风险和收益从出租人转移到承租人的租赁。经营租赁定义为融资租赁之外的租赁。因此，就收益而言，融资租赁出租人的几乎所有收入都来自租金，而不是租赁期结束时处置资产的收入（根据美国会计原则，出租人收到租金的现值超过出租人保留的资产减去投资税收抵免的公允市场价值的90%）。相反，经营租赁是真正的租赁，出售资产所得占出租人收入的大部分。融资租赁一般在租赁期结束时将资产所有权转让给承租人或承租人有折价购买资产的选择权。此外，如果租赁期限是资产经济寿命的主要部分(根据美国公认会计原则定义为75% 或更多)，则租赁被归类为融资租赁。

融资租赁的资产归出租人所有，但如果租赁期结束，承租人可以购买该资产，承租人也可以要求与资产相关的任何折旧或其他资本抵扣。通常，融资租赁资本化在承租人的资产负债表上，设备显示为对承租人的资产和财务负债，而经营租赁是在资产负债表外。然而，这两种租赁之间的区别已越来越模糊，国际会计规则正在修订中，通过明确列入经营租赁项下的承诺，提高公司资产负债表的透明度。

租赁的主要条款包括租赁资产和资产所有权、租赁期、租金、终止时的期权和提前终止条款。租金支付受多种因素的影响，主要包括利率和与承租人相关的信用风险。在租赁期结束时，资产的残余价值对于确定租金水平很重要。租赁交易的示例条款如例9.1所示。

例 9.1——租赁的示例条款

出租人：	航空金融公司
承租人：	ABC 航空公司
飞机类型：	空客 A320 飞机，带 2 × IAE V2500 发动机
交货地点和日期：	2015 年 6 月 1 日，英国伦敦
租赁期限：	自交付日起 5 年
租金：	每月 450,000 美元，固定，每月前端支付
维修准备金：	承租人应按月向出租人支付如下费用： 机身检查：25,000 美元/月 发动机维护：每台发动机 300 美元/飞行小时 起落架大修：20 美元/飞行小时 APU 翻新：50 美元/飞行小时
保证金：	1,000,000 美元
运营和维护：	根据航空管理局批准的计划
保险：	承租人维持飞机保险
承租人契约：	根据出租人和承租人之间的约定

租赁的好处如下：

（1）租赁是良好的中期融资的渠道，融资额可高达资产价值的 100%，交易所需的担保可能仅限于资产本身。

（2）成本可低于银行贷款或其他形式的融资，因为租赁公司可以将购买飞机时获得的批量折扣转移给承租人。

（3）帮助企业保持流动性。

（4）可以根据用户要求量身定制租金。

（5）消除了航空公司资产负债表中飞机价值的残余风险，还能使航空公司运营更新、更高效的飞机机队。

税收在决定是选择贷款或其他传统方法还是租赁融资方面起着很大的作用。租赁可以提供税收优惠，因为租金可以作为成本抵扣应税收入，提供比资本折旧更多的税收优惠。当出租人和承租人之间的税率有差异，而且承租人没有足够的利润来申请所有应得的免税额时，使用租赁也是有利的。这一特点导致租赁结构的发展，如日本杠杆租赁，日本投资者投资 20% 或更多作为SPV的股权，并利用银行债务购买和出租飞机给外国航空公司。这些租约允许外国航空公司和日本投资者申请税收抵免，但在20世纪90年代末被撤销，取而代之的是日本经营租赁，只有当地投资者才能获得税收抵免。类似的结构已经在美国、英国、德国和其他司法管辖区被复制。一般来说，杠杆租赁是允许设备加速折旧的投资信贷的产物，再加上航空业需要大量设备，但没有利润来申请信贷。然而，由于税务机关修改了规则，只允许实际所有者进行资产折旧，税收驱动的交易量大幅下降。

9.3 对冲与融资相结合的逻辑

我们在前面两节研究了航空公司的融资模式。在大多数情况下，航空公司融资组合的决策是孤立的，独立于其他风险管理决策。然而，融资和运营带来的风险是相互关联的。航空公司在租赁或购买飞机时，依据对未来需求预测的假设。航空旅行的需求通常与经济增长有关，这些预测中嵌入了对增长的假设。为了产生支付飞机费用所需的现金流，航空公司需要确保控制其成本。燃料成本是成本中最大和最不稳定的部分，如果不做对冲，则燃料成本的可预见性有限。在油价与GDP和航空运输同步上涨的情况下，需求增加可以帮助航空公司渡过成本上升的难关。然而，当油价冲击与经济增长无关时，航空公司在偿还债务方面会受到挤压。对冲结构与融资相结合可以缓冲现金流，抵御油价冲击的影响，并保证使用飞机的收益率。

如果将为保护偿还债务或租赁付款所需的现金流而进行的对冲和新借款相结合，可以降低航空公司的债务成本。这是因为当通过燃料对冲降低还款风险时，银行愿意接受较低的收益。虽然对冲有助于降低融资成本有理论依据，但航空公司一般不会有效利用这一点。在其他如采矿业或建筑业中，由于银行融资占主导地位和缺乏可转让抵押品等原因，迫使公司对冲价格风险以确保融资。和这些行业的融资不同，航空业易于转让的抵押品（飞机）的即时可用性可能排斥综合风险管理。大多数航空公司融资的资产特性会使贷款人和航空公司对资产风险缺乏整体考虑。

在本节中，我们研究由于商品套期保值产生的信贷风险降低，并对其进行量化。在下一节中，研究将商品风险和融资风险联系起来并降低借贷成本的结构。

下面我们讲通过对冲可以降低违约风险。为了考察对冲对降低信用风险的作用，我们回到美国航空业的情况。在第 1 章中，我们介绍了利用航空公司股票价格和燃料价格的负相关关系，通过对冲降低权益波动率的策略。下面我们通过航空公司资产整体波动率来描述类似的违约概率下降。违约概率下降可以使借贷成本降低。

“违约距离”是衡量公司风险的一个指标（见图 9.3）。违约距离用资产价值、业务风险和杠杆合成一个指标，将实体的净资产与资产价值一个标准偏差变动量进行比较。

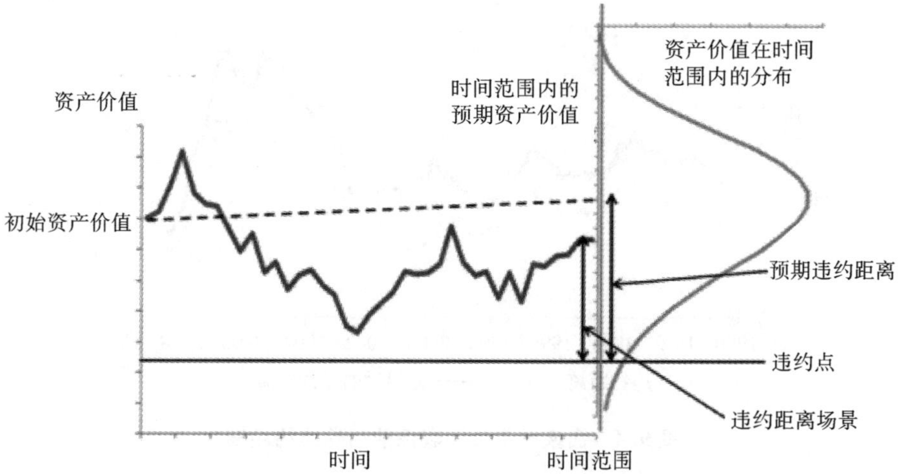

图 9.3　特定资产预期和实际违约距离

$$违约距离=\frac{资产市场价值-违约点}{资产市场价值\times资产波动率}$$

从理论上讲，公司的违约点就是资产市场价值低于负债账面价值的点。然而，在现实中，即使公司的市场价值低于账面价值，公司仍继续运作。对违约点的准确估计介于短期负债水平和长期负债水平之间。在简化的分析中，我们假设违约点固定在总债务水平上。

公司权益价值是资产价值的看涨期权，期权的行权价等于债务水平。依据这个事实，由权益价格、债务以及权益价格波动率，我们可以计算资产市场价值。为了简化分析，我们假设每家航空公司债务水平固定，资产波动率仅由权益波动率决定（两者成正比，虽然基于公司不同的资本结构的差异很大）。假设债务价值恒定，我们可以通过权益波动率来计算资产波动率。

$$资产波动率 = 权益波动率 \times \frac{权益}{资产价值}$$

在这些假设下，违约距离显然与权益波动率成反比。当我们观察到对冲导致权益波动率下降时，可以预期对冲后的违约距离上升。假设 40% 的权益价值是使用 WTI 原油对冲的，就像之前的示例一样。基于这些假设，图 9.4 和图 9.5 绘制了两家美国航空公司在一个时期内的违约距离。

图 9.4 西南航空公司套保前后的违约距离

虽然我们对资产波动率的假设过于简单，但它们可以简要说明由于燃料价格风险对冲，违约距离增加了。更远的违约距离应该能降低航空公司的借贷成本。这可以在债务融资时体现出来，因为在安排贷款或租赁融资时，可以与银行谈判降低利差或降低成本。

下面我们介绍一些在帮助航空公司降低偿债成本的同时可防止燃料价格上涨的结构。

图 9.5　美洲航空公司套保前后的违约距离

9.4　与油价挂钩的融资结构

将对冲与融资捆绑在一起的产品有两类策略。它们可以实现类似的目标，但方法不同。一类结构将融资成本和商品风险管理嵌入单一结构中，另一类结构是将传统贷款或债务与对冲挂钩，通过出售期权来降低利息成本。我们首先介绍一种被称为避险租赁（hedged lease）或灵活石油避险结构租赁（flexible oil - insulated lease）的租赁结构。

9.4.1　避险租赁

避险租赁是对冲结构和经营租赁的组合。这个结构由有能力提供石油价格对冲的银行或金融机构提供。通过将对冲结构与融资的特定资产（在这种情况下为飞机）挂钩，来降低租赁成本。根据融资的资产、飞机预计运量和油耗率，估算出燃料用量。在对冲总量不超过预计燃料用量条件下来构建对冲。实际上，由于需求的不确定性，飞机的实际使用也存在不确定性，所以我们也会留有一些回旋余地。

估计飞机耗油量如下：

$$\text{每年燃料消费量} = \frac{\text{每年飞行小时数} \times \text{平均时速(公里/小时)}}{\text{燃料经济性(公里/升)}}$$

我们来看一架远程飞机，预计每年使用约 4, 000 小时（大约 12 小时/天，允许几个星期的维护）。如果平均时速 850 公里，燃料经济性为 0. 06 公里/升，每年油耗约 360, 000 桶（从升转换为桶，158. 987 升/桶）。每月燃料用量为 30, 000 桶。

我们假设用 50% 的对冲比率，运营租赁的月租金为 450, 000 美元。下面给出一个将租金与燃料价格挂钩的结构，例 9. 2 为结构的条款。

例 9. 2——带线性租金节约结构的避险租赁条款

标的商品：	WTI 原油
期限：	2015 年 1 月至 2019 年 12 月（60 个月）
结算价格：	WTI 首行合约每日结算价的平均值
租金：	每月 450, 000 美元 + (80 − 浮动价格) × 15, 000，保底租金为 0、封顶租金为 900, 000 美元

WTI 价格低于 80 美元/桶时，WTI 每下跌 1 美元/桶，租金将增加15, 000美元；反之亦然。80 美元/桶的价格水平接近进入交易时的互换价格。

在这种结构下，租金支付额在 0 ~ 90 万美元/月之间，即租金支付水平最高可达计划的两倍。但是如果加上燃料成本的变化，总成本可能远远低于航空公司未对冲的情况。根据这种对冲租赁结构支付的款项，以及不同燃料价格水平下的每月成本总额（包括燃料费用）可绘制图 9. 6 和图 9. 7。

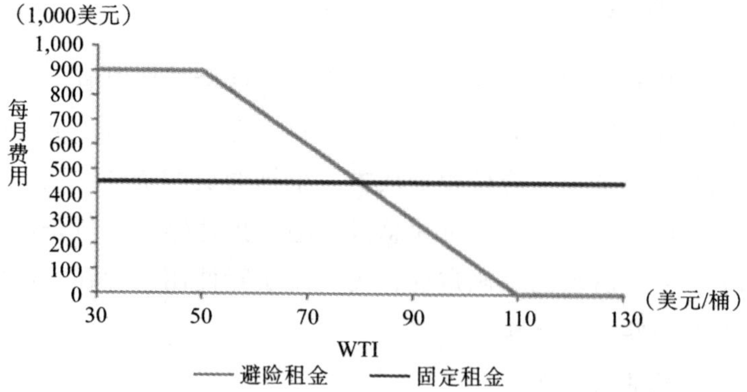

图 9. 6　避险租赁的租金和固定租金

从以上图表中可知，在不同石油价格水平下，租金和购买燃料的净现金流被平滑了。现金流的这种可预测性对航空公司的司库非常有价值。避险租赁结构的优点可以概括为：

（1）避险租赁结构的优势

①将资金管理和燃料价格风险相结合。

②允许航空公司通过嵌入式对冲降低风险，以更便宜的成本进行资产支持融资。

③稳定航空公司的整体现金流，改善资本预算。

④尽量减少定期进行对冲决策的干扰，适用于进行战略对冲的公司。

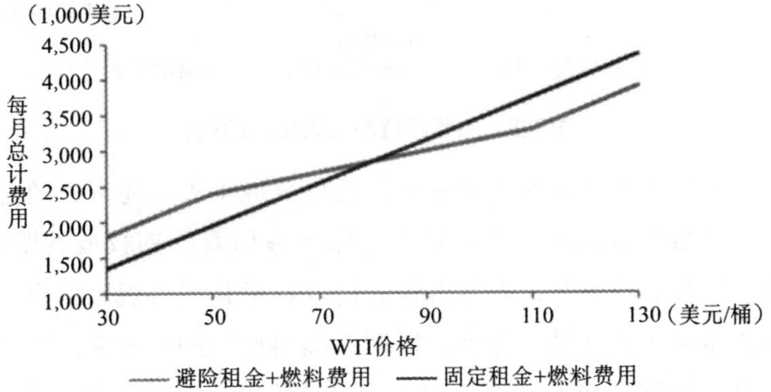

图 9.7　避险租赁和固定租金的总成本（包括燃料费用）

本例中使用的嵌入式对冲结构是带封顶和保底的互换。上述结构的另一个变体如例 9.3 所示。

例 9.3——带线性租金节约结构的可转换柔性租赁条款

标的商品：	WTI 原油
期限：	2015 年 1 月至 2019 年 12 月（60 个月）
结算价格：	WTI 首行合约每日结算价的平均值
租金：	每月 450,000 美元 +（75 - 浮动价格）×15,000，保底租金为 0、封顶租金为 900,000 美元 WTI 结算价低于 75 美元/桶时，WTI 结算价每下跌 1 美元/桶，租金增加 15,000 美元；反之亦然
转换期权：	在每年的年末，银行有权将剩余期限内的租金转为固定租金 450,000 美元

这个结构与之前的结构类似，只是航空公司给予交易对手银行将租金从浮动转为固定的选择权。此结构包含前面讨论过的百慕大展期/取消期权。这些取消期权的价值以减少租金支付的形式转移给航空公司，如图 9.8 所示。

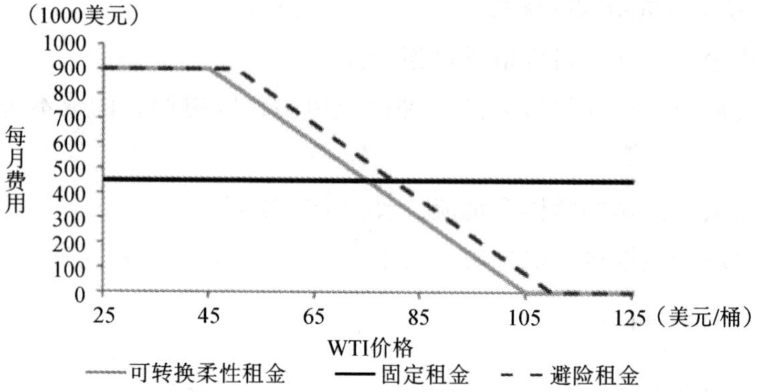

图 9.8　避险租赁和固定租赁的租金

航空公司除了通过降低波动率来降低信贷成本外，还可以通过出售燃料期权来降低初始租赁成本，通常是出售原油虚值看跌期权或看跌期权价差。然而，为了显著节约租金，需要出售的期权数量相当可观。出售期权应放在航空公司整体对冲的背景下考虑，根据对燃料价格的看法而定。例 9.4 给出了一个降低初始租赁成本结构的例子，支付的租金和权利金分别如图 9.9 和图 9.10 所示。

例 9.4——带渐进租金节约结构的灵活石油避险租赁合约

标的商品：	WTI 原油
期限：	2015 年 1 月至 2019 年 12 月（60 个月）
结算价格：	WTI 首行合约每日结算价的平均值
租金：	如果结算价介于 60 美元/桶和 85 美元/桶之间，225,000 美元 如果结算价高于 85 美元/桶时，225,000 美元 +（85 − 浮动价格）× 15,000 美元，保底租金为 0 美元 如果结算价低于 60 美元/桶，450,000 美元 如果结算价介于 60 美元/桶和 85 美元/桶之间，租金减半；当结算价高于 80 美元/桶时，WTI 每上涨 1 美元/桶，租金降低 15,000 美元
卖出期权：	航空公司卖出看跌期权价差，行权价为 50 美元/桶和 35 美元/桶，数量为 100,000桶/月

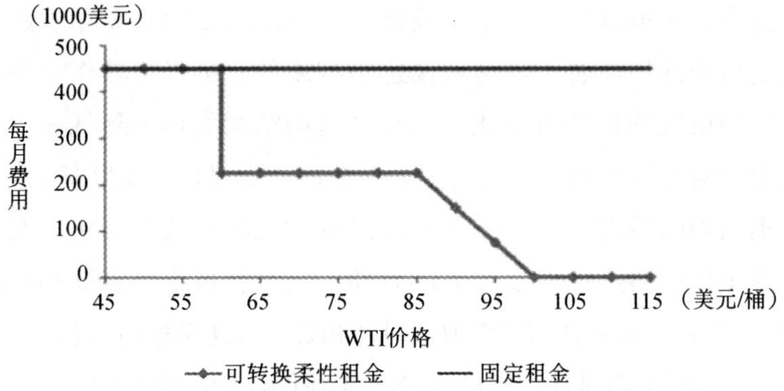

图 9.9　可转换柔性租金和固定租金的金额

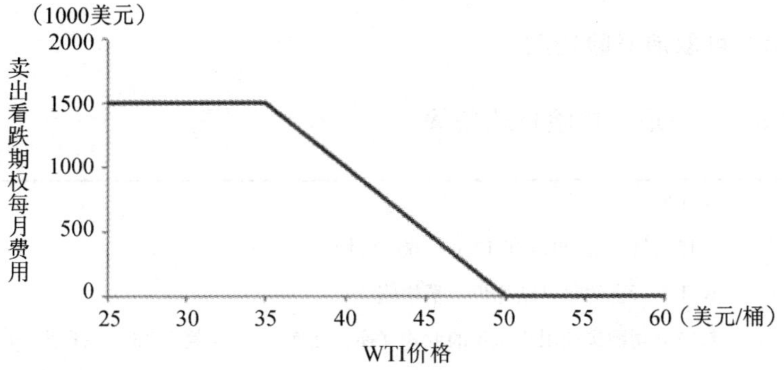

图 9.10　卖出看跌期权/价差的附加租金

需要注意的是，这种结构不同于以前的浮动租金，因为出售期权会影响航空公司整体的对冲比率。与浮动租金结构不同，该交易和风险管理是自成一体的，因此需要了解现有对冲和未来可能的对冲。虽然这种结构降低了租赁成本，但在对冲和会计决策中不得不考虑这种结构下出售期权会降低结构的吸引力。在所有浮动租金结构中，航空公司都可以从降低的信贷成本中获益（以相当的信用利差计，假设固定租金），这是避险租赁定价中考虑的一个因素。

在前端节约利息成本的另一种方法是采用可取消结构。

（2）可撤销避险贷款

在浮动租赁中，节约的利息金额取决于特定飞机的对冲比率。与浮动租赁相反，可取消避险贷款与传统的对冲计划非常契合。它的解决方案是在现有对冲结构中引入可取消结构来生成期权，而不是出售香草型看跌期权。对于拥有既定对冲计划的航空公司来说这是有用的，可以将其作为战略对冲的一部分，保持最低的长期对冲比率。与之前的结构类似，降低成本的程度取决于航空公司对冲的燃料量，这与用来融资的特定飞机的实际耗油量无关。

可取消结构的原理如下：航空公司以贷款或租赁购买飞机，航空公司还在正常业务中进行与这笔贷款有关的对冲。航空公司给予贷款和对冲交易商（假设是同一家）在未来任何时点取消对冲和贷款偿还义务的权利。也就是，如果对冲交易商选择取消对冲，则航空公司无须偿还贷款项下的剩余款项。只有当航空公司对冲的盯市价值高于贷款余额和利息的现值时才会出现这种情况。

9.4.2 可取消避险贷款

例 9.5——可取消避险贷款条款

标的商品：	WTI 原油
期限：	2015 年 1 月至 2019 年 12 月（60 个月）
浮动价格：	WTI 首行合约每日结算价的平均值
贷款偿还：	航空公司购买期限为 5 年的亚式互换，互换价格 70 美元/桶，数量为 50,000 桶/月
取消权：	每年年末，银行有权同时取消贷款和对冲交易。取消后，任何一方无须继续支付对冲或贷款款项

对于此结构，一个可取消期权被行权的情景如图 9.11 所示。

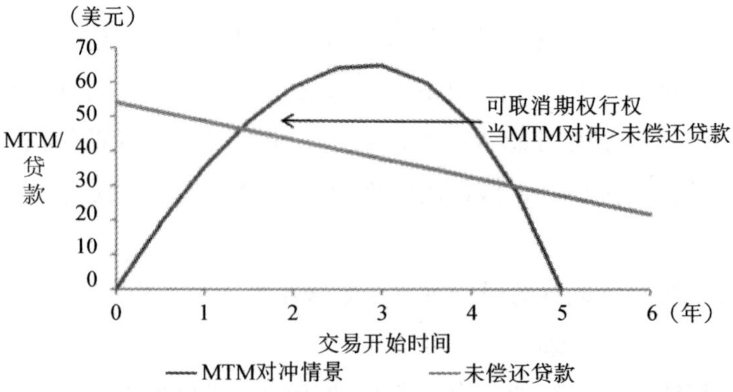

图 9.11 可取消期权行权示意图

DVA 和可取消避险贷款：可取消结构在管理航空公司现金流方面更有效。在对冲取消后，航空公司仍拥有资产，并且不需要继续偿还贷款或租金。但是，航空公司届时将完全暴露在高油价下。然而，航空公司的资金流动性收益显著，因为高燃料价格通常伴随着高利率和航空公司的高融资成本。航空公司高昂的融资成本影响贷款的净现值，降低了可取消期权的行权价，增加了行权的可能性。在这种情况下，如果贷款与对冲一起被取消，航空公司就可以将自己的 DVA 货币化。换句话说，由于航空公司自身的违约风险，贷款以较低的价格被取消。

9.5　本章小结

从燃料消费者的角度来看，对冲有助于控制成本，稳定利润，但同时也涉及支付对冲成本或在燃料价格下跌时放弃权益增长的机会。虽然股东可能愿意承担更高的波动率以获得更高的预期收益，但债权人是公司资产价值看涨期权的空方，他们愿意通过降低融资成本来补偿公司的对冲。在这一章中，我们介绍了燃料消费者将融资和对冲交易捆绑在一起的收益及将收益兑现的方法。

第 10 章

燃料对冲案例

在本章中，我们用两个案例来说明前几章讨论的对冲和风险管理概念。案例基于燃料消费者遇到的实际对冲问题和风险管理挑战。案例 1 以一家航运公司燃料价格风险管理为重点，介绍了识别风险和选择对冲工具所涉及的方方面面。航空公司对冲策略的案例简要介绍了航空公司现有对冲投资组合，以及如何在不利价格情况下解决组合市场和信用风险方面的主要问题。我们讨论了对冲组合约务更替和重组以及相关的信用风险、融资风险和市场风险管理问题。

10.1 案例 1：YM 货运公司

YM Cargo Inc.（YMC）是一家专注于亚太地区的航运公司，在全球范围内提供货运服务。YMC 主要提供集装箱运输服务，也已开始提供湿货运输服务。YMC 拥有并租用货运船只，还在发展物流业务，提供端到端的运输服务，包括清关，陆上最后一英里运输以及与客户系统集成，以提供无缝物流体验。YMC 大致分为以下三个业务部门：

- 集装箱运输服务，这是它最大的细分市场。
- 物流服务，包括陆上铁路和公路货物运输。
- 湿货运输服务，包括油轮运输能源商品，例如原油和石油制品。

10.1.1　业务风险

YMC 面临艰难的商业环境和多种商业风险，其中最主要的风险如下。

（1）充满挑战的经济形势

航运需求与全球 GDP 增长紧密相关，在 2008 年金融危机之后，全球增长复苏步伐不平衡，加剧了航运公司收益的波动。集装箱运输和干散货运输市场受到的冲击最大，因为波罗的海干散货运价指数（Baltic Dry Index）等基准指数在 2008 年暴跌，且未显著回升。从历史上看，该行业的毛利率一直是个位数，在过去几年中甚至长期为负数。

（2）争夺市场份额

金融危机后，运输企业的客户努力降低成本，这极大地影响了对 YMC 服务的需求。不可预见的需求弹性也影响了 YMC 和其他行业参与者的长期计划。许多航运公司根据 21 世纪初期的业绩来预测增长率，并下了较多的造船订单。由于需求增长不及预期，该行业正遭受产能过剩的困扰。这使公司失去了对客户的定价权，许多公司为了保持市场份额已开始以边际成本定价。

10.1.2　风险因素

一是在成本方面，过去 10 年来，燃料成本的重要性日益上升，目前占大型运输公司运营成本的 20% 至 30%。到目前为止，燃料成本也是运营成本中波动最大的部分。YMC 预测未来几年燃料成本波动可能会持续，油价从 2014 年底的跌势中恢复过来，价格呈上升趋势。

二是资本成本占运营成本的很大一部分，而随着运力利用率的下降，航运公司的现金流面临较大压力。由于购买或租赁船只的融资利率是浮动的，YMC 还承担了利率风险。

三是由于其业务的跨国性质以及成本以不同货币计价，YMC 还面临汇率风险。

10.1.3　降低风险的运营措施

迄今为止，YMC 主要通过采取下列运营措施来管理不断上升的成本。

- 与港口和码头谈判更好的费率。
- 投资先进的运输路线优化技术，将运输成本最小化。
- 将燃料成本转嫁给客户。直到最近，YMC 仍可以通过燃料附加费将部分燃料成本的增加转嫁给客户，但随着竞争的加剧，这不太可能持续。

YMC 管理层需要制定一个风险管理策略，该策略应充分重视单一成本的波动，并管理对毛利率影响最大的成本。由于燃料成本对 YMC 利润率影响大，是风险管理策略的主要管理对象。

10.1.4 风险偏好

与许多其他航运公司一样，传统上 YMC 在对燃料成本管理上也比较保守。YMC 过去一直和船用燃料供应商签订固定价格合同，或者将成本转嫁给客户。在确定了可以对冲的业务和市场风险之后，风险管理的下一步就是量化公司的风险容忍度。YMC 的风险偏好如下：

- YMC 允许的毛利润变动幅度上限为收入的 4%。燃料成本约占成本的 30%，燃料价格波动率为 30% 至 40%，燃料价格变化导致的毛利率变化明显高于 YMC 管理层的允许范围。
- 管理层对已承诺合同的成本变动容忍度很低。
- 在当前毛利率下降的市场形势下，YMC 对采用新的燃料价格管理方式持开放态度。
- 在当前的市场环境中，汇率波动也是 YMC 的重要风险因素。YMC 在亚太地区许多新兴经济体中开展业务，这些新兴经济体容易受到突然且剧烈的汇率波动的影响，而公司的成本大部分是以美元计价。随着未来收入（通过外推法估算）越来越不可靠，应对长期外汇风险对冲保持谨慎。
- 目前 YMC 对其长期债务支付的利率水平持满意态度。

10.1.5 对冲目标和范围

根据在风险管理方面的偏好，YMC 管理层就对冲计划的目标达成了一致。

对冲计划的目标是限制燃料价格和汇率变动带来的营业收入波动。此外，发展中的 YMC 物流部门需要向客户承诺中期运输成本，因此有必要锁定燃料价格来保护毛利率。战略对冲在航运业并不普遍，如果 YMC 愿意定期对冲风险敞口，将成为公司竞争优势的来源。

公司建立了风险治理委员会，负责监督对冲活动，为称职的执行团队制定政策和限额。委员会由独立董事/董事会成员和高级管理层组成，包括董事总经理/首席执行官、首席财务官和公司秘书。风险治理委员会确保执行团队遵守所有程序并定期审查风险政策。执行团队由首席财务官、公司秘书、资金经理、指定的燃料对冲经理和采购经理组成。执行团队应具备必要的基础知识，了解现货燃料采购和金融市场（尤其是燃料市场和衍生品）。诸如首席财务官等高级管理人员的参与对于确保作出适当而有效的对冲决策以及使公司免遭重大额外风险至关重要。

YMC 管理层就对冲的敞口范围作了如下规定：

- 当需求明确时，可以锁定部分燃料成本（45% 以上，但不超过 80%）。YMC 根据对毛利率变动的要求，允许燃料总成本的变动不高于 13%。
- 长期外汇对冲不超过预计汇率敞口的 50%，但是当预测有重大风险时，最高可以对冲 100%。
- 长期负债利率敞口对冲比例不低于 30%，如果利率下降 50 个基点或以上，则至少再对冲 30%。
- 燃料对冲成本不得超过当前燃料成本的 5%。也就是说，YMC 不允许在交易开始时支付超过燃料成本 5% 的权利金或交易成本。
- 对冲工具与标的敞口的相关性不低于 80%。YMC 船用燃料采购价格非常接近高硫燃料价格。
- 为了最大限度减少对冲损失，在衍生品对冲的下行方向上不得加杠杆。
- 燃料和外汇对冲的最长期限不超过 18 个月。

10.1.6　对冲计划执行

在公司相关部门就风险管理计划目标达成一致后，YMC 的对冲执行团队开始规划对冲的结构和实施。

（1）标的选择

为了选择对冲船用燃料风险的标的，YMC 对燃料价格收益率与其他标的价格收益率进行了相关性和回归分析。YMC 可以直接使用当地的燃料标的，例如 HSFO 380 CST 或价格与燃料相关的其他燃料。回归分析表明，WTI 原油、布伦特原油和迪拜原油价格与 HSFO 高度相关。例如，在 10 年间，WTI 原油月度收益率与 HSFO 380 CST 收益率之间的相关系数为 0. 72，而布伦特原油与 HSFO 收益率之间的相关系数为 0. 81。

（2）工具和期限选择

根据对冲计划规定的范围，YMC 的风险管理人员认为金融对冲是管理燃料价格风险的最佳手段。超过 3 到 6 个月的现货燃料市场流动性很差，在交收方面存在物流挑战。相比之下，金融市场在流动性和交易对手方数量方面要深得多。期权和其他衍生品在金融市场中的流动性也更高。因此，使用金融套期使 YMC 在期限和套期工具上有更多的选择，将诸如交易对手风险之类的额外风险降至最低。

6 个月的 HSFO 380 CST 互换具有较好的流动性。6 个月以上建议使用布伦特原油和 WTI 原油合约。此外，期权主要是在 WTI 和布伦特市场有流动性，这些标的可以用于各种基于期权的交易，使交易成本最小化（上限为燃料总成本的 5%）。根据对冲范围的规定，对冲期限最长为 18 个月。

除了互换、期权、期权结构以及可展期互换外，执行团队还可以进行价差互换以对冲价差。例如，HSFO CST 380 与 WTI 原油价差互换可以覆盖现有 WTI 互换，对价差敞口进行对冲。

（3）对冲策略

团队应在遵守套期保值计划范围的同时，努力以最佳方式确定其套期保值策略的时间。例如，可以使用以下原则选择对冲结构。

- 当价格处于历史最低水平时，应优先选择互换交易而不是期权策略。为锁定较长的期限，前 6 个月可以使用 HSFO CST 380 互换，后续几个月使用 WTI 互换。另外，在 HSFO CST 380 互换上增加可展期进入一个 6 个月 WTI 互换的期权，可以改善互换价格。
- 当价格处于历史高位时，看涨期权应优先于互换。由于规定了权利金的上限（占燃料成本的 5%），当价格较高时，对冲的数量较少。

- 当价格接近历史平均水平或预期较长时期内将区间震荡时，可以考虑领式结构和其他零成本期权结构。

在进行对冲交易之前，应先进行情景分析，确保潜在的对冲损失和现金支付总额可控，尤其是在交易对手方要求为衍生品交易提交抵押品的情况下。

（4）对冲交易对手

场外交易存在信用风险，YMC 可以根据信用额度选择双边交易，或通过中央对手方清算。例如，如果对冲交易商的总风险敞口超过某个阈值，或者与某个对手方对冲的名义数量超过了 YMC 未清算对冲名义数量的 50%，公司可以选择通过向清算对手方提交保证金来清算交易。

为了最大限度降低交易对手风险，应至少选择三个交易对手进行对冲交易，YMC 与任一个交易对手未清算的对冲交易不超过 50%。根据过往交易或现有市场信息（例如信用评级和 CDS 利差）在评估其信用后选择交易对手。

（5）法律文件

YMC 建立的金融对冲计划包括与经纪商和 OTC 对冲交易商关于保证金和信用额度的协议，在必要时就 ISDA 主协议进行谈判。通常是以香草型交易（如固定价格互换）来启动对冲程序。YMC 可以要求对冲交易商提供样本条款和确认书，以了解互换交易的结算条款。表 10.1 为一个详细列报的互换交易样本条款。

表 10.1　　互换交易条款

甲方：	对冲交易商 A
乙方：	YMC 货运公司
交易日：	2015 年 11 月 20 日
生效日：	2016 年 1 月 1 日
到期日：	2016 年 6 月 30 日
商品：	新加坡高硫燃料油 380CST

续表

总名义数量：	88,000 吨
每个计算期的名义数量：	每月作为一个计算期，每个月名义数量如下： 每月计算期　名义数量（吨） 2016 年 1 月　15,000 2016 年 2 月　13,000 2016 年 3 月　18,000 2016 年 4 月　14,000 2016 年 5 月　13,000 2016 年 6 月　15,000
计算期：	从生效日开始至最终到期日的每个日历月，共 6 个计算期
结算日：	每个计算期结束后 5 个营业日，更具修正的下一营业日惯例调整
结算营业日：	新加坡、纽约
固定端细节：	
固定价格支付方：	乙方
固定价格：	380 美元/吨
浮动端细节：	
浮动价格支付方：	甲方
浮动价格：	对每个计算期，浮动价格为计算期内每个定价日商品参考价格的简单算术平均值
商品参考价格：	某定价日的“FUEL OIL – 380 CST SINGAPORE (CARGOES) – PLATTS ASIA – PACIFIC”指当日黏度 380 厘斯以下燃料油的指定价格，以美元计，单位吨，在普氏出版物“新加坡：HSFO380CST”栏目发布
指定价格：	普氏新加坡平均价，为该定价日发布的最高和最低价的算术平均值
定价日：	计算期内每个商品营业日
计算代理人：	甲方
文件：	ISDA 主协议下的交易确认书

每个月的名义数量是由 YMC 根据预测的需求确定。在操作方面，浮动价格（取决于参考商品和指定价格）、结算日期和营业日计算结算金额是重要交易细节。

在陡峭正向市场情况下，固定价格互换对冲成本高，这时可用一种“三腿”结构对冲策略。表 10.2 为该结构的条款。该交易初始成本为零。按照对冲计划的要求，在使用期权的情况下以 WTI 原油做对冲标的。

表 10.2　“三腿”结构交易条款

甲方：	对冲交易商 A
乙方：	ABC 国际物流公司
交易日：	2015 年 11 月 20 日
生效日：	2016 年 7 月 1 日
到期日：	2016 年 12 月 31 日
参考商品：	NYMEX WTI 原油
总名义数量：	300,000 桶
每个计算期的名义数量：	50,000 桶/月
计算期：	从生效日开始至最终到期日的每个日历月，共 6 个计算期
结算日：	每个计算期结束后 5 个营业日，根据修正的下一营业日惯例调整
结算营业日：	新加坡、纽约
权利金：	0 美元/桶
浮动端细节：	
上封顶：	
浮动价格支付方：	乙方
封顶价格：	80 美元/桶
下封顶：	
浮动价格支付方：	甲方
封顶价格：	66 美元/桶
保底：	
浮动价格支付方：	乙方
浮动价格：	58 美元/桶
适用所有保底和封顶的条款：	
浮动价格：	对每个计算期，浮动价格为计算期内每个定价日商品参考价格的简单算术平均值
商品参考价格：	某定价日的“OIL – WTI – NYMEX”指当日 NYMEX 公布的西得克萨斯轻质低硫原油期货交割日合约的指定价格，以美元/桶计
指定价格：	正式结算价

续表

交割日：	首行合约
定价日：	计算期内每个商品营业日
计算代理人：	甲方
文件：	ISDA 主协议下的交易确认书

交易接近计算期时，燃料的流动性提升。这时可以用价差互换来管理基差风险。执行团队可以在上述结构到期时进行一个裂解价差/价差互换，锁定WTI 原油和燃料的价差。交易结构如表 10.3 所示。

表 10.3 价差互换条款

甲方：	对冲交易商 A
乙方：	ABC 国际物流公司
交易日：	2016 年 5 月 20 日
生效日：	2016 年 7 月 1 日
到期日：	2016 年 12 月 31 日
参考商品：	FUEL OIL－380 CST SINGAPORE（CARGOES） －PLATTS ASIA－PACIFIC；OIL－WTI－NYMEX
总名义数量：	300,000 桶
每个计算期的名义数量：	50,000 桶/月
计算期：	从生效日开始至最终到期日的每个日历月，共 6 个计算期
结算日：	每个计算期结束后 5 个营业日，根据修正的下一营业日惯例调整
结算营业日：	新加坡、纽约
权利金：	0 美元/桶
固定端细节：	
固定价格支付方：	乙方
固定价格：	－7 美元/桶
浮动端细节：	
浮动价格支付方：	甲方
浮动价格：	对每个计算期，浮动价格为计算期内每个定价日商品参考价差的简单算术平均值

续表

参考价差：	商品参考价格 1 和商品参考价格 2，以美元/桶表示。即（商品参考价格 1/6.35）- 商品参考价格 2，其中 6.35 是吨和桶的单位换算系数
指定价格 1（商品参考价格 1）：	参考普氏新加坡平均值，它是定价日发布的最高和最低价的算术平均值
指定价格 2（商品参考价格 2）：	参考某定价日的"OIL - WTI - NYMEX"指当日 NYMEX 公布的西得克萨斯轻质低硫原油期货交割日合约的指定价格，以美元/桶计
指定价格：	正式结算价
交割日：	首行合约
定价日：	计算期内每个商品营业日
计算代理人：	甲方
文件：	ISDA 主协议下的交易确认书

使用标的流动性好的期权结构进行长期限对冲，再加上在接近定价日期的价差对冲，YMC 可以获得比直接采用互换对冲成本更低的期权对冲。但是，YMC 确实在执行裂解价差互换前承担了裂解价差变化的风险。

10.1.7 组合监控

完成并妥善记录交易后，接下来应该对对冲组合进行监控，确保为燃料价格提供预期的保护。这包括确保现货采购价格与对冲的基准没有显著偏离（即现货的折价或溢价波动不大），实际消费数量与对冲的名义数量一致（确保最佳对冲且不存在过度对冲），结算计算准确并反映交易的经济性，然后可以计算 YMC 金融衍生产品组合的风险指标。

为了确保敏感性和估值计量准确，YMC 可以要求对冲交易商每周或每月提供对冲组合估值。每周更新组合估值可以显著改善 YMC 重组或增加交易的响应时间，当市场波动高时建议采用。

此外，YMC 及其对冲交易对手（如果有）之间谈判达成的 CSA 需要根据资金流动性管理的要求进行优化。执行团队应尽可能尝试执行双边 CSA 或者要求保证金阈值具有一定的水平，不至于交易执行后立即就需要流动性。建议定期评估交易对手的信用。此外，如果盯市价值封顶或付款封顶结构价格低廉，执行团队还应考虑使用这些结构来限制潜在的下行风险。

最后，YMC 的管理层应定期（至少每年一次）对风险管理计划进行评估，盘点公司面临的风险以识别可能影响公司未来盈利能力的新风险，及时掌握新趋势。

10.2 案例2：环球航空公司

环球航空公司（WWA）是一家总部位于欧洲的大型航空公司。它是一家在多航线上具有竞争力的国际航空公司。WWA 通过枢纽－支线模式提供世界各个目的地的航空服务，其欧洲枢纽既可满足旅客在欧洲内部的旅行需求，又可满足旅客在美洲和亚太地区之间的旅行需求。WWA 自 20 世纪 90 年代中期以来一直积极管理燃料价格风险，是一家成熟的航空公司。

10.2.1 WWA 对冲策略演变

在过去 10 年里 WWA 的对冲计划发生了显著变化，从主要进行现货价格风险管理转向了使用期货和场外奇异结构进行对冲。

（1）从供应商对手风险到流动性短缺

最初，WWA 通过在采购前与燃料供应商签订固定价格合同管理燃料价格风险。与燃料供应商签订固定价格合同看起来很简单，供应商和消费者不需要第三方介入、同时对冲价格风险也不需要保证金。然而，由于燃料价格波动较大，考虑到交易对手风险，这些采购合同的风险相当大。当燃料供应商因合同市值损失而违约时，航空公司可能遭受燃料供应中断，这是一个很大的问题。为了降低这种风险，WWA 将现货供应与价格对冲分开，从而将其交易对手的信用风险从实体供应商转移到信用更好的交易对手。于是 WWA 开始使用交易所的原油和柴油期货合约来管理风险。

随着时间的推移，航空公司意识到，在降低其交易对手风险的同时带来了流动性风险。过去与供应商签订固定价格合同不需要预付款。这对航空公司来说很好，因为它能够签订长期合同。然而，期货合约需要投入可观的保证金，由于担心波动率上升时现金短缺，因此限制了航空公司进行长期和大量对冲的能力。较高的波动率带来了较高的初始保证金，还有可能使盯市价值上升，进而需要更多的变动保证金。

（2）迷失于正向市场

随着大宗商品市场流动性的增加，银行开始提供商品对冲服务，WWA 开始在场外市场与银行进行对冲交易。这对 WWA 有利，因为银行不要求缴纳初始保证金来释放本来被清算所占用的资本。银行还向 WWA 提供定制合约，如平均价格（亚式）互换。最初，WWA 青睐的对冲工具主要是与 WTI 原油和西北欧航油相关的亚式互换和期权。随着布伦特原油流动性的提高，WWA 开始使用布伦特原油和 ICE 汽油对冲。

2005 年油价开始上涨，WWA 随之增加了对冲量并开始探索使用其他衍生品进行风险管理。然而，2006 年原油期货期限结构由反向转为正向，这反映了来自消费者的对冲压力，并揭示了燃料对冲者的有趣行为。与其他燃料对冲者一样，WWA 的燃料风险管理人员乐于在反向曲线时进入互换，这主要是因为交易开始时的预期现金流为正（携带收益为正）。反向曲线意味着前端价格高于互换价格，交易开始时的现金流为正。这种“餐前甜品”对风险经理具有激励作用，因为他们一开始就可以向公司管理层展示对冲的积极成果。期货首行合约价格上涨会放大这种效应。曲线形状转为正向后，完全改变了互换等简单对冲的预期现金流。在使用互换对冲时，风险管理人员不得不面对对冲开始时现金流出的预期。由于最高管理层可能不熟悉商品曲线，风险管理人员很难向他们解释。此外，2006 年经历的正向曲线是一种常态的正向曲线，通常和转仓成本有关。从 WWA 的角度来看，由于预期未来价格低于远期价格，因此转仓成本很高。

（3）处理正向市场成本

随着提供燃料对冲服务的银行之间的竞争加剧，WWA 开始向有经验的银行寻求定制方案，希望在正向市场情况下能够降低持有成本，改善对冲预期的现金流结构。许多银行建议卖出期权来补偿正向市场的成本，其中一个银行建议“三腿”结构，航空公司卖出一个看跌期权，买入一个看涨期权价差。卖出一个行权价更高的看涨期权是为了在原油价格不变的情况下提高交易初期现金流为正的可能性。航空公司也开始使用可展期的互换结构，这是当时市场上常见的结构。与香草型互换相比，可展期互换结构给交易对手将互换展期的期权，使 WWA 获得更好的对冲价格。然而，由于原油价格上涨，交易对手并未将互换交易展期，因为这样做对他们不利。这使得 WWA 在展期期限内的风险敞口处于未对冲状态，但是与香草型互换相比，这种结构在保证期内更有利。这些结构的初步成功激发了航空公司对更多奇异结构对冲策略的兴趣。

百慕大可展期结构进一步提高了结构在保证期的经济性，但是对冲交易商有权取消交易。由于当时市场呈上涨趋势，这些可展期结构通常以“提前终止”结束。

（4）药物依赖

为了消除正向市场的不利影响，航空公司的风险经理们纷纷转向使用结构化工具，WWA 也不例外。即使石油市场在 2007 年转为反向市场，风险经理们还是频繁地使用结构化对冲工具。这主要是因为，对对冲者来说，这些对冲策略的经济性在反向市场进一步提升了。受这些结构盈利能力的吸引，WWA 在 2007 年下半年开始使用各种目标赎回结构（见图 10.1）。这类结构在外汇等其他市场已经使用了一段时间，但对商品市场来说是新的。这些结构将对冲者的总支出（目标）封顶（如果有的话），达到目标后交易提前终止。事实上，这些结构的提前终止取决于对冲者的累计支出，消除了可展期结构中涉及的酌处权要素。当价格稳定或呈上升趋势时，目标赎回结构对消费者来说很好。因此，在 2007 年和 2008 年上半年，WWA 在以前的结构被敲出后短短几个月的时间内进入了更多的目标赎回结构。对于银行结构化产品交易台来说，从信用使用的角度看，目标赎回结构比可展期结构要有趣得多，因为目标赎回结构是经常性的交易，交易台可以从每个新交易中赚取高利润。然而，每个新结构也会随着燃料价格的上涨相应增加对冲量。同时，WWA 还增加了杠杆名义数量的使用（即它们出售看跌期权的名义数量高于其购买的期权的名义数量）。

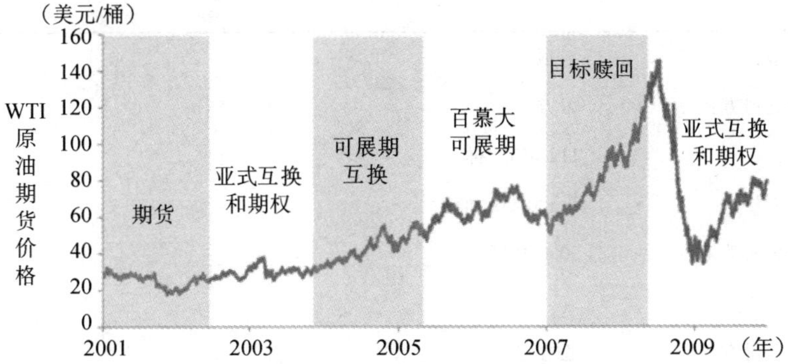

图 10.1　原油价格和 WWA 衍生品使用

10.2.2　WWA 执行的对冲交易

2007 年至 2008 年年中，WWA 执行了可展期互换和目标赎回交易，这些交易通常都没有展期或被提前终止了。然而，2008 年下半年油价逆转，开始暴跌，影响了当时存续对冲交易的预期寿命。

（1）金融危机之前执行的交易

2008 年年中，原油市场强势上涨，每周创历史新高。当时许多市场观察人士和石油市场研究人员都在设想油价会更高，他们预测原油价格将进一步上涨至接近 200 美元/桶的水平。2008 年 7 月，WWA 与其对冲交易对手签订了目标赎回对冲交易，其条款如表 10.4 所示。

表 10.4　目标赎回领式结构条款

甲方：	对冲交易商
乙方：	环球航空公司（WWA）
交易日：	2008 年 7 月 10 日
生效日：	2008 年 8 月 1 日
终止日：	2011 年 1 月 31 日，受敲出条款约束
参考商品：	NYMEX WTI 原油
计算期：	从生效日期开始至终止日的每个日历月，共 30 个计算期
结算日：	每个计算期结束后 5 个营业日，根据修正的下一营业日惯例调整
结算营业日：	纽约

续表

浮动端细节：	封顶
浮动价格支付方：	甲方
封顶价格：	112 美元/桶
封顶总名义量：	1,500,000 桶
每月封顶名义数量：	50,000 桶
保底：	
浮动价格支付方：	乙方
浮动价格：	95 美元/桶
保底总名义数量：	1,500,000 桶
每月保底名义数量：	50,000 桶
适用所有保底和封顶的条款：	
浮动价格：	对每个计算期，浮动价格为计算期内每个定价日商品参考价格的简单算术平均值
商品参考价格：	某定价日的“OIL - WTI - NYMEX”指当日 NYMEX 公布的西得克萨斯轻质低硫原油期货交割日合约的指定价格，以美元/桶计
指定价格：	官方结算价
交割日：	首行合约
定价日：	计算期内每个商品营业日
结算金额，受敲出事件约束：	对于特定的计算期，若未发生敲出事件且未达到目标利润水平： 如果计算期的浮动价格高于封顶价格，甲方支付（浮动价格 - 封顶价格）× 当期封顶数量 如果计算期的浮动价格介于封顶和保底价格之间，无支付 如果计算期的浮动价格低于保底价格，乙方支付（保底价格 - 浮动价格）× 当期保底数量 甲方支付的所有款项之和受目标利润的最高限额限制。如果上述计算的结算金额加上甲方先前支付的款项导致付款金额超过目标利润，则对结算金额进行调整，使甲方支付的所有付款金额不超过目标利润。为了清楚起见，如果在特定日期达到目标利润，则发生敲出事件

续表

敲出事件：	如果该期间的计算结算金额加上先前结算中乙方收到的结算金额，等于或超过目标利润，则在结算日发生敲出事件 如果发生敲出事件，则调减甲方支付给乙方的结算金额，使向乙方支付的所有款项总额不超过目标利润。简而言之，在发生敲击事件时：甲方支付乙方（目标利润－前期支付给乙方的总金额）
目标利润：	25 美元/桶×每个计算期的封顶名义数量，即 25×50,000 美元＝1,250,000 美元
计算代理人：	甲方
文件：	ISDA 主协议下的交易确认书

（2）金融危机之后执行的交易

2008 年 7 月油价开始下跌，2008 年 9 月雷曼兄弟破产引发油价大幅振荡。2008 年 10 月，由于浮动价格低于期权行权价格，WWA 被要求付款给对冲交易商。为了保持流动性，WWA 又做了一些目标赎回结构交易，结构中使用平值看涨期权和低目标利润参数，期望这些交易能够产生短期现金流入，并很快在石油价格稳定后被敲出。这一信念的起因是，油价已经回落到年初水平。由于燃料价格持续大幅下跌，经济状况恶化，WWA 被套牢在高价对冲交易中，目标赎回交易盯市价值出现大额亏损。WWA 探讨了重组和交易平仓问题。然而，WWA 的管理层正专注于因客户需求下降和流动性短缺而产生的运营事宜，这预示着航空公司无力支付全部交易平仓费用。WWA 只购买了少量期限较短的看跌期权来管理近期的现金流。

然而，由于购买看跌期权的市场时机问题，这些期权很快就到期了，对冲交易并不是十分有效，航空公司不得不全额支付目标赎回对冲结构的款项。例如，对于在此详细描述的目标赎回交易，航空公司 2008 年最后一个季度必须支付的款项如表 10.5 所示。

表 10.5　WTI 定盘价格和目标赎回结构结算

时间	WTI 价格	支付（美元/桶）	WWA 支付金额（美元）
2008 年 10 月	77.129	17.871	893,550.00
2008 年 11 月	57.792	37.208	1,860,400.00
2008 年 12 月	41.751	53.249	2,662,450.00

（3）错向交易风险

由于沉重的大额对冲付款负担，WWA 期望通过进行方向相反的交易来管理现金流。2008 年末，WWA 进入了生产商目标赎回结构，即当价格下跌时对冲者受益的结构。公司希望这些交易能够对冲价格下跌的风险，到期的结算金额能够部分弥补原目标赎回结构的损失。如表 10.6 为 WWA 的一笔错向交易。

表 10.6　生产商目标赎回互换主要条款

甲方：	对冲交易商
乙方：	环球航空公司（WWA）
期限：	24 个月，受敲出条款约束
参考商品：	NYMEX WTI 原油
总名义数量：	4,800,000 桶
每个计算期的名义数量：	200,000 桶/月
计算期：	从生效日期开始至终止日的每个日历月，共 24 个计算期
结算日：	每个计算期结束后 5 个营业日，根据修正的下一营业日惯例调整
固定端细节：	
固定价格支付方：	甲方
固定价格：	80 美元/桶
浮动端细节：	
浮动价格支付方：	乙方
目标利润：	60 美元/桶 × 每个计算期的封顶名义数量，即 60 × 200,000 美元 = 12,000,000 美元

预期这些错向交易除了被提前敲出外，还可以部分补偿错向交易对手的结算金额。陡峭的正向市场曲线似乎也支持这一策略，它帮助实现了远高于现货价格的目标赎回行权价。因最初这一策略效果良好，第一批交易被敲出了。

油价在 2009 年初触底后再次开始攀升。此时，WWA 继续承受着最初目标赎回对冲交易大量现金流出的负担，而新的错向交易并未有效抵消这些现金流出，因为价格已上涨到接近卖出期权行权价。

WWA 陷入了无论油价涨跌都是净现金流出的境地。这一问题引起了 WWA 和交易对手的关注。WWA 的高层管理人员要求对冲交易商 BM Capital

（BMC）从现金流角度对对冲交易进行全面分析。

10.2.3　对冲交易组合分析

表 10.7 为存续对冲交易的简化组合。

表 10.7　WWA 套保交易组合

方向	名义数量（桶/月）	杠杆	交易类型	期限（月）	行权价	剩余赎回目标（如有）
1 WWA 买入	50,000	1×1	目标赎回领式结构	15	112c/95p	21
2 WWA 买入	50,000	1×1	目标赎回领式结构	20	85c/75p	40
3WWA 卖出	250,000	1×1	目标赎回互换	30	78c/65p	45

BMC 的组合分析首先汇总所有存续交易的支付模型。建立组合的支付模型有助于理解在不同燃料价格水平下的现金流和潜在的重组交易。对于前面讨论的交易组合，图 10.2 绘制了发生敲出事件之前特定月份 WWA 交易组合的支付模型。

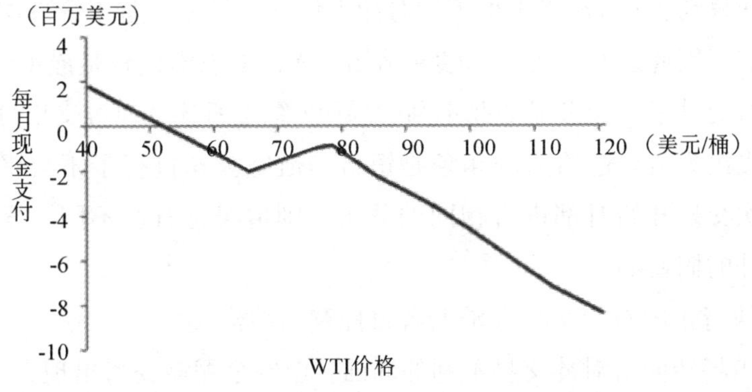

图 10.2　在没有敲出情况下 WWA 每月的现金支付

但是，支付模型只是特定月份计算的付款。对于具有敲出特征的奇异产品（如目标赎回结构），特定月份的结算金额取决于从交易开始时的价格路径。具体来说，总赔付额上限为赎回目标。展示总支出更好的方法是将一个交易下的名义数量加总，确定在固定价格水平下的付款（见图 10.3）。例如，消费者目标赎回领式结构的付款可以展示为卖出看跌期权和买入看涨期权支出之和，买入看涨期权支出的封顶为目标利润水平。

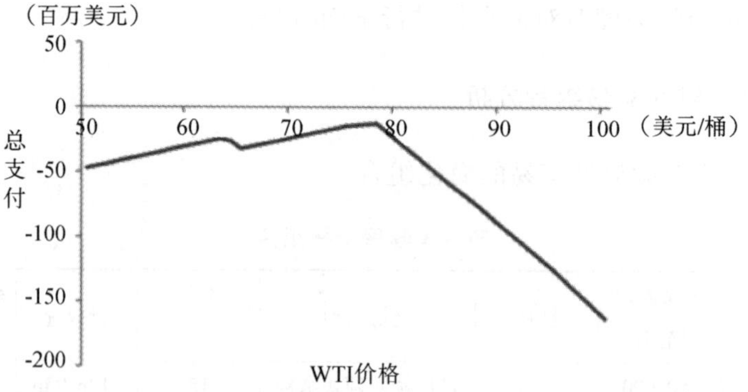

图 10.3　假设 WTI 价格保持在特定水平，WWA 组合的总支付

通过建立特定时间间隔内的损益，可以获得更加精细的损益图。如第一年的损益可能不同于第二年，因为某些交易已经到期了。这种方法也可用于分析交易的希腊字母，被称为“桶装”。

从支付图表中可以明显看出，在一定价格范围之外，无论燃料价格上升和下降，WWA 都面临风险。换言之，WWA 是卖空了波动率。如果油价向任一方向快速移动，WWA 将不得不为对冲支付巨额付款。鉴于管理层认为油价将继续上涨，因此及时解决目标赎回结构中卖出的看涨期权是谨慎的做法。

为什么交易组合会形成如此不利的局面？综上所述，通过支出分析，大多数情况下支出为负。这给人的印象是银行与航空公司进行了不公平交易。但如果在每次交易开始时都进行相同的分析，则情况将有所不同。导致这种预期付款事件的摘要如下：

（1）执行正向对冲交易（消费者目标赎回结构）。

（2）市场转向对对冲交易不利的局面，航空公司需要付出现金。

（3）将现有多头头寸部分免疫（但效率低下），交易的持有收益为正。

①做空 WTI，以限制价格下跌的影响；

②做空波动率 - 卖出期权，获得现金用来支付现有目标赎回结构所需的付款。

（4）最初几个月的支出改善（由于来自生产商目标赎回结构的正现金流量）与随后几个月支出的杠杆恶化相匹配。在某种意义上，这类似于期权卖方的情况，一旦收到权利金，就没有进一步的上涨空间了，只可能发生现金流出。

对冲交易组合在下跌方向相当于一个跨式组合，其构成包括：做空上涨敲出看跌期权；做空下跌敲出看涨期权。

10.2.4 信用额度和抵押品问题

进一步分析发现，现有对冲结构不仅现金流状况不好，而且从信贷角度来看，效率很低。交易是与不同交易对手进行的。如生产商（出售）目标赎回结构分配给了三个银行，它们的条款完全相同，而其他两个消费者目标赎回结构则与单一交易对手交易。并且 WWA 与除 BMC 之外的所有银行都签署了 CSA，与它们保持良好的关系，获得了大量优惠的信贷条件。

对 CSA 执行情况的分析表明，协议都是单边的，阈值非常低。从融资角度看，这对 WWA 来讲是非常昂贵的，因为它们必须在盯市价值为负时向银行提供抵押品，但不能从盯市价值为正中受益。如果 CSA 是双向的，则可以完全避免这种情况，使 WWA 从盯市价值为正的银行收取抵押品，并将其转给其他银行。

为了理解 CSA 对其资金流动性的影响，WWA 应基于对远期和波动率曲面适当假设的基础上，对组合在不同价格水平下的盯市价值进行分析。通过分析可以清晰地展示这些对冲交易潜在的资金需求。

- 约务更替：由于与相关银行重新协商 CSA 为时已晚，且非常耗时，因此想到的解决方案是确保所有这些交易相互抵消。

WWA 的管理层决定进行约务更替（替换对冲交易的交易对手）并重组其对冲组合。他们请对冲交易对手 BMC 对对冲组合进行分析，提出重组方案。WWA 的对冲是与不同银行做的，它之所以寻求与 BMC 进行重组交易，是由于 BMC 给了 WWA 更多的信用额度，可以进行无抵押交易，因此它们的关系更牢固。约务更替有助于释放大量现金，这些现金是作为抵押品放在其他交易对手银行的（见图 10.4）。

在没有 CSA 的情况下，WWA 浮亏的交易组合（WWA 的盯市价值为负）必须由交易对手方提供融资。因为 BMC 持有的与第三方匹配的头寸是抵押的。因此，约务更替不是一项无成本的工作，BMC 的交易部门持有这些头寸会产生融资成本。约务更替类似于 BMC 的交易台向 WWA 发放贷款。BMC 的交易台必须考虑其从司库处融资的资金成本（提供 FVA）以及信用成本（CVA）。但是，完成交易重组后，最好根据重组后的组合来计算这些费用，进而考虑预期风险敞口以及现金流的变化。

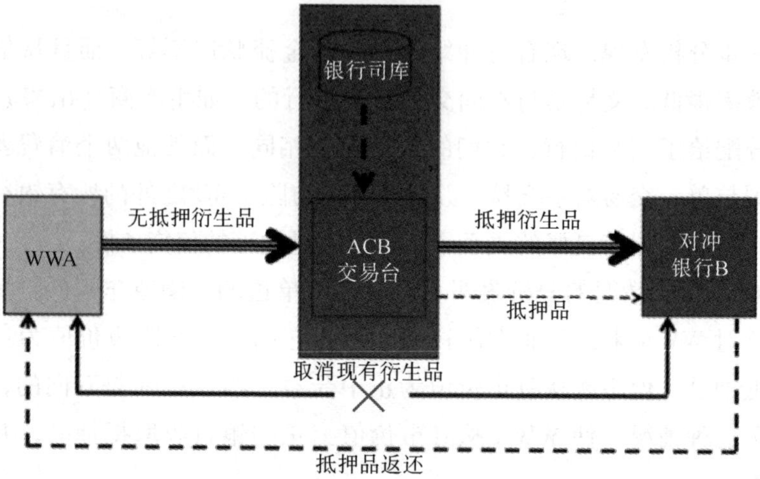

图 10.4　与银行 B 的交易更替为与银行 BMC 的交易

10.2.5　重组 WWA 的组合

重组对冲组合需要考虑各种选择，包括重组的方法、期望的最终支出以及重组的成本。

（1）叠加结构

一旦与第三方的所有交易都通过约务更替转到 BMC，很容易将重组看作在现有交易上叠加一笔交易。换言之，现有结构保持不变，叠加一笔新的衍生品来将原有衍生品的支出调整到期望的支出。由于两个目标赎回结构对 WWA 都是深度虚值，因此它们更像是香草型期权。假设目标赎回结构没有敲出，使用香草型期权重组是一个可行的解决方案。但是，由于对冲组合中存在奇异期权，因此叠加香草型期权可能无法达到预期的效果。在叠加的结构中加入敲出条款来抵消目标赎回结构中的敲出条款，可以解决这个问题，但交易会非常复杂且不必要。

WWA 不必将深度虚值目标赎回交易平仓，可以选择保留奇异结构中看涨方向的结构，因为它们很便宜，可以看作“彩票”。如重组消费者目标赎回结构时，使目标敲出仅影响下跌方向（看跌期权）。换言之，重组目标赎回结构时，在达到目标时仅终止看跌期权，但看涨期权仍然有效。这样，重组成本低且非常有效。

为了重组（生产商目标赎回结构中）卖出的看涨期权，有两种解决方案。一种解决方案是用看跌期权替换它，替换后结构的盯市价值不变。这几乎等同于将目标赎回交易平仓；另一个解决方案是将生产商目标赎回结构平仓，并将盯市价值转移到一个互换结构。

总而言之，一旦 WWA 的管理层明确了自己理想的支付方式，则叠加交易只是理想支付与现有支付方式之间的差值。重要的是要考虑叠加交易的成本。当前持有的远非 WTI 多头头寸，调整到多头头寸意味着需要付出买卖价差成本。此外，当前的波动率空头头寸非常不稳定，WWA 应考虑到其持有“彩票”空头头寸（廉价的深度虚值期权）的情况，避免出现负凸度的情形。

（2）平仓和替换

叠加方法非常烦琐，使得重组后的组合文档极其复杂，并且存在多个相互抵消的“腿”。这会让双方面临不必要的法律风险。此外，WWA 选择的司法管辖区内净额结算协议的可执行性也存在隐患。因此，建议将所有现有交易替换为新的简单交易（以单一合同记录），以保持账面整洁。

由于 WWA 预期油价将反弹，那么进行互换交易以充分利用价格上涨的机会，是最佳交易。然而 WWA 的原有交易在头几个月中面临大量现金流出，因此可以将原组合重组为长期的互换交易，最大限度减少衍生品额外的现金流出。

WWA 选择将原组合重组为长期的互换交易。WWA 将他们持有的组合全部平仓，并买入了每月 350,000 桶的名义数量、期限 36 个月的互换。互换的初始指示性价格（不考虑资金和信贷成本）显示，使用 81 美元/桶的互换价格、36 个月和名义数量 350,000 桶/月，可以将原有交易组合平仓（见图 10.5）。该指示性定价假定希腊字母的净收益微不足道。

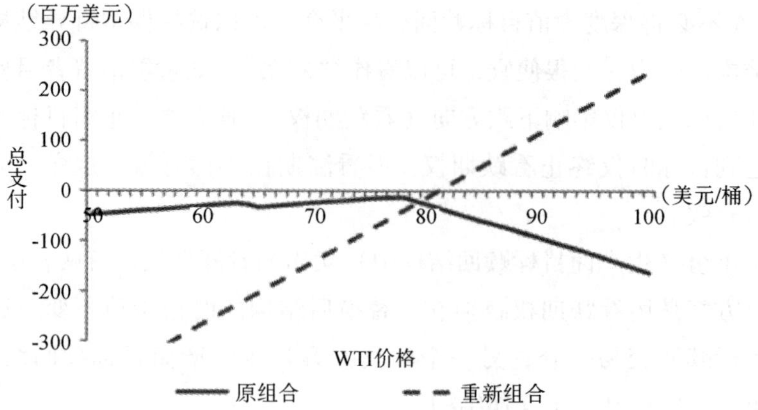

图 10.5 原组合和重组后组合的到期损益

10.2.6 对 BMC 交易对手风险和融资的考虑

对一笔交易重组后，组合的盯市价值不会发生很大变化。但是，预期风险敞口和潜在未来风险敞口可能会非常不同。在原组合中，WTI 价格上涨是影响 PFE 的主要因素。这是错向风险，因此考虑到盯市价值变化与航空公司违约概率之间的相关性，应该以违约为条件计算 PFE。在重组后的简单结构中，PFE 与 WTI 价格下跌有关。这是正向风险，使用标准的 PFE 和 EE 评估交易对手风险是保守的。就重组后的对冲组合而言，如果燃料价格下跌，对冲交易对手对 WWA 的未来潜在敞口要高得多（见图 10.6）。这是因为用长期互换来取代目标赎回结构时增加了对冲数量。

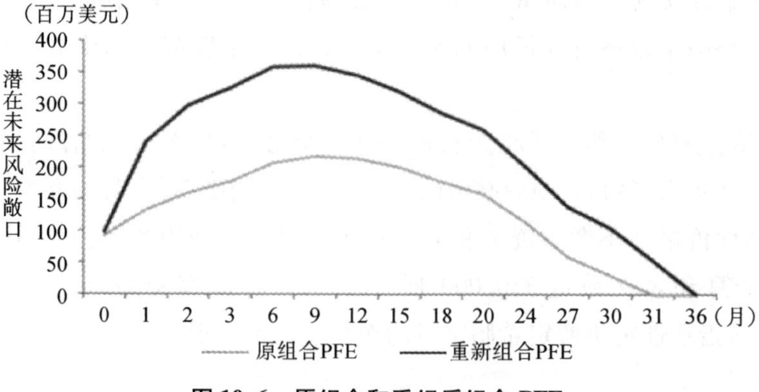

图 10.6 原组合和重组后组合 PFE

还可以绘制交易重组前后的预期风险状况。PFE 和 EE 是使用标准法计算得出的，以不违约为条件。换句话说，计算 PFE 和 EE 时假设交易对手的违约概率与组合市值变化之间没有相关性。原组合和重组后新组合的最高 PFE 分别为 2.17 亿美元和 3.62 亿美元。两个组合都在约 8 个月内达到峰值，但敞口的形状并无明显改变。

值得注意的是，PFE 和 EE 的交易起始日相同。这是一个重要的特征，可以通过检查两者是否一致来避免敞口计算错误。在 t = 0 时，应始有 EE = PFE = MTM。如果我们观察新组合，可知新组合的盯市价值高于原组合（在 t = 0 时等于 EE 和 PFE）。盯市价值的差异主要是由于重组成本包括与残余 Delta 和 Vega 对冲相关的成本。

准确计算风险敞口十分重要。受条件限制，许多交易对手不是基于组合而是基于交易来计算风险敞口。如在原组合的情况下，不应将三个目标赎回结构的 PFE 和 EE 简单相加来计算组合的 PFE 和 EE。这主要是由于生产商和消费者对冲之间的抵消作用（由于价格上涨，生产商目标赎回结构的盯市价值增加，而消费者目标赎回结构的盯市价值却下降）。

（1）关于 PFE 比较的注意事项

在上述用标准法计算 PFE 时，对交易对手风险的分析过于简化，标准法 PFE 和 EE 不能反映原组合中错向风险的影响。如果是计算违约条件下 PFE 和 EE，则数字看起来会有所不同，原组合的 PFE 比上面显示的要高得多。在我们的分析中使用标准法 PFE 是一种保守的方法，因为我们正在将错向风险重组为正向风险。但是应该记住，违约情况下 PFE 峰值可能是标准法 PFE 的数倍，具体取决于交易对手信用利差的波动率及其与燃料价格的相关性。对于空头头寸来说尤其如此，因为理论上它的敞口可以无限大，而多头头寸的风险是以买入价格为上限（标的价格不可能低于零）。

（2）信用和资金成本

如前所述，通过约务更替将所有交易都转到 BMC 会产生与资金和交易对手风险有关的费用。我们前面解释过，WWA 和 BMC 之间无抵押的衍生品交易相当于 BMC 给了 WWA 无抵押贷款。如果这个交易原来没有抵押品，接手的交易对手通常会要求原交易银行支付约务更替费用。原交易银行应当愿意支付不超过交易 FVA 和 CVA（或为此目的保留的准备金）的费用。尽管大多数银行会同意 CVA（这仅取决于交易对手的信用），但对 FVA，每家银行都有自己的做法。BMC 计算的 FVA 具体取决于每个银行的内部融资成本，因此很可能与原交易银行的 FVA 不同。在我们例子中不存在这种情况，因为所有衍生品交易都是有抵押的，这表明原交易银行将不愿为 BMC 的融资和信贷费用付费。由 WWA 来承担这些费用是公平的，因为它是根据与其他银行的 CSA 释放抵押品的最终受益者。

将资金利差和 CDS 利差应用到 EE，可以从原组合的 EE 计算约务更替后新组合的 FVA 和 CVA。假设资金利差为 100 个基点，而 CDS 利差为 200 个基点（不考虑回收率），我们可以说 CVA 的费用约为 400 万美元，FVA 的费用约为 200 万美元。但是这种粗略计算没有考虑错向交易的风险。实际上，CVA 应该基于违约情况计算预期暴露。错向交易的 CVA 风险可能远远超过 400 万美元，WWA 可能不愿意在支付的现金中包括这部分费用。

一个好的解决方案是在约务更替的同时将原交易重组为一笔交易。通过这种方式，WWA 可以避免为错向风险的 CVA 支付高额费用，因为最后是用消费者互换交易来对冲，这是一笔正向交易。此外，可以通过调整互换价格来覆盖最终的 CVA 和 FVA 成本，而无须 WWA 支付现金。从 BMC 的角度来看，交易将产生 CVA 和 FVA 费用，这些费用可以通过新组合的 EE（互换）或通过将增量 CVA 和增量 FVA 添加到先前计算的结果中得到。增量 CVA 和 FVA 根据增量 EE 计算（见图 10.7）。

FVA 费用总额约为 290 万美元，CVA 费用约为 580 万美元。这是基于假设银行的资金利差和对冲者的 CDS 利差分别保持在 100 bps 和 200 bps 不变，并且不计回收率对 CVA 计算的影响。我们还假设盯市价值与资金或 CDS 利差之间不存在相关性。

为了说明重组的高昂成本，一些交易员可能提议将重组分为两个交易，即原交易平仓和新交易开盘。这给对冲者一个印象，即交易台将承担平仓和进行新交易的成本。这通常是错误的。燃料对冲者应只承担增量衍生品交易的对冲成本：

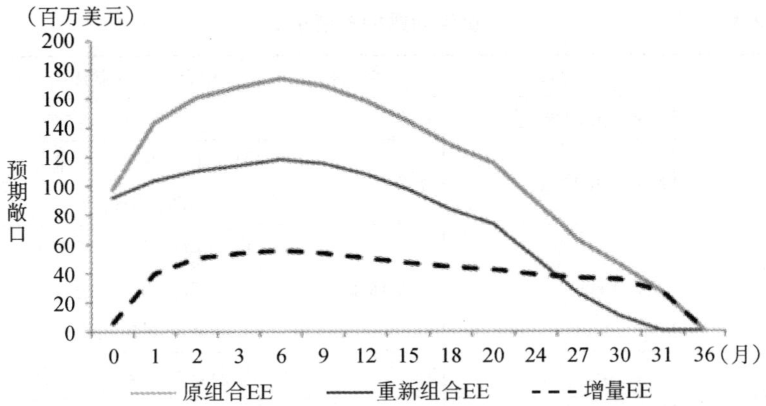

图 10.7 重组前后组合的预期敞口及预期敞口增量

增量交易 = 新衍生品组合 - 原衍生品组合

这表明仅对冲增量风险，而新交易和原交易的风险越接近，增量风险（以及重组成本）就越小。重要的是，如前所述，约务更替后的组合已经是背对背对冲的，BMC 只是处于居间位置。

为了将原组合重组为互换交易，BMC 需要对冲（互换 - 原组合）。这可以通过对增量衍生品（互换 - 原组合）的希腊字母进行免疫来实现。增量衍生产品本质上是奇异的，因为它包含目标赎回结构，这表明对冲也必须是动态的。无论如何重组，都可以归结为计算增量组合的希腊字母，并估算风险免疫成本。

执行约务更替和重组时，对文档要仔细，以确保所有参与方之间没有误解，并且与第三方之间有关的原交易信息是准确的。WWA 还应要求提供详细信息，如所使用的信用利差、PFE、EE、资金利差、Delta 和 Vega。可以在衍生产品专家的帮助下对这些数字进行交叉检查，以查看是否存在差异。如果 CVA 和 FVA 费用较高，WWA 应要求 BMC 将这些费用包括在定期评估报告中，并要求在 WWA 平仓的情况下，在平仓价格上必须考虑 CVA 和 FVA。此外，BMC 还应同意，如果 WWA 决定执行 CSA，则应将 CVA 和 FVA 的减少额返还给航空公司。

表 10.8 为上述重组时要考虑的问题清单。

表 10.8 重组问题检查清单

	原组合	新组合	组合增量（新组合 - 原组合）
工具	目标赎回结构组合	互换	
盯市价值	组合盯市价值	互换盯市价值	理论上等于零，但需要加上买卖价差和信用利差
Delta	组合 Delta	互换 Delta	Delta 净增量：大部分增量没有被抵消，因为原组合在当前价格水平上是空头头寸
Vega	组合 Vega	0	Vega 净增量 = - 原组合 Vega
潜在未来风险敞口	组合 PFE	互换 PFE	增量 FFE
预期风险敞口	组合 EE	互换 EE	增量 EE
融资和信用成本	应在约务更替时收取，但更希望将其包含在重组后的交易中	计算 CVA 和 FVA	由于约务更替中的错误方向交易的风险，增量 CVA 很难计算。因此，向新组合收取全部 CVA 和 FVA

10.3 本章小结

在本章中，我们介绍了不同场景下公司实际应用商品对冲技术的案例。在这些案例中，我们重点讨论了对冲计划的制订、实施和风险管理。

我们对燃料对冲的讨论从第 1 章能源市场和价格形成机制介绍开始。随后，介绍了包括航空、航运公司和工业用户在内的燃料消费行业，以及商品现货和纸货交易的基础知识。在介绍商品市场和市场参与者的基础上，我们还讨论了制订对冲计划的框架，包括风险识别和评估、风险偏好确定、对冲目标设定、实施和监控等重要步骤。在本章第一个案例中，我们在为航运公司制订风险管理计划时回顾了前面讨论的内容。在关于对冲计划实施的讨论中，我们介绍了简单的对冲结构和组合管理问题。

本书第二部分介绍了商品消费者常用的衍生品。首先介绍了包括远期、期货、期权和互换在内的香草型衍生品以及它们的定价和敏感性计算。其次介绍了更多的结构化衍生品，例如领式结构和互换期权，同时还讨论了解释商品远期曲线形状的各种模型。最后我们讨论了奇异对冲结构，如各种可展期互换和目标赎回结构，解释了这些结构的估值方法，此外还提供了检查这些产品报价的快捷方法。我们在第二个案例中用到了这些内容，在这个案例中，我们还研究了一家从事多种结构化衍生品交易的航空公司的对冲组合。

在本书的最后章节，我们讨论了市场风险管理和相关的问题，包括交易对手风险的计量以及用衍生品和法律管理交易对手风险的方法，同时还讨论了情景分析以及它作为交易前和交易后工具，用来确定市场风险、信用风险和流动性风险的重要性。最后，我们介绍了航空公司常用的一些融资结构，并介绍了将对冲和融资捆绑在一起的产品结构，这可以帮助公司有效地进行整体风险管理。本章的第二个案例全面讨论了信用风险和情景分析的相关问题，讲解了陷入困境的航空公司的对冲组合分析和重组，还解释说明了不同对冲策略的利弊。

在本书中，我们花费大量时间从运输企业的角度来处理对冲问题。因为运输企业是能源商品的主要用户，尽管不同商品市场的惯例和参与者类型不同，但大多数消费者对商品成本管理的关注是相同的。本书介绍的对冲框架和工具也已成功地被金属和农产品市场的消费者使用。在本书结束之际，我们希望读者对对冲组合的结构化和风险管理的精妙之处已有所认识。商品市场在过去 20 年中飞速发展，我们希望本书可以在一定程度上帮助读者更好地理解这些市场并从容地进行交易。

参考文献

第1章

ASTM International website (http://www.astm.org/Standards/D323.htm). Retrieved June 2015. *BP Statistical Review of World Energy*. 2014.

Canadian Centre for Energy Information website (http://www.centreforenergy.com/AboutEnergy/ONG/OilsandsHeavyOil/Overview.asp?page=1). Retrieved July 2014.

Energy Intelligence. 2008. *The International Crude Oil Market Handbook*, 8th edn, June.

Gorton, G. and K. Geert Rouwenhorst. 2005. Facts and Fantasies about Commodity Futures. Yale ICF Working Paper, February 28.

International Energy Agency. 2014. *Key World Energy Statistics*. IEA.

International Gas Union. 2014. *Wholesale Gas Price Survey* – 2014 Edition. A global review of price formation mechanisms 2005–2013. IGU.

Kumins, L. and Bamberger, R. 2006. Oil and Gas Disruption from Hurricanes Katrina and Rita. CRS Report for Congress, April 6.

Lai, H. 2009. *Asian Energy Security: The Maritime Dimension*. Basingstoke: Palgrave Macmillan.

OPEC website (http://www.opec.org/opec_web/en/data_graphs/330.htm). Retrieved August 2014.

Quick, H. 1995. Physical characteristics and refining. Chapter 2 in *Oil Trading Manual*. D. Long (ed). Cambridge: Woodhead Publishing.

Schofield, N.C. 2007. *Commodity Derivatives: Markets and Applications*. Chichester: John Wiley & Sons.

Society of Petroleum Engineers. 1997. *Petroleum Reserves Definitions*. Retrieved from website (http://www.spe.org/industry/docs/Petroleum_Reserves_Definitions_1997.pdf).

Tang, K. and Xiong, W. 2012. Index investment and the financialisation of commodities. *Financial Analysts Journal*. 68(6), 54−74.

World Coal Association website (http://www.worldcoal.org/coal/uses-of-coal/coal-to-liquids/). Retrieved August 2014.

第2章

Accenture and United Nations Global Compact. 2012. Sustainable Energy for All: Opportunities for the Metals and Mining Industry. Accenture.

AP Møller Mærsk. 2013. A/S. Annual Report.

Baffes, J. 2011. *Commodity Futures Exchanges: Historical Evolution & New Realities*. The World Bank, Washington, DC.

Belobaba, P., Odoni, A., and Barnhart, C. 2009. *The Global Airline Industry*. New York: John Wiley & Sons.

Canadian Fuels Association. 2013. *The Economics of Petroleum Refining*. Canadian Fuels Association, December.
CME Group. WTI Crude Oil Future Contract Specifications. Retrieved from website (http://www.cmegroup.com/rulebook/NYMEX/2/200.pdf).
Dijkman, J.E.C. 2010. Medieval market institutions: The organisation of commodity markets in Holland, c. 1200–c. 1450. Dissertation, University of Utrecht, June.
Energy Efficiency Exchange website (http://eex.gov.au/industry-sectors/mining/). Retrieved June 2015.
Hooper, W.R. 1876. The tulip mania. *Harper's New Monthly Magazine*. April, LII(CCCXL).
IATA Economics. 2010. IATA Economic Briefing – Airline Fuel and Labour Cost Share. February.
International Air Transport Association. 2014. *Annual Review 2014. Tony Tyler, Director General & CEO, IATA. 70th Annual General Meeting, Doha, June.*
International Air Transport Association. 2014. *Economic Performance of the Airline Industry*. Mid-Year Report.
International Energy Agency. 2011. *World Energy Outlook*. IEA.
International Energy Agency. 2014. *Key World Energy Statistics*. IEA.
Moss, D. and Kintgen, E. 2010. *The Dojima Rice Market and the Origins of Futures Trading*. Harvard Business School, Boston, MA.
Petchey, R. 2010. End use energy intensity in the Australian economy. Australian Bureau of Agricultural and Resource Economics – Bureau of Rural Sciences Research Report 10.08, September.
Stopford, M. 2009. *Maritime Economics*, 3rd edn. Routledge:, London.
Tordo, S., Tracy, B.S., and Arfaa, N. 2011. National oil companies and value creation. World Bank Working Paper No. 218.
US Commodity Futures Trading Commission website (http://www.cftc.gov/About/HistoryoftheCFTC/history_precftc). Retrieved June 2015.

第3章

Campello, M., Lin, C., Ma, Y., and Zou, H. 2011. The real and financial implications of corporate hedging. *Journal of Finance*. 66(5), 1615–1647.
Carey, S. and Gonzalez, A. 2012. Delta to buy refinery in effort to lower jet-fuel costs. *Wall Street Journal*. April 30.
Carter, D.A., Rogers, D.A., and Simkins, B.J. 2006. Does hedging affect firm value? Evidence from the US airline industry. *Financial Management*. 35(1), 53–86.
Chiu, J. and Fujikawa, M. 2015. Asian aviation sector to benefit from fuel-price plunge. *Wall Street Journal*. January 27.
Damodaran, A., Garvey, M., and Roggi, O. 2012.*Risk Taking: A Corporate Governance Perspective*. International Finance Corporation, June.
DeMarzo, P.M. and Duffie, D. 1995. Corporate incentives for hedging and hedge accounting. *Review of Financial Studies*. 8(3), 743–771.
Morrell, P. and Swan, W. 2006. Airline jet fuel hedging: Theory and practice. *Transport Reviews*. 26(6), 713–730.
Popova, I. and Simkins, B.J. 2013. *Introduction to Energy Risk Management*. Chapter 16 in Simkins, B. and Simkins, R (eds), Energy Finance and Economics: Analysis and Valuation, Risk Management and the Future of Energy. New York: John Wiley & Sons.
Smith, C.W. and Stulz, R.M. 1985. The determinants of firms' hedging policies. *Journal of Financial and Quantitative Analysis*. 20(4), 391−405.
Wall, R. 2014. European airlines miss full benefit of lower fuel costs. *Wall Street Journal*, October 27.

第4章

Black, F. 1976. The pricing of commodity contracts. *Journal of Financial Economics*. 3, 167–179.
Black, F. and Scholes, M. 1973. The pricing of options and corporate liabilities. *Journal of Political Economy*. 81(3), 637–654.
Hakala, J. and Wystup, U. 2001. *Foreign Exchange Risk*, Chapter 1. London: Risk Publications.
Hull, J.C. 2006. *Options, Futures, and Other Derivatives*, 6th edn. Englewood Cliffs, NJ: Prentice-Hall.
ISDA Commodity Definitions. 2005. International Swaps and Derivatives Association.
Kemna, A.G.Z. and Vorst, A.C.F. 1990. A pricing method for options based on average asset values. *Journal of Banking and Finance*. 14, 113–129.
Levy, E. 1992. Pricing European average rate currency options. *Journal of International Money and Finance*. 11, 474–491.
Raychaudhuri, S. Introduction to Monte Carlo simulation. Oracle Crystal Ball Global Business Unit. Proceedings of the 2008 Winter Simulation Conference, Broomfield, CO.
Turnbull, S.M. and MacDonald Wakeman, L. 1991. A quick algorithm for pricing European average options. *Journal of Financial and Quantitative Analysis*. 26(3), 377–389.

第5章

Gabillon, J. 1991. The term structures of oil futures prices. Oxford Institute for Energy Studies, Working Paper.
Gibson, R. and Schwartz, E.S. 1990. Stochastic convenience yield and the pricing of oil contingent claims. *Journal of Finance*. 45(3), 959–976.
Haseeb, H. 2013. A comparison of models for oil futures. Department of Mathematics, Uppsala University, June.
Hilliard, J.E. and Reis, J. 1998. Valuation of commodity futures and options under stochastic convenience yields, interest rates, and jump diffusions in the spot. *Journal of Financial and Quantitative Analysis*. 33(1), 61–86.
Schwartz, E.S. 1997. The stochastic behavior of commodity prices: Implications for valuation and hedging. *Journal of Finance*. 52(3), 923–973.

第6章

Dodd, R. 2009. Exotic derivatives losses in emerging markets: Questions of suitability, concerns for stability. IMF Working Paper, July.
Dupire, B. 1994. Pricing with a smile. *Risk Magazine*, January. Retrieved from http://www.risk.net/data/risk/pdf/technical/2007/risk20_0707_technical_volatility.pdf.
Dupire, B., Dempster, M.A.H., and Pliska, S.R. (eds). 1997. *Pricing and Hedging with Smiles. Mathematics of Derivative Securities*. Cambridge University Press, Cambridge.
Heston, S.L. 1993. A closed-form solution for options with stochastic volatility with applications to bond and currency options. *Review of Financial Studies*. 6(2), 327–343.
Longstaff, F.A. and Schwartz, E.S. 2001. Valuing American options by simulation: A simple least-squares approach. *Review of Financial Studies*. 14(1), 113–147.
Ludlow, K. 2011. Misselling allegations dismissed as High Court holds the line. Linklaters. July.
Marsh, J. 2009. Asia oil hedging. Sovereign hedging lessons. *Asia Risk*. March. Retrieved from http://db.riskwaters.com/data/energyrisk/EnergyRisk/Energyrisk_0409/asia_oil.pdf.

第 7 章

Bruyère, R. 2006. *Credit Derivatives and Structured Credit: A Guide for Investors*. Chichester: John Wiley & Sons.

Gregory, J. 2010. *Counterparty Credit Risk: The new challenge for global financial markets*. Chichester: John Wiley & Sons.

O'Kane, D. and Turnbull, S. 2003. Valuation of credit default swaps. Lehman Brothers Quantitative Credit Research Quarterly. April.

Zhu, S. and Pykhtin, M. 2007. A guide to modeling counterparty credit risk. *GARP Risk Review*. 37, 16–22.

第 8 章

CME Group. 2012. Derivatives and Hedge Accounting. March 2.

Pazzula, D.J. 2006. *PFE Simulation Methodology*. SAS Institute, Cary, NC.

Ramirez, J. 2007. *Accounting for Derivatives, Advanced Hedging under IFRS*. Chichester: John Wiley & Sons.

第 9 章

Airfinance Journal website. Retrieved June 2015 from http://www.airfinancejournal.com/resources/whatis-aviation-finance.html.

Boeing. 2013. Current Aircraft Finance Market Outlook 2014–2018. Boeing Capital Corporation, December.

Bohn, J. and Crosbie, P. 2003. Modeling default risk – modeling methodology. Moody's KMV, December 18.

Coyle, B. 2000. *Leasing*. Glenlake Publishing, Oxford.

Croke, K. 2011. Accounting developments in aircraft finance. Chapter 22 in R. Murphy and N. Desai (eds), *Aircraft Financing*, 4th edn. Euromoney Institutional Investor, London.

Forsberg, D. 2012. *Airfinance Annual 2012. Euromoney Institutional Investor, November.*

Gerber, D.N. 2011. The 2011 Aircraft Sector Understanding: Calming the turbulent skies. *Air and Space Lawyer*, 24(1).

International Accounting Standard 17 – Leases & UK, Statement of Standard Accounting Practice 21 "Accounting for Leases and Hire Purchase Contracts."

Lease Europe. 2013 Leasing Facts & Figures. Retrieved from Lease Europe website, June 2015 (http://www.leaseurope.org/index.php?page=key-facts-figures).

Morrell, P.S. 2013. *Airline Finance*, 4th edn. Farnham: Ashgate Publishing.

OECD Trade and Agricultural Directorate website (http://www.oecd.org/tad/xcred/latestdocuments/).

附录

中英对照表

英文	中文
auto – callable	自动赎回结构
backwardation	反向市场
basis	基差
bullet fixing	子弹型定盘
bunker adjustment factor	燃料附加费
cap	封顶
cash – and – carry	持有成本
collar	领式结构
constant elasticity of variance	定常方差弹性
contango	正向市场
convenience yield	便利收益
convex tax schedule	累进税
early – expiry options	提前到期期权
early – expiry profile	提前到期结构
exotic product	奇异产品
extendible swaps	可展期互换
flexible oil – insulated lease	避险租赁
floor	保底
forward points	远期价格
hedging	对冲
hedged lease	避险租赁

续表

英文	中文
Henry Hub	亨利中心
moneyness	在值程度
novation	约务更替
premium	权利金
payout	到期损益
product yields	产出产率
profile	特征
re - hypothecation	再抵押
right - way risk	正向风险
risk reversals	风险逆转
sale - and - leasing - back	售后回租
skew	偏度
sticky delta	盯住德尔塔
sticky strike	盯住行权价
strike	行权价格
swap	互换
swaption	互换期权
term sheets	成交单
three - ways	“三腿” 结构
wrong - way risk	错向风险
zero - cost collar	零成本领式结构

英文缩写对照表

英文缩写	中文含义
APO	平均价格期权
ATM	平值期权
CBOT	芝加哥期货交易所
CCDS，contigent credit - default - swap	或有信用违约互换
CDS，credit - default - swap	信用违约互换
CVA，credit valuation adjustment	信用估值调整
DVA，debt valuation adjustment	债务估值调整
EE，EPE，expected （positive） exposure	预期风险敞口
EEP early expiration profile	提前到期结构，瞬时波动率期限结构
FVA，funding valuation adjustment	融资估值调整
HSFO	高硫燃料油
ISDA	国际互换和衍生品协会
ITM	实值期权
MTM，mark - to - market	盯市价值
PFE，potential future exposue	潜在未来风险敞口
OTM	虚值期权
TAR	目标赎回结构
VaR，value - at - risk	在险价值
VLCC	大型原油运输船
NyMEX	纽约商品交易所
WTI	西得克萨斯轻质原油